谨以此书献给我的父母

变革时代的数字出版

张新新 著

知识产权出版社
全国百佳图书出版单位

图书在版编目（CIP）数据

变革时代的数字出版 / 张新新著 . -- 北京：知识产权出版社，2016.1
ISBN 978-7-5130-3228-5

Ⅰ . ①变… Ⅱ . ①张… Ⅲ . ①电子出版物—出版工作—研究—中国 Ⅳ . ① G237.6

中国版本图书馆 CIP 数据核字 (2016) 第 006627 号

内容提要

本书是一本探索研究数字出版的图书，主要包括数字出版业态政府与市场的关系；数字出版的顶层设计；数字出版产品体系；数字出版人才布局；数字出版物的市场运营以及大数据在新闻出版业的应用等内容。作者对数字出版所涉及的诸多领域"穷追不舍、穷尽极致"的提示，力图让人们明白，什么是数字出版，它从哪里来，又要到哪里去。更重要的是引导人们明晓，数字出版尽管道路曲折，但前景一定光明，也是未来发展的方向。

责任编辑：李　婧　李石华　　　　　责任出版：刘译文

变革时代的数字出版
BIANGE SHIDAI DE SHUZI CHUBAN

张新新　著

出版发行：	知识产权出版社有限责任公司	网　　址：	http://www.ipph.cn
社　　址：	北京市海淀区马甸南村 1 号	邮　　编：	100088
责编电话：	010-82000860转8581	责编邮箱：	549299101@qq.com
发行电话：	010-82000860转8101/8102	发行传真：	010-82000893/82005070/82000270
印　　刷：	北京嘉恒彩色印刷有限责任公司	经　　销：	各大网上书店、新华书店及相关销售网点
开　　本：	710mm×1000mm　1/16	印　　张：	20.5
版　　次：	2016年1月第1版	印　　次：	2016年1月第1次印刷
字　　数：	270千字	定　　价：	45.00元

ISBN 978-7-5130-3228-5

出版权专有　侵权必究
如有印装质量问题，本社负责调换。

序：快马加鞭未下鞍

感谢网络技术对印刷、装帧、制作流程的改造，作者让我看到这部书稿时，已经是一部标配成型的图书：素雅的封面、规范的版式、整齐的束装，连错别字和遗漏疏忽的地方都很难找到。这规整的一切让我狐疑，怕不是让写序而是要写书评吧。只在翻完所有篇章，发现没有书号条码，发现版权页并没有落定的时候，我才相信，眼前的"书"，的确只是名副其实的书稿。

阅读出乎意料之外，这的确是一本内容扎实厚重的书稿，我没有被涌上心头的喜悦冲昏头脑，而是以一个老出版的口吻，不客气地提出进一步编辑和修改的建议。

诸事打搅，我的精读时断时续，一直没有读完的时候。日复一日，纠结和歉疚渐渐产生。纠结的是，怎么客观评价这么一部心血之作，仅仅以自己的偏好——我太希望有一本总结指导当今中国数字出版发展的大书了，看到这书稿就抑制不住心中狂跳，感到字字句句美不胜收——会不会让别人感到有一味的、过分的吹捧之嫌；歉疚的是，老怕误了这部书的及时出版，误了尽早与更多的读者见面。

用"大书""全书"的字眼来评价这部著述，显得肤浅和一般化。内容的宏大阵势，观察的细致入微，结构的纵横捭阖，毋庸置喙；现状分析透彻，综合归纳到位，前景预测精致，措施建议得力，无语评说。作为一部数字出版研究集成，对于指导当下传统出版数字化升级、传统业态网络化改造、新旧媒体全面融合实践，不可多得，价值很大，无法估量。

　　我没有揣度作者关于媒体融合全视角、业态转型多层面等观点是如何形成的，至少，他对这些方面的不离不弃，追根溯源，铺陈布道，让人受益匪浅。他不动声色，让事实说话；不拘一格，让问答迭出；不揣冒昧，臧否顶层设计；不拒细末，把脉具体操作。把海一样大、山一样高、沙一样多的问题想透，把解决思路盘尽，把发展趋势理清，的确别开生面、引人入胜。

　　古人云：不识庐山真面目，只缘身在此山中。当事人无法冲破环境的约束，或者是自身的制约，这是惯例常态。不能放开眼界看周遭，不能敞开胸怀读世界。而像作者这样的数字出版山中的掌门人，却勇敢地站出来，直面群峰，俯瞰山景，这种拉开距离的观察和分析的确很不容易。

　　从根本上讲，一切国家政策的设置，都是为着国家利益的实现，至少目的和初衷是这样的。而一切国家利益的实现，都是围绕着让老百姓获得更多的幸福和快乐，至少感受到幸福和快乐。尽管制定政策和执行政策，维护国家利益和拓展国家利益，创造人们的幸福和增强人们的快乐，路径很长、障碍很多、困难很大，但只要目的正义、方向正确、方式正当，事情和努力总会有好结果的。作者对数字出版顶层设计的观察和分析，正是处于这条从目的、目标到实施、实现的漫长道路之中。他看到了设计的艰难，又在尽力弥补设计的缺陷；他看到了人们充满信心，又提醒大家道路的不平和脚下的泥泞。更重要的是引导人们明晓，尽管道路曲折，前途一定光明，经过不懈的努力，我们的目的一定要达到，我们的目的一定能够达到。这才是大胸怀、大智慧、大手笔。

　　观山势，察叠嶂，追江河，溯源头，仅仅是高和远还不行，必须抵近，必须进入，必须接地气，与山山水水同呼吸共命运，才能看到真性、悟出真谛、读出真经。作者对数字出版所涉及的诸多领域都有一个穷追不舍、穷尽极致的揭示，力图让人们明白，它们是谁，从哪里来，要到哪里去；这件事情是怎么出现、怎么形成的，说明什么道理，有些什么变化，将产生什么影响，会解决什么问题，最后留下什么遗产。如果说"高瞻"是成就胸怀大局，"远瞩"是把握趋势走向，只有这种"贴近"，这种对规律、对内在联系的深入考察和探索，才有可能把问题吃透，把事情的根由、流变讲明白，把纵横脉络、来路去程弄清楚。

也正是山中之人的身份，让作者对数字出版有了爱恨交加的倾注。爱之至深，全身心投入；恨成至爱，恨铁不成钢。他是从业者中的一员，又不断走到队伍前面，为大家领口号、喊加油、鼓实劲。他总能找到队伍迟缓、秩序混乱的症结所在，总能看出加力、调整、强化的契机和节点。他把政治活动的名目全盘接受下来，点滴不漏地砸在数字出版的探索研究之中，砸在手头实际操作的事情之中。这种移花接木、务实崇真，无不让人称奇、叫好。作者谙熟网络思维，了解出版进退，观察市场冷热，苦苦探索，躬身实践，身体力行，又不断在摸爬滚打中总结提炼。在这部书中，我们看到的精神写照是清醒和执着同在、细致和狂浪相生、开拓和固守并现。

俯瞰，拓展宏观视野；流变，抒发历史情怀；细节，匠心深入浅出。全书清晰的脉络、健朗的风格，会使人爱不释手，真正体会到，好书是不能一次读完的珍惜。这书不是前沿，总在前沿；没有前瞻，更是前瞻。也许，作者写书不是要为了什么、达到什么，只是一浇胸中块垒，一解心头之闷，可最后无意插柳柳成荫。我们应当庆幸，在数字出版的痛苦跋涉中，还有这么样的既理智又睿智，既跳出来又走进去的明白人，做了这么一件登山不止、开掘不息的明白事。这部书的问世，无疑是攀援数字化大山的路标和纪念；这种当事人的诚挚道白，或许可以成为业界峰回路转的引路之灯。

山，快马加鞭未下鞍，惊回首，离天三尺三。

隅人

目录

CONTENTS

理论篇 001

第一章 数字出版业态政府与市场的关系 /003

第一节 政府调控的引导作用 /005

第二节 政府调控的扶持作用 /008

第三节 政府调控的有效干预 /013

第四节 市场的决定性作用 /016

第五节 抓住政府推动的良好机遇，有效提高市场占有率 /020

第二章 数字出版发展阶段概述 /023

第一节 数字出版发展三阶段论 /024

第二节 数字时代的深阅读与浅阅读 /030

第三节 数字出版业态创新 /036

第三章 数字出版的顶层设计 /051

第一节 顶层设计概述 /052

第二节 体制机制创新 /055

第三节　发展路径模式 /060

第四节　制度建设与标准研制 /062

第四章　数字出版战略 /067

第一节　根本宗旨：传播正能量、推进产业化 /068

第二节　整体趋势：出版人向传播人转变 /068

第三节　组织保障：前瞻性、务实性的
领导班子 /070

第四节　资金保障：引进资金、盘活资源 /071

第五节　根本动力：迅捷、灵敏、高效、创新的
机制 /072

第六节　核心构架与业务体系 /073

第七节　深化发展：深化数字出版产业链
四环节的改革发展 /076

第八节　双向互动，注入活力 /078

实践篇 079

第五章　走向"十三五"的数字出版 /081

第一节　集团化发展 /082

第二节　双驱动战略 /083

第三节　多元化经营 /083

第四节　出版与技术的有机融合 /086

第五节　重视制度的生产力作用 /087

第六章　数字出版产品体系 /101

第一节　数字产品的概念与特征 /102

第二节　数字阅读类产品 /104

第三节　数字游戏类产品 /118

　　第四节　数字动漫类产品 /123

　　第五节　数字出版创新性产品 /128

第七章　"十三五"时期的数字出版高新技术 /133

　　第一节　数字出版的技术发展阶段 /134

　　第二节　大数据 /139

　　第三节　云计算 /141

　　第四节　物联网 /144

　　第五节　语义分析技术 /145

　　第六节　3D 打印技术 /147

第八章　数字出版项目申报与实施 /149

　　第一节　数字出版项目类型 /150

　　第二节　财政项目申报技巧揭示 /156

　　第三节　财政项目实施要点提醒 /163

第九章　数字出版人才布局 /169

　　第一节　数字出版人才流动现象综述 /170

　　第二节　复合型人才概述 /170

　　第三节　数字出版人才类型 /172

　　第四节　数字出版人才培养与保障机制 /176

第十章　数字出版物市场调研 /183

　　第一节　数字出版物市场调研的意义 /184

　　第二节　数字出版物市场调研的类型 /193

　　第三节　数字出版物市场调研的程序 /202

第四节　数字出版物市场调研的方法与技术 /211

第十一章　数字出版产品市场预测 /217
第一节　数字出版物市场预测的意义 /218
第二节　数字出版物市场预测的内容与类型 /220
第三节　数字出版物市场预测的主要程序 /228
第四节　数字出版物市场预测的主要方法 /239

第十二章　数字出版物的市场运营 /245
第一节　数字产品盈利模式详解 /246
第二节　数字出版运营策略精析 /251

展望篇
259

第十三章　数字出版产业化前瞻 /261
第一节　产业化支撑：数字化转型升级 /262
第二节　产业化基础：核心业务和盈利模式 /266
第三节　产业化关键：队伍建设 /268
第四节　产业化保障：财政支持和扩大再生产 /268
第五节　产业化标志：贡献率和产品覆盖率 /270

第十四章　知识服务的兴起与发展 /275
第一节　出版社知识服务解析 /277
第二节　出版社开展知识服务的流程 /279
第三节　出版社开展知识服务的基本形态 /283

第十五章　融合发展的路径设计与展望 /287
第一节　融合发展的必要性和紧迫性 /288

第二节　融合发展的动力源泉：出版改革创新 /290

第三节　融合发展的外部推动：项目驱动发展 /292

第四节　融合发展的关键举措：创新技术应用 /292

第五节　融合发展的主要抓手：复合人才培养 /293

第六节　融合发展的题中之义：产业链贯通与延伸 /294

第十六章　大数据在新闻出版业的应用 /297

第一节　大数据概念误区 /298

第二节　大数据应用的内容前提——数据价值体系 /298

第三节　大数据应用的资源起点——数据采集 /301

第四节　大数据应用的技术基础——知识标引与应用标引 /302

第五节　大数据应用的技术关键——云计算 /304

第六节　大数据应用的思维突破——模型建构 /305

第七节　大数据应用的服务层次——数字教育、知识服务与移动阅读 /306

第八节　大数据应用的负面效应——隐私权威胁与数据过分依赖 /309

跋：人在旅途 /311

理 论 篇

第一章
数字出版业态政府与市场的关系

导语

  目前我国数字出版产业中，政府主要起着引导、扶持和有效干预的作用：在引导方面，国家主管部门引导出版企业树立正确的数字出版方向，主导数字出版行业规则、规章制度的建立，推动传统出版单位的业态升级和转型；在扶持方面，主要是通过示范评比、人才调训、项目建设等方面，为出版单位提供资金和政策方面的支持；在有效干预方面，有关主管部门主要致力于维护健康的数字出版市场秩序，确保国有资产的保值增值，维持数字出版市场的整体供需平衡。

  从长远来看，在数字出版产业中，市场起着最终的决定性作用；国家有关主管部门在职权职责范围内，在特定的历史阶段，给予数字出版业资金、政策等方方面面的支持和鼓励，主要是为了培养传统出版单位具备复合出版业态下的综合竞争力，甚至是海外竞争力。

  作为数字出版主体的传统出版单位应该保持清醒的头脑，抓住国家大力推动文化产业大发展、大繁荣的有利契机，自觉用好各项政策资金支持，充分发挥市场主体的主观能动性：全面引入和推行数字化的技术、流程，有效提供数字化的产品和服务，建立起数字化的渠道网络，使得作为数字出版"国家队"的传统出版社能够在国内外激烈的市场竞争中脱颖而出，成长为能够适应现代复合出版业态竞争格局下的领军企业和行业领跑者。

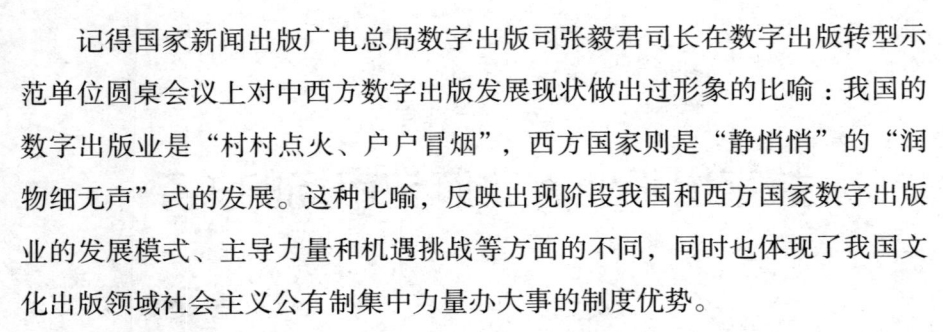

记得国家新闻出版广电总局数字出版司张毅君司长在数字出版转型示范单位圆桌会议上对中西方数字出版发展现状做出过形象的比喻：我国的数字出版业是"村村点火、户户冒烟"，西方国家则是"静悄悄"的"润物细无声"式的发展。这种比喻，反映出现阶段我国和西方国家数字出版业的发展模式、主导力量和机遇挑战等方面的不同，同时也体现了我国文化出版领域社会主义公有制集中力量办大事的制度优势。

在我国出版业发展方式和业态转型的过程中，"项目驱动发展"战略和"创新驱动发展"战略起着重要的推动作用和催化作用。无论是发展较快、效益较高的数字出版转型示范单位，还是处于调整战略、提升速度阶段的其他传统出版单位，均已经、正在或者即将获得国家有关主管部门的政策和资金扶持。

然而，传统出版社在申报和实施政府项目的过程中，有着各种各样的心态和打算：有些出版单位纯粹是"等、靠、要"的姿态，没有国家资金和政策的支持，本单位的数字出版便不发展，或者是因为有了国家项目的支持，才成立数字出版相关部门以应景；有些出版单位是"重项目申报、轻项目实施"，在申报项目的过程中积极踊跃，而国家的项目资金到位后，不组织足够的力量认真开展和实施，直到项目接近结项的时候，才慌张应对以"对付"验收。当然，真正意识到战略机遇期重要性的出版社，则是本着抓住机会、自觉发展的方针，在自力更生发展数字出版业务的同时，充分用好国家资金和政策支持，抓住历史性机遇：以项目培养数字化队伍，以项目推动技术升级，以项目促进产品研发，以项目实现数字出版市场的"跑马圈地"。

第一节 政府调控的引导作用

在政府与市场的基本关系范畴，政府是有形的手，市场是无形的手。在现代市场经济体系下，市场调节与政府干预，自由竞争与宏观调控，互为补充，缺一不可。在我国不断建设责任型政府、法治型政府、服务型政府的当今时代，数字出版领域，同样存在着政府的主导作用和市场的决定性作用之界分，同样存在着政府通过规则的设立、宏观调控方向的指引，引导着数字出版业态向着健康方向发展，指引着数字出版业向着规模化、产业化的趋势迈进（如图 1-1 所示）。

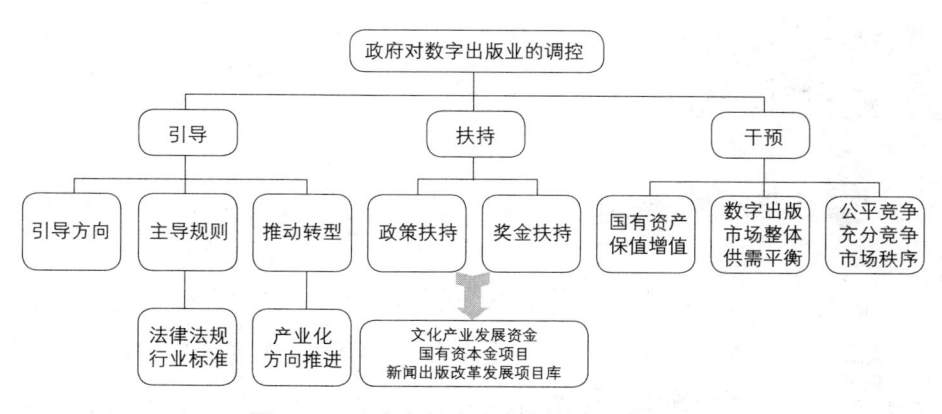

图 1-1 政府在数字出版领域的宏观调控

一、引导正确的方向

在政府的引导作用方面，责任型政府要求政府及相关部门对行政相对人的正当诉求进行及时回应和满足。在数字出版领域，首先需要主管部门以及行业协会在发展方向方面进行指引和指导。目前各个传统出版单位面临的诸多问题有：如何运用数字化的技术？如何建设数字化的产品？如何打造数字化的人才？如何实现数字化的盈利？其实，这些问题按照产业链的环节和数字出版内部架构进行区分无非是数字出版产品体系、数字出版技术体系、数字出版盈利模式和数字出版队伍体系四个方面。

从近几年国家新闻出版广电总局数字出版司所开展的各方面培训、座谈、现场会议等工作来看，国家新闻出版广电总局已经在有意识地组织行业协会、技术企业、示范单位等方面的力量对传统出版社的数字出版从业者们进行介绍和分享数字出版的心得与经验。最典型的如2013年8月总局组织的"部分图书出版单位数字出版业务负责人岗位调训"活动，这次培训在数字出版界有"黄埔一期"的开创性意义，从趋势、产品、技术、人才等各个方面为参训单位进行了讲解和介绍。[①]

在不久的将来，建议总局数字出版司深入组织数字出版各个方面的专项培训，如人才培训、产品培训、技术培训、商业模式培训等。只有这样，通过给予方向性的指引，才能够促进传统出版单位尽快实现数字化的转型，尽快步入数字出版产业化时代。

二 主导规则的建立

法治型政府要求政府及所属部门充分扮演好"裁判"角色，让市场主体以"运动员"的身份参加市场竞争，主导竞争规则的建立，推动国家标准、行业标准和项目标准的形成，确立好合理的利益分配规则，通过法律、法规、政策和标准为数字出版产业的健康、有序和快速发展保驾护航。

首先，在数字出版领域，主管部门需要做的是完善相关的法律法规和

---

① 2013年8月，国家新闻出版广电总局数字出版司组织了第一次全国范围内的数字出版业务负责人培训，这也是全国数字出版业务负责人第一次进行全面、充分和广泛的业务交流和经验分享活动，通过调训，极大地增强了数字出版从业者之间的学习意识、交流意识和责任意识。

相关的规章制度。我国的数字出版立法主要是在行政法规和部委规章层面，存在着立法层级不高、法律效力不高、规章制度滞后等诸多问题。在具体方面，主管部门需要在数字出版市场准入、数字出版版权保护、数字出版职称序列等方面进行明晰和界定。对于已经过时、陈旧的相关规章制度，需要及时进行更新和修订，以确保法制环境与数字出版实务相匹配。

其次，需要确立合理性、前瞻性的标准。第一，要不断建立和健全数字出版国家标准体系，其中包括国家项目标准体系、数字产品标准体系、数字出版技术标准体系、数字出版格式标准体系等，并且要在适当的时机将我国的国家标准上升到国际标准的层面，以提高我国新闻出版业在国际竞争格局中的话语权。2015年5月，第十一届深圳文博会举办期间，我国自主研制的《国际标准关联标识符（ISLI）》，由国际标准化组织（ISO）予以正式发布。该项标准的公布，使得我国关于数字产品描述属性体系的构建，由数字资源自身内部属性的描述，扩展到了数字资源相互之间关联关系的描述领域。第二，要不断推动数字出版行业标准的出台和完善，综合考虑强制性标准和推荐性标准的合理比例和推行范围。近年来，我国新闻出版业通过国家级重大工程的实施、行业级数字出版工程的实施，先后形成和确立了大量的项目标准。例如，2014年年初，国家新闻出版广电总局数字出版司委托全国出版物发行标准化技术委员会承担中央文化企业数字化转型升级项目标准化工作的组织与协调工作，成立了5个起草组，确立了项目管理、基础应用、数据存储、数据加工、流程接口5大项、18小项项目标准。此次标准化工作，全面征集了业内专家、技术企业、出版企业等意见，由总局数字出版司携手发行标准委员会共同开展，是政府主管部门及行业协会在数字出版业态中启动标准化工作的一个重要里程碑。紧随其后的是，国家数字复合出版系统工程在标准化方面，成立了项目管理办公室(PMO)、标准工作组、测试工作组以及38项标准的起草组。这些项目标准对下可以指导新闻出版企业制定相应的企业标准，对上可以在适当的时机上升到行业标准乃至国家标准的高度。第三，要鼓励数字出版企业创新和提高企业标准，在相关领域的国家标准、行业标准未出台之前，实行企业标准先行，也为国家标准、行业标准提供参考。

三 推动市场主体转型

服务型政府要求政府及相关部门，从公权力服务于私权利的角度，能够为市场主体提供一系列市场准入、公平竞争、法制环境等公共产品。在数字出版业态中，服务型政府的引导作用体现在：确立数字出版企业的市场准入机制，推动传统出版单位的市场主体地位升级与提升，促进出版企业以更加先进的技术装备、更加顺畅的流程机制、更加适销对路的数字产品，融入数字出版新业态中，实现整个出版业态的转型升级。

2013年下半年，中宣部、国家新闻出版广电总局和财政部三家携手，启动了中央文化企业数字化转型升级项目，率先在61家中央级的出版社中进行了数字化全流程出版机制创新与运行，进而在技术层面为传统出版单位转型升级打下了牢固的基础，并且为传统出版社生产出适销对路的数字产品提供了有力的工具。2014年以来，相关主管部门或将面向全行业，推动传统出版单位转型升级，这些都体现了政府及主管部门在法治型政府、责任型政府方面的成效。

第二节 政府调控的扶持作用

作为新兴业态，数字出版业是政府扶持发展文化产业的重要组成部分，代表着先进的文化传播趋势和方向，代表着出版业转型升级的方向和未来。在西方出版业数字化、信息化浪潮的冲击下，我国出版业的转型与升级面临着严峻的竞争态势。在这种大的时代背景和国际背景下，相关主管部门出台了文化产业发展资金、国有资本金、改革发展项目库、数字化转型升级项目等一系列政策，在资金、政策等方面给予传统出版单位以强有力的支持，扶持着传统出版单位应对好国内、国际的竞争环境，从而促进我国数字出版业尽快实现规模化和产业化。

一 政策扶持：示范单位、转型升级、融合发展

近年来，尤其是近三年以来，主管部门对数字出版业的扶持力度明显高于传统的图书出版。在发布主体角度，中宣部、财政部、国家新闻出版广电总局、科技部、工信部等多个部委均出台了扶持出版业转型、促进数字出版发展的相关政策；在政策内容方面，有平台建设、技术更新、人才培养、项目驱动等领域；在资金力度方面，政府扶持数字出版的资金额度和频率明显高于一般的图书出版。

例如，2013 年 7 月，国家新闻出版广电总局公布了全国首批 70 家数字出版转型示范单位，包括出版集团 5 家、图书出版社 20 家；报业集团 5 家、报社 20 家和期刊社 20 家，占全部申报单位的 16.3%、全国出版单位的 0.56%。通过示范评比，遴选了一批在数字出版业务领域起步较早、思路清晰、成效明显的传统出版单位，通过树立典型，交流借鉴和推广实践经验，探索开辟传统出版业升级转型之路，为广大传统出版单位的数字化转型提供可借鉴的经验。经过评估入选的示范单位，国家新闻出版广电总局将在资金、政策等方面给予优先扶持。

同时，为推动传统出版单位数字出版转型升级工作向更大范围、更高层次发展，在 2014 年开展省一级转型示范评估的基础上，2015 年 2 月总局启动"第二批"转型示范评估工作。经过单位申报、资格审查、数据采集转换、专家评估、主管部门审核等流程，在遵循评估标准同时适当兼顾区域性差异基础上，确定了"第二批"100 家转型示范单位名单，包括 10

家报业集团、30家报纸单位、29家期刊单位、5家出版集团、26家图书（含音像电子）出版单位，占全部申报单位的31.8%。[1] 在经过上述第一批、第二批数字出版转型示范单位的遴选工作以后，政府主管部门或将根据"能进能出、能上能下"的原则，对已经入选的转型示范单位进行动态评估，以确保示范单位的先进性和示范性，同时为"后发型"的出版单位提供进入示范单位的相应通道。

再如，在出版融合发展方面，2015年4月，国家新闻出版广电总局、财政部联合印发了《关于推动传统出版和新兴出版融合发展的指导意见》。《指导意见》共计16条，包含：总体要求、重点任务、政策措施和组织实施四个部分。《指导意见》在组织实施的部分明确要求各出版行政主管部门和各出版单位将融合发展列入行业和单位的"十三五"规划，并且要求制定时间表、路线图和任务书，通过指标细化和责任考核，将融合发展层层落实，落到实处。更为重要的是，《指导意见》明确指出：力争用3~5年的时间，研发和应用一批新技术新产品，确立一批示范单位、示范项目和示范基地（园区），打造一批形态多样、手段先进、市场竞争力强的新型出版机构，建设若干家具有实力、传播力、公信力和影响力的新型出版传媒集团。应该说，出版融合示范单位在未来将是政府主管部门对数字出版、新媒体领域实施扶持的重要抓手和关键举措。

二 资金扶持：文化产业发展资金、国有资本金、专项资金

对传统出版单位而言，实现数字化转型升级，大力发展数字出版，无论是产品、技术，还是渠道、人才建设，政府扶持最直接和最有效的便是资金的扶持。自2011年以来，财政部文资办、国家新闻出版总局数

---

[1] "国家新闻出版广电总局第二批100家转型示范单位今起公示［EB/OL］. 国家新闻出版广电总局官网，http://www.gapp.gov.cn/news/1656/255555.shtml，2015-10-1.

字出版司先后启动了文化产业发展资金、国有资本金、数字化转型升级项目资金等一系列扶持资金，其中新技术、数字出版、媒体融合等始终是支持的重点方向。

（一）文化产业发展专项资金扶持情况

仅以2013年为例，国家财政共计拨付文化产业发展专项资金48亿元，比2012年增加41.18%，截至2013年共计拨付142亿元文化产业发展专项资金；拨付国有资本金中央文化企业国有资本经营预算资金8.3亿元，共支持39家由财政部代表国务院履行出资人职责的中央文化企业实施的55个项目，2011年至2013年，中央财政已累计安排国有资本经营预算资金18.9亿元；同时，2013年，国家财政拨付1.6亿元用于中央级61家出版社开展数字化转型升级项目。[①]

（二）中央文化企业国有资本经营预算金扶持情况

据财政部中央文化企业国有资产监督管理领导小组办公室相关负责人介绍，资金重点支持三个方向：一是支持中央文化企业作为兼并主体，通过出资购买、控股等方式取得被兼并企业所有权、控股权，或通过合并成立新企业；二是支持中央文化企业进行数字化转型升级、网络传播平台、移动多媒体等项目建设，研发拥有自主知识产权、有利于推动企业产业结构调整或升级的关键技术；三是支持具有竞争优势、品牌优势和经营管理能力的中央文化企业与国外有实力的文化机构进行项目合作，建设文化产品国际营销网络，对外投资兴办文化企业。2011年至2013年，中央财政已累计安排国有资本经营预算资金18.9亿元，共支持了65家企业实施107个项目，切实发挥了财政资金的引导和撬动作用，有效缓解了中央经营性文化单位转企后的发展资金缺乏瓶颈，在

[①] 数据来源：财政部网站及相关报道。

促进企业资源整合、实现传统产业升级和推动中国文化走出去等方面发挥了重要作用。

这些资金，充分发挥了财政资金杠杆作用，有力地支持了文化体制改革和文化产业发展，直接推动了我国出版业的转型升级与创新发展，也旗帜鲜明地体现了我国社会主义体制宏观调控集中力量办大事的优势所在。[1]

三 区别性扶持与针对性发展

在政府的政策扶持和资金扶持过程中，我们看到，政府主管部门采取了"扶强扶优"与"救急救穷"相结合的办法，对传统出版单位采取区别性扶持和针对性发展的原则。一方面，重点扶持在数字出版领域起步早、见成效、有一定发展速度和规模的出版单位；另一方面，针对起步较晚、技术装备较为落后的出版企业，主管部门也在通过特定的项目和资金进行针对性的扶持和推动发展。例如，文化产业发展资金和国有资本金政策，主要用于支持项目创新点突出、社会效益和经济效益显著的项目；而中央文化企业数字化转型升级项目则主要是扶持起步较晚、技术装备较落后的出版单位。

同时，在政府主管部门的扶持政策中，我们还能够看到政策相互之间体现了较高的衔接性、协同性，发挥了政府具体行政行为和抽象行政行为相结合的优势互动功能。例如，近几年，国家新闻出版广电总局的新闻出版改革发展项目库工作与财政部的文化产业发展专项资金工作正在进行有效衔接和横向互动，一般来说，进入改革发展项目库重点库的项目同时获批文化产业发展专项资金支持的几率更大。

---

[1] 中央财政安排8.3亿元国有资本经营预算支持中央文化企业发展［EB/OL］.新华网新闻中心，http://news.xinhuanet.com/2013-10/11/c_117673215.htm，2015-10-4.

第三节 政府调控的有效干预

在一个产业处于新生、发展的阶段，政府除了要重点进行引导和扶持之外，还要进行必要的监督和干预，以确保该产业能够沿着健康、快速、规范的方向前进。前述国家有关部门对数字出版业进行了各个方面的引导和扶持，这必然衍生出主管部门对数字出版的各个领域进行必要的干预和督促。

一 确保国有资产保值增值

确保国有资产保值增值是国家财政资金使用的首要原则，也是政府对数字出版有效干预的起点和底线。在数字出版业态中，各个出版单位申报了大批效益好、技术高、创新点突出的国家项目，在项目的开展和实施过程中、在项目的验收和收益过程中，主管部门都会进行监督和考核，同时要求各申报单位必须出台相应的国有资金使用监管规范。只有严格监督和验收，采取政府检查和企业自查相结合的方式，才能够确保财政资金用到"刀刃"上，做到专款专用，确保财政资金真正在出版业转型升级过程中发挥推动和引导作用。

2014年3月25日，国家新闻出版广电总局数字司、财政部文资办、数字出版协会联合组织了中央文化企业数字化转型升级项目政策与项目管理实践培训班，其中针对各个传统出版单位的领导、财务负责人和项目负责人分别进行相关方面的培训，主要目的就是规范国家项目的实施、监管和验收。

如前所述，国家财政支持出版企业项目，主要是运用资金扶持的方式，解决出版社在数字产品研发、数字出版平台建设和数字出版技术引入等方面的资金不足问题，协助出版社尽快实现出版流程和出版方式的变革和创新。主管部门以项目补贴或者资本金注入的方式扶持出版单位，其根本目的是推动文化体制改革，促进文化产业发展和繁荣，实现国有资产保值和增殖。所以，确保财政资金专款专用、实现国有资产保值 增值是主管部门监督出版企业、履行政府干预职能的最重要方面，也是各个出版单位在实施国家项目、迎接主管部门验收最重要的环节之一。

二 维持数字出版市场整体供需平衡

政府宏观调控的重要目标之一在于维持市场的总体供需平衡，这一点在数字出版领域也得到了充分体现。在数字出版产品供给远远小于市场需求的当下，无论是财政部文资办，还是国家新闻出版广电总局，对各个出版企业均采取项目的方式进行扶持；项目的内容或有差异，但是均是围绕数字出版产品的内容研发、技术平台和渠道建设展开。

在数字出版方兴未艾的当今时代，大多数字出版企业的当务之急便是如何研发数字产品，如何整合有效的存量资源，将之转化、加工和生产出适合读者需求的数字化产品。打造数字产品的四要素——有效的存量资源、具体的内容设计、支撑内容的技术平台、实现价值的渠道建设，均需要进行大量的资本投入。而一旦涉及资金投入，各个出版社便显得力不从心，鲜有出版单位愿意将客观的资金投入到尚且看不到价值收回期限的数字出版领域。这便是市场经济主体的自身不足所造成的市场失灵表现之一，这个时候也是政府宏观调控发挥重要作用的最佳时机。

一个值得国内数字出版界深思的问题是：根据中国高等教育文献保障系统（CALIS）最新统计数据显示，国内的高校图书馆采购数字化的图书、数据库的比例已经超过纸质产品，而采购国外数字产品的比例普遍高达70% 以上，国内数字内容供应商的产品供给能力还有待提高。

但是，我们应该看到，无论是新闻出版改革发展项目库、国有资本金支持项目，还是文化产业发展资金支持项目，均在其重点支持的范围，将维持数字出版整体市场的产品供给作为重要方向之一。这种支持具体又细化为上述所说的资源整合、平台建设和渠道开拓等方面。

● 三 维护健康的市场秩序

政府对市场的有效干预，在维持公平、健康的市场秩序方面也得到了充分的体现。在数字出版领域，政府主管部门对市场秩序的调控，体现在打造公平竞争、充分竞争的市场环境和建立健全完善的市场主体准入和退出机制等方面。

在数字出版市场秩序的维持方面，政府首先需要营造一个充分竞争的市场业态。要鼓励和培养一大批数字出版市场主体，让大量的传统出版单位在业态转型升级中脱颖而出，以崭新的数字产品提供商的身份加入到市场竞争中，生产出品种丰富、规模庞大、符合大众阅读需求的数字化阅读产品。

其次，需要打造公平竞争的市场秩序。主管部门及数字出版协会需要在数字出版公平交易、公平竞争方面加大力度，尽早发现、尽快纠正数字出版领域的盗版行为、侵权行为，使得出版单位的合法权益得到有效保障。较传统出版而言，数字出版有盗版成本低、盗版速度快、盗版后消除证据容易等特点，这一方面蛊惑了盗版者的违法行为，另一方面对出版者的权益损害更大。目前，国内的数字出版单位已经展开了相应的维权行动，如法律出版社自开展数字出版业务以来，已经成功展开了4次诉讼，及时遏制了相关企业的盗版行为，获得了合理的损害赔偿。但是，还有很多的出版单位，被不法企业、不法分子损害数字权益，并没有或者不能开展相关的维权行为，这就需要我们的主管部门和行业协会，展开相应的培训，对不法企业进行相应的行政处罚，以确保市场竞争秩序的公平、公正和公开。

最后，作为行业性自治组织的数字出版协会，也应充分发挥行业自律的作用，推动辖下的法律工作部积极维护出版社的合法权益，在打击盗版和法律培训等方面积极作为，督促各成员单位在法律的框架下有序发展数字化业务。

第四节 市场的决定性作用

十八届三中全会首次提出市场在资源配置中起决定性作用，进而改变了近20年来的市场在资源配置中起基础性作用的提法。市场的决定性作用，给正在形成和不断发展的数字出版市场起到了重要的提醒作用：作为市场主体，必须充分发挥自身在数字出版业态中的主人翁、决定性身份的角色，尽早适应和融入到真正意义上的市场竞争中去，甚至是走出国门，与国外的数字出版商进行竞争；不断培育和发展自身的用户市场，在完善的产品供给、先进的技术布局和有实际掌控力的渠道建设方面真正成长和成熟起来。作为主管部门的国家新闻出版广电总局数字出版司，将"数字出版处"更名为"产业推进处"，这也释放了一个强烈的信号：主管部门将会在促进数字出版产业化、规模化、市场化方面加强工作，指导和督促出版单位参加、融入到市场竞争中去。

一 政府扶持的限度与长度

应该说，我们的数字出版企业较西方国家出版商而言，有着非常大的优势——政府的资金、政策扶持。西方国家的出版商，所进行的出版行为，无论是纸质书出版，还是数字出版，都是市场化的行为，政府只是充当好"裁判"的角色，并不会对个体的市场主体进行资金和政策方面的直接引导和支持。

但我们的出版单位应该保持清醒的头脑：在可以预见的将来，政府的资金、政策扶持是有限度的，始终有"断奶"的一天。政府扶持的初衷在于，协助解决当下数字出版企业所面临的资金、人才、技术等方面的困难；目的在于促进出版单位尽快实现数字化的转型升级，能够适应来自国内外的竞争和挑战，成为数字出版领域的中坚力量。

一旦将来，政府的资金和政策扶持结束，那么出版单位只能"自救"，只能依靠在市场中扎根立足，从市场中找寻属于自己的定位，通过消费者的交易行为实现企业自身的正常经营和运转，这才是出版单位真正挑战的到来。

二 用户市场的培育与成长

出版单位开展数字出版，要想获得大的发展和繁荣，实现产业化、规模化的效益，要想提高数字出版在整个出版业中的收入比例，必须实现"为有源头活水来"的局面。

"活水"在哪里？在用户那里，在市场那里。只有不断培养和扩大自身的用户市场，让越来越多的消费者认同和消费自己的数字产品，出版单位才在市场经济的层面上实现了转型。

我国的出版社最容易在数字出版领域取得突破的是专业性出版社，因为专业性出版社往往都是背靠着一个特定的行业，提供专业化的知识服务。在数字出版时代，专业化的知识服务结合便捷的传播途径、强大的功能体验，更能抓住特定行业群体的知识需求；而行业市场一旦打开，数字出版的生存压力将会减少，甚至会实现初步的盈利。真正的发展阶段在于实现对行业市场的有效掌控，当出版单位对特定行业的渠道实现大多数的市场占有以后，其数字出版的经济效益和社会效益将相当可观。在B2B行业市场开拓方面，法律出版社的法官电子图书馆已经在全国16个省份的数百家法院实现了安装和使用。

　　同时，不能忽视的是个人市场的培养和扩大，尽管在相当一段时间内，B2C 业务几乎不可能成为支撑出版单位数字出版运营的核心业务，但是，伴随着数字阅读的群体成长为社会的主流消费群体，伴随着数字阅读成为社会的主流阅读方式，在可以看得见的将来，数字出版的个人消费必将成为拉动数字阅读数字化、信息化的中流砥柱。所以，注重个人消费市场的培养和开拓，也是出版单位所必需完成的艰巨任务。在 B2C 业务开拓方面，国内如浙江大学出版社，走在了全行业的前面。

三　国外竞争的强烈态势

　　强调市场的决定性地位，以市场需求为导向研发数字图书、数据库等产品，其更加宏观的战略意义在于应对来自国际方面的数字出版商挑战。我国的数字出版消费市场潜力是巨大的，正因为这一点，国外的出版商纷纷以各种形式、以各种产品入驻中国。如 West Law、Lexis Nexis 等出版商纷纷在中国推广自己的数据库产品，涉及医疗、商业、法律等各个行业；亚马逊数字业务在中国已经开启，在短短的时间内形成了与国内网店竞争的态势，且配合其 kindle 等硬件产品，显示出了强劲的竞争力。

　　如果我们的出版单位，连国内市场都保不住，还谈何"走出去"？所以，深入研究用户的需求特点和规律，研发适销对路的数字产品，提供"私人订制"般的市场服务，才能一方面抓住国内市场，另一方面进军国际市场，把中国的数字化产品和服务推向国际社会。

四　传统出版单位与新兴企业的竞争格局

　　关于数字出版的发展方式，长期以来有两种说法：第一，依托于传统出版单位，促使现技术升级、产品创新，进而达到全行业的业态创新；第二,"腾笼换鸟",由新兴的技术公司、新兴的市场主体取而代之。无疑,从目前主管部门的产业政策来看,首先还是主要支持传统出版单位尽快实现产业升级和业态更新。

客观地说,为数众多的新兴企业在数字出版领域确实正在或者已经取得了相当不错的社会效益和经济效益。他们并没有出版单位的行业渠道优势、品牌价值优势,也没有政府主管部门的资金政策扶持,但是他们却在数字出版的若干领域取得了突飞猛进的突破。

法律出版领域,国内的技术企业,如北大法宝、北大法意、中国知网、方正阿帕比等,均在行业系统内开拓了非常广阔的市场渠道,他们的数据库较之出版社而言,还是有着内容、技术和功能等多方面的优势。他们并没有政府的资金和政策的支持,没有行业渠道的先天性优势,但是,他们却在数字出版领域开辟了一片新天地。

应该说,作为出版社,拥有着专业化的内容人才,拥有着行业市场的天然优势,拥有着政府主管部门的推动和引导,完全可以走出一条适应市场的数字出版之路。出版单位产业链可参见图1-2。

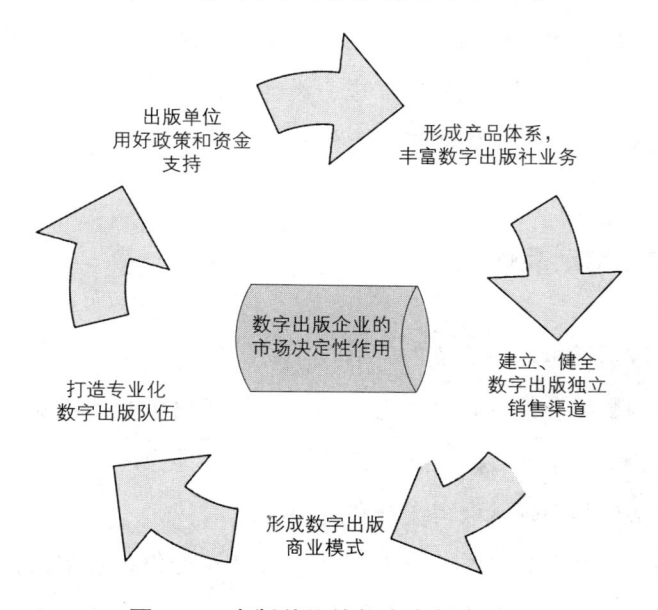

图 1-2　出版单位的数字出版产业链

第五节 抓住政府推动的良好机遇，有效提高市场占有率

在数字出版领域，一方面，政府主管部门正在或者已经在引导、扶持和干预方面开展了相应的工作，以推动传统出版单位的数字化转型升级；另一方面，作为市场主体的传统出版单位应该抓住政府促进文化大发展、大繁荣的有利契机，充分运用好政府所提供的各项政策、资金，尽快建立和丰富自己的数字产品体系，以适销对路的数字产品打开销售渠道，抢占数字出版市场，最终在市场竞争中占有一席之地。

一 用好各项国家政策

如前所述，出版单位应该结合本出版社的资源优势和实际状况，进行深入的市场调研，结合用户的实际需求，设计出合适的项目，分别申请新闻出版改革发展项目库、文化产业发展专项资金等国家政策支持。

二 丰富数字产品体系

各出版单位借助国家资金支持，通过项目的研发和实施，当务之急是尽快建立自身的数字化产品体系，健全自身的数字出版业务体系。因地制宜，因"社"制宜，有所侧重地在数字图书、碎片化数据库、移动阅读、终端阅读、网络出版等领域取得突破和进展。

2015年9月，财政部文资办下发了中央文化企业申报数字内容运营平台项目的通知，其中涉及行业级数字内容运营平台的建构。所申报的中央

文化企业中，凡是申报行业级数字内容运营平台的，都是以丰富、专业、海量的"产品集群"作为业务支撑，"产品集群"大致都包括了电子图书、数字图书馆、专业数据库、知识库、数字视听库、数字动漫库和数字游戏产品库等数字出版界的主流产品。

三 抢占数字出版市场：跑马圈地

借助丰富的数字产品和业务体系，出版单位宜采取自建、委托代理等多种方式，打开销售渠道。在建立销售渠道的过程中，一方面可以借助传统出版发行渠道的力量，采用"旧瓶装新酒"的方式，对传统予以扬弃；另一方面可以跨界，独立于传统渠道，开拓全新的数字出版市场空间。

四 落脚点：打造专业化数字出版团队

无论是项目申报、产品研发，还是销售渠道的建立，都离不开专业化的数字出版人才队伍。数字出版要实现规模化、产业化的目标，必须有独立的、专业化的人才队伍体系，形成包含内容人才、技术人才、销售人才和管理人才等在内的全方位人才体系。

许多出版单位，仅仅个把人试图开展数字出版，这一方面表明顶层设计不到位，管理层没有引起足够的重视，没能认清数字出版重要性；另一方面，也注定了该单位的数字出版难以有所作为，更遑论大发展、大繁荣。

结语 促进行业大发展、大繁荣

在政府主管部门大力推动数字出版规模化、产业化的时代背景下，传统出版单位必须重视并用好这次重要的战略机遇期，切实制定并遵循创新驱动发展战略和项目驱动发展战略：在顶层设计层面，出版单位领导层必须予以充分的重视，必须落实到实践中去；在中坚力量层面，必须打造一支包含内容、技术、市场和销售等全方位、多角度、梯次配置的人才体系；在运营管理层面，必须尽快建立健全产品体系，开拓渠道、占领市场；在商业模式方面，因地制宜地采用公司制或者部门制的发展模式，运用 B2B、B2C 的业务模式，不断提高数字出版收入，最终迎来出版业态的转型升级。

第二章
数字出版发展阶段概述

导语

经过多年的发展，数字出版大致经历了数字化、碎片化和体系化发展三个阶段。每个阶段都有不同的阶段特征，同时伴随着代表性的数字出版产品出现，每个阶段都是下一阶段的准备和铺垫，同时也是上一阶段的提高和升华。

数字化阶段赋予了传统出版物以新生命，使得传统书报刊能够以崭新的媒介、强大的功能、丰富的内容进行更为广泛的传播，其代表性产品形态是数字图书、数字期刊和数字报纸。

碎片化阶段，打破了结构化的"书"的形态，新闻出版企业能够面向特定的用户提供个性化、定制化、条目化的知识解决方案，其代表性作品形态是数据库产品和原创网络文学。

体系化阶段，以知识体系为内在逻辑主线，把所有数字化、碎片化的知识片段串联起来，运用语义标引技术和云计算技术，进行知识数据的智能整理，实现知识发现的预期效果，为实现知识图谱和大数据知识服务提供了可能，并有可能催生出数据出版这一智慧化的出版新业态。

三个阶段的发展历程是由出版业态的创新所推动的，这种创新包括产品创新、销售方式创新和消费群体创新；业态的创新，最终潜移默化地推动着用户的阅读习惯由纸质书时代的深阅读，向着数字化时代的浅阅读转型；同时，随着数字出版的普及和传播，数字化时代的深阅读习惯也在逐步形成。

第一节 数字出版发展三阶段论

在我国"十一五"末期、"十二五"期间，随着科技与出版业的不断融合，数字化转型升级步伐的不断加快，我国数字出版取得了突飞猛进的发展，无论是表现在产业发展方面，还是表现在学科发展方面，抑或是研究应用层面，产学研一体化发展的雏形已经具备。在产值领域，自2009年我国数字出版产值首次超过传统出版以来，在连续经历多年年均增速超过50%的爆发式增长阶段之后，2013年数字出版产值再创新高，达到2500多亿元，之后，数字出版步入了平稳增长的新常态发展阶段。[①] 在学科领域，数字出版实务的发展，对复合型人才提出了更高要求，进而驱动了数字出版学科的兴起与壮大，使得数字出版渐成显学之态势。截至2013年年底，北京印刷学院、武汉大学、中南大学等高校先后开设数字出版专业。在研究应用领域，新闻出版界高度关注大数据、云计算和语义分析等高新技术，并致力于将这些技术与知识服务、智慧型出版相结合，写入新的五年发展规划，促进传统出版与新兴出版的融合协同。

值得思考的是，在产学研一体化、协同发展的同时，我们回顾数字出版近10年来的发展轨迹，可以发现：数字出版大致经历了以数字图书、数字期刊和数字报纸为代表的数字化发展阶段；经历了以数据库产品、网络原创文学为代表的碎片化阶段；正在经历以知识体系为逻辑内核、以语义标引为技术基础、以云计算为技术支撑和以大数据知识服务为外在表现形态的体系化发展阶段，体系化的发展有可能催生出数据出版这一新的出版业态。

---

① 2013年我国数字出版收入逾2500亿元[EB/OL]. 中国知识产权资讯网, http://www.iprchn.com/Index_NewsContent.aspx?newsId=74989, 2015-6-15.

一 数字化阶段

2009年，开启了日本的电子书元年；2010年，被誉为中国的电子书元年。彼时中国的电子书市场处于方兴未艾的阶段，无论是以终端阅读为代表的电子书产品，还是以数字图书馆为代表的在线电子书均展示出了强劲的市场前景，数字出版数字化阶段的代表性产品形态——数字图书从那时起开始发力。

对习惯于传统出版的出版人而言，当初以数字图书（电子书）、数字期刊、数字报纸为代表的数字出版，是个新生事物，面对这个新生事物，编辑们存在着以下几种态度：质疑、观望和恐慌的态度。旗帜鲜明地支持的不多，明确反对的也不多，各个出版社皆如此。传统出版的编辑能够认清数字出版是未来方向，是大的趋势。但是，基于情感或者利益的束缚，往往不能主动地实现转型。[①]

迄今为止，数字出版已经取得了翻天覆地的变化，仍然存在着观望、恐慌和反对三种声音，只不过理性的声音更多一些；现在的出版人更多考虑的是如何实现转型的问题，而不是像以前更多考虑的是否要转型的问题。

数字化阶段的数字出版，主要有以下三种特征。

第一，数字图书、数字期刊和数字报纸是数字出版的主要产品形态，表现形式多样化。以数字图书为例，其表现形式可能为手持终端式电子书，例如汉王阅读器；可能为电子图书馆，如方正阿帕比的中华数字书苑；也可能为专业性的数字图书馆，如法律出版社的法官电子图书馆。

第二，功能强大，使用便捷，极大地提高了阅读和使用的效率。相对于传统图书而言，阅读、使用电子书，可以通过复制、粘贴、全文检索等

---

① 张新新.如何迎接出版业态创新［N］.新华书目报，2013-8-5.

功能，很快实现资料查询、研究和引用，很大程度上方便了阅读、学习和研究的需要。

第三，浅阅读和功利性阅读趋势加强，深阅读和全面阅读的比例下降。相对于纸质阅读而言，电子书阅读一方面体现出功利性特征：基于特定查询、研究、引用的需要，为了提高效率而广泛使用电子书。另一方面体现出浅阅读特征：阅读电子书进行深入思考并进行系统整理和标记的用户相对较少，大部分用户基于娱乐、休闲而选择阅读电子书，形象的说法是"快餐式"阅读。

随着人们阅读需求的不断提高，电子书的用户体验已经不能够完全满足人们的使用需要，在这种情况下，受到境外出版集团、民营信息服务商的启发，诸多出版社纷纷试水数据库产品，还有的出版社开展了以片段化、碎片化为主要特征的网络文学业务，数字出版步入了以数据库产品为代表的碎片化发展阶段。

二 碎片化阶段

自 2010 年到 2013 年期间，众多的出版社尝试进入数据库市场，纷纷打造专业领域的数据库产品，力图在数据库市场分得一杯羹，取得一席之地。碎片化阶段的数字出版，各新闻出版企业侧重于将数字产品向数据库方向过渡和转型，一方面，立足于将作为存量资源的传统图书进行碎片化加工，拆分到章节甚至是段落；另一方面，重视在制资源和增量数字资源的引入和加工，力图扩充所属领域数据库的数量和质量。

在碎片化阶段，民营信息提供商往往走在了出版社的前面，例如在法律领域，北大法律信息网所提供的北大法宝数据库、同方知网所提供的法律数据库、北大法意所提供的法意数据库、超星公司打造的法源搜索引擎等；在建筑领域，正保教育集团打造的建设工程教育网。同时，汤森路透、励德爱思维尔（现已更名为励讯集团）等境外出版传媒集团也纷纷在法律、医疗和金融等领域推出自己的数据库产品，不断开拓我国的个人和机构用户市场。应该说，无论是民营企业，还是境外企业，他们的数据库产品技术功能、市场占有率远远超过出版单位。不同的是，民营企业占据的是我们的企业用户、事业单位用户和政府机关用户市场，而境外企业多是在企业用户、事业单位用户市场占有优势，政府机关用户市场并没有较为成功的打开和突破。

相对于传统纸质图书、电子图书传递的是一个一个"知识孤岛"而言，数据库产品传递的是个性化、定制化的知识碎片，这些知识碎片往往更能够满足用户特定方面的知识需求，同时能够以性价比更高的方式实现产品运营和信息服务。这是传统出版单位纷纷进军数据库市场的最深层次的驱动因素。

出版企业所着力打造的数据库产品和民营企业、境外出版商相比有以下几个方面的特征。

第一，在内容质量方面，更加专业和权威。我国的出版社成立方式及经营体制，决定了每家出版社，尤其是专业性出版社，在特定行业、特定领域积累了庞大、丰富和权威的专业知识和专业资源；这些专业资源是民营信息服务商、境外出版商都无法获取的，资源的专业性和权威性是保障出版单位的数据库产品立足市场、打开市场的决定性因素。

第二，在目标价值层面，以提供知识、解决方案为主。各专业性数据库产品，都在以提供特定专业、特定的解决方案为目标，并尽可能梳理出各个行业的知识解决方案体系。例如，地质出版社所打造的"国土悦读"移动知识服务平台，所提供的资讯、舆情均是为国土地质领域的专业用户而精心设计；社会科学文献出版社研发的"皮书数据库"产品，旨在为社会科学各行业提供科研的智库和决策参考。

第三，在技术应用层面，打破传统静态数据库的设计，力图融合领域本体要素。传统的数据库产品，民营企业或境外出版商所研发和在销的各种专业性数据库，都属于静态数据库，条目与条目之间、子库与子库之间并没有实现知识关联，原因在于其数据库底层设计没有考虑知识元、知识关联和知识图谱的因素，没有将领域本体的构建作为终极目标。而随着大数据、云计算和语义标引技术逐步被重视，多家出版社已经开始考虑重构数据库的形态，以知识体系为核心构建动态、互通、可自动成长的数据库，例如人民出版社打造的中国共产党思想理论资源数据库，就做了大量的知识标引工作，研发了概念关联系统，实现了知识标引和关联的预期效果，并且聘请了顶尖专家进行把关和审核。[①]

碎片化阶段的数字出版，已经孕育了体系化发展的因素，部分出版社布局动态数据库的做法，已经预示着体系化发展的数字出版时代即将到来；而在政府调控层面，2014年，国家新闻出版广电总局、财政部文资办联合推动了特色资源库项目，2015年年初，国家新闻出版社总局数字出版司发起了专业数字资源知识服务模式试点工作，这便在政策引导方面，鼓励着新闻出版企业向着以知识体系为内核，以知识发现、知识图谱构建为目标的数字出版体系化发展阶段迈进。

三 体系化阶段

数字出版发展的第三阶段——体系化发展阶段，其主要特征有：以知识体系为逻辑内核；以知识服务为新的产品（服务）形态；以大数据、云计算、语义分析和移动互联网为技术支撑；以存量资源、在制资源、增量资源为服务基础。出版业呈现出数据化出版和智慧化出版的态势，呈现出内在逻辑清晰、外化形态合理、服务提供全面、知识自动成长的生态圈特征。[②]

数字出版体系化发展阶段以知识体系为逻辑内核，这意味着数字出版产业链的四环节——内容提供、技术支持、市场运营和衍生服务，均

---

① 中国共产党思想理论资源数据库上线运行［EB/OL］.新华网，http://news.xinhuanet.com/politics/2010-06/30/c_12283293.htm ，2015-5-15.
② 李岩.融合创新比翼齐飞加快传统出版与新兴出版融合的五个思考［J］.出版广角，2014（23）.

围绕着知识体系的嵌入、融入和延伸而展开。数字产品的研发需要围绕知识元的建设与应用、知识层级体系建立、知识交叉关联规则确立等方面而组织文字、图片、音频视频等知识素材；数字出版技术的应用，需要以实现知识发现、知识自动成长和知识服务为最终目标；数字出版的市场运营，更是需要针对不同领域的目标用户，从知识体系出发，提供个性化、定制化和交互式的知识服务。在知识体系研发方面，2014年，法律出版社率先研发出国内第一套法律专业知识体系——中国审判知识体系，将民事、刑事和行政三大审判领域的2987个知识点进行了系统梳理和总结，并在此基础上研制出了以审判知识体系为核心的中国法官知识库产品。[①]

数字出版的体系化发展阶段以知识服务为最终产品（服务）形态。知识服务具备用户驱动服务模式产生、问题导向出发提供知识解决方案、直联直供直销的即时响应方案、综合运用多种高新技术、注重知识增值服务等特征。

数字出版的体系化发展阶段是以大数据、云计算、语义分析和移动互联网等高新技术为支撑的阶段。语义标引技术是数字出版体系化发展阶段的标志性技术，云计算技术是知识服务开展的关键性技术，大数据平台是知识服务外化的最佳表现形式，移动互联网技术的应用最容易产生弯道超车的跨越式发展效果。

数字出版的体系化发展阶段，极有可能催生出数据出版的新业态。数据出版，是指以数据作为生产要素，把文字、图片、音频视频和游戏动漫都当作数据的一种表现形式，围绕着数据的挖掘、采集、标引、存储和计算开展出版工作，通过数据模型的建构，最终上升到数据应用和数据服务的层面。在数据采集和挖掘层面，可能需要用到特定的挖掘采集工作；在数据标引层面，需要用到知识标引技术；在数据计算层面，需要用到离线

---

① 黄闯.创新业态融合发展[J].出版广角，2015（1）.

计算、分布式计算等多种计算方法；在数据模型建构层面，需要结合特定专业的知识解决方案，将专业与大数据技术相结合，建构一定的数据模型；在数据服务层面，针对个人用户、机构用户的不同需求，提供在线和离线的多种形式的数据知识服务。在数据出版领域，值得借鉴和思考的是，出版业之外的其他行业已经先行，甚至是产生了较为显著的成果，例如，福建省高级人民法院所研发的福建法院司法大数据分析平台，已经将全省自建国以来的数百万的案件输入了大数据平台，并能够随时做出案由、时间、地点、趋势等多方面的数据分析报告。

结语 数字出版阶段的跨越式发展

正如人类社会的跨越式发展一样，数字出版的发展阶段也存在着跨越式发展的情形，在特定的条件下，个别新闻出版单位能够实现直接从数字化阶段跨越到体系化发展阶段，或者同时开展数字化、碎片化和体系化发展的各项工作。这种跨越式发展现象的出现，一方面源自新闻出版企业内部的发展动力，内部的转型升级动力和外部的市场竞争压力促成了许多出版社在研发数字图书、从事数字化工作的同时，开展存量资源、在制资源的碎片化加工；另一方面源自政府鼓励引导文化产业发展的各项政策资金，推动着新闻出版企业尽快完成碎片化发展阶段，实现向体系化发展阶段的过渡和转型。

第二节 数字时代的深阅读与浅阅读

深阅读，是深度阅读的简称，大致包含了解、思考、联想、记忆、掌握几个流程和步骤；浅阅读，是浅度阅读的简称，是快餐文化的必然产物，是基于猎奇、兴趣而进行的阅读。

"深阅读"是基于培养人们的思考能力、逻辑能力和感悟能力，能让人们更深刻地领悟知识，汲取营养的阅读。"浅阅读"是基于浏览式、随意性、跳跃性、碎片化和娱乐化的阅读，虽然这种阅读习惯有可能弱化思维能力，但在当前信息爆炸的数字时代，人们生活和工作的节奏快捷，时间被碎片化，浅阅读有其存在的价值。

传统出版向数字出版的过渡，从某种意义来讲，是人们的阅读习惯由深阅读时代向浅阅读时代的过渡；而当数字出版发展到一定阶段，又会出现浅阅读向深阅读迈进，最终达到深阅读与浅阅读并存状态。

一 数字出版时代的浅阅读

近年来，伴随着互联网技术和移动通信技术的应用和普及，国民阅读习惯和环境发生了明显变化，我国的数字出版产业的产值在短短几年内突飞猛进，实现了跨越式发展，呈现出电子书发展迅速、网络出版大量普及、手机出版异军突起、电子阅读器风生水起、数字出版赢利模式不断创新的发展特点。

就数字出版的主流业务而言，大部分还处于文字的具象化设计的表形功能与文字的表意共同构成了数字出版物"文字"这一设计要素的完整概念。随着数字出版设计观念的不断发展和计算机设计软件技术的不断提高，文字具象化设计必将不断拓展出更为广阔的应用空间。

在数字图书领域，基于尽快实现赢利的考虑，目前出版商率先将传统出版资源转换成数字内容的，主要集中在大众图书方面，这与大众类电子书潜在市场大、回款周期短存在紧密联系；而许多专业性图书、学术性著作、教材教辅等转换成数字的较少，即使有转换，用户订购、阅读的也为数不多。大众电子书的阅读方式显然主要以浅阅读为主，读者多以书中内容作为茶余饭后的谈资。

在手机阅读领域，首先，从内容方面来看，中国移动手机阅读平台所进行的图书分类包括"都市言情·穿越幻想·玄幻奇幻·武侠仙侠、游戏竞技·浪漫青春、历史军事·灵异悬疑、名著传记·科幻小说、影视剧本·时尚生活、官场职场·经管励志、教育社科·短篇小品"等，其中大部分主要适合浅阅读，只有"教育社科"类比较适合深度阅读；其次，从读者群体来看，手机书的用户群集中在青少年，青少年的阅读兴趣偏向于青春文学、玄幻武侠等，他们是不可能将手机书当作教科书一样进行深度阅读、学习、思考和掌握的；再次，从阅读场所来看，手机书的阅读场所主要在地铁、公交车、火车等交通工具上，辅之以周围嘈杂、喧嚣的环境，注定了阅读方式不会是深度阅读，而是基于好奇心、满足求知欲的浅阅读。

在网络出版领域，目前具备互联网出版许可资质的除了出版社以外，还有大量的网络公司，如盛大文学。相对于出版商而言，他们有资金、技术、网络平台的优势来发展网络出版；但网络公司发展网络出版业务，主要的潮流仍是快餐文化，主要的产品方向仍难以脱离基于浅阅读范畴的青春文学、玄幻小说，主要读者仍是青少年，很难拥有专业图书、学术著作等深阅读的读者。

那么，数字出版产品就不适合深阅读了吗？答案是否定的。

二 数字出版时代的深阅读

如前所述，数字出版发展到一定阶段，必将引导读者由浅阅读转向深阅读过渡。数字出版产品的深度阅读，在产品形态、目标读者、客户订购方面都有其特殊性。

在产品形态方面，适合深度阅读的数字产品主要分布于科研创作、行业应用和教育应用方面。在科研创作领域，数字出版商已经成功地将其传统资源转换为数字图书，如法律出版社子公司法讯公司的法学院电子图书馆的运营销售；上海世纪出版集团推出了"辞海悦读器"，内置了我国大型综合辞典《辞海》《中华文化通志》等大部头书籍，成为我国首个由出版机构出品的阅读器。

在行业应用领域，同样存在着电子图书的深阅读利用，比如中国铁道出版社推出的铁路行业标准、各工种操作实务等，对于指导基层读者的学习和工作起着越来越重要的作用。

在教育应用领域，外语教学与研究出版社对其长期积累的出版物内容资源系统整合，开发外语类远程教学网，通过提供各种出版物、师资力量、课程设置等系列业务，建立起线上、线下相结合的个性化外语平台，引导读者深度阅读。高等教育出版社研发内容结构化标准、内容元数据标准，为不同读者提供个性化的数字出版服务，引导深阅读。人民教育出版社开发电子书包，也是一个重要的深阅读的载体。出版商的数字资源与数字化校园建设如果顺利对接，将引导教师授课方式、学生学习方式发生深刻变化，将改变传统学校"一块黑板、一个黑板擦"的教育方式。

从客户订购来讲，将电子书、手机书等用于深阅读的消费方往往是以团体的形式，采用 B2B 的业务模式进行订购。比如，高等院校为建设数字化图书馆，订购教育类电子书，其最终目的是引导学生改变学习方式，实现学习无纸化的变革。再比如，法院贯彻执行法院信息化建设的任务，订购法律出版社法官电子图书馆，其目的是引导法官加强业务学习、提升自身素质，而该目标的达成，是要通过对电子书的深阅读来实现的。当然，也不排除有少量的读者，通过采取 B2C 的方式单独购买电子书，用于学习、研究和作为实务工作的工具。就国内现状而言，数字出版产品形态中，适合浅阅读的居多，适合深阅读的暂时还比较少。

三 浅阅读向深阅读的转变

浅阅读对于读者获取海量的信息是有存在价值的，但对于整个国家社会，对于传统文化的传承和民族素质的提升，深阅读万不可废。浅阅读，能够造就千千万万个"知道分子",但是很难培育精深广博的大家。浅阅读有其存在的合理性,可以快速获得信息,扩大知识面,但是缺乏纵深的思考,容易让思维趋向平面化。作为文化的传承者,出版社在积极应对数字化的同时,要做好数字化深阅读的引导,实现"双效"。从出版社的角度,引导深阅读,要做好以下工作。

(一)数字出版与传统出版同步推进

数字阅读的内容更新并不及时,大部分出版社都很滞后,纸质书出版了几个月甚至半年一年之后,才推出电子版,这是现在普遍存在的问题。导致这一现象的主要原因:一是出版社对数字出版还不习惯或者说积极性还不高;二是当前我国版权保护力度让出版社心有余悸;三是作者的积极性不高。由此形成一个怪圈,读者难以找到符合需求的深阅读数字产品,出版社有深阅读产品但不愿意提供,读者更难找到符合深阅读需求的数字产品,形成恶性循环。解决这个问题,一方面需要政府主管部门加大版权保护力度,保护著作权人和出版社的合法权益。另一方面,出版社要有前瞻性,积极做好传统和数字的复合出版,在传统出版的同时同步出版电子图书;要借助新媒体作好宣传,形成数字出版与传统出版的互动;越主动,越有可能占据未来竞争的制高点。

(二)内容提供商向知识服务商转变

2010年互联网期刊、电子图书、数字报纸(网络版)的总收入为18.49亿元,在数字出版的总收入中所占比例约为1.76%,这说明单纯地将纸质出版物数字化缺乏原创内容,难以在市场上立足。为此,出版社要根据本出版社自身的特点,加大原创内容的提供和服务力度,围绕读者深阅读的需求和变化进行选题策划和加工。一些出版社迎合快餐文化,要么片面追求经济利益,放弃出版有文化品位的图书或有厚重感的学术著作,要么出版图书过于晦涩难懂,使读者难以深阅读。为了满足读者深阅读的需求，出版社要沉下去调研读者的阅读需求，分析其变化走势，拓展图书选题范围，适应变化，选择合适的作者，推出适销对路的产品，坚定不移地做好内容。《明朝那些事儿》等书的热销让我们坚信，不是缺少深阅读，关键在于要有适合深阅读的内容。随着数据库等技术的发展，机构用户和专业人员对数字出版产品的需求发生了明显变化，为此，我们要改变单一内容出版业务，提高内容的附加值，为读者提供更多的选择和全面、个性化的信息与知识服务，推动数字出版向纵深发展，满足读者对数字出版的灵活性和实用性的需求，做好内容服务商。如中国铁道出版社出版的网络版、电子版旅客列车时刻表，由于检索方便，免费查阅，更新及时，深得旅客喜爱，日在线用户最高达到 60 多万人，广告效益明显。知识产权出版社将专利内容进行加工，开展数据库形式的数字出版，年赢利可观。

（三）行业内外资源的整合与转化

非传统出版行业以外的各种资本、机构正在寻求机会进入数字出版领域，并且各具优势，互相渗透。出版社要把握机遇，整合行业内外的各种资源：行业内可以考虑与其他出版机构进行联合，丰富图书资源；行业外可以与电信运营商合作，加大手机书出版的力度，还可以与终端合作，进行资源内置，借助新媒体进行精准营销。深阅读的引导，除了出版社外，政府主管部门责无旁贷。一要加大版权保护的力度，切实保护著作权人和出版社的合法权益，解除他们的后顾之忧，同时要解决好版权保护与用户体验的矛盾；二要推动平台建设，平衡利益各方；三要制定并统一标准，保证各种格式之间的兼容，避免人为制造障碍。

总之，大量的浅阅读提高了阅读的基数，使浅阅读向深阅读的转变成为可能；大量终端、平台的出现，给用户带来多样化的选择和良好的阅读体验，也使浅阅读转变为深阅读成为可能。我们要积极引导深阅读，同时也要对浅阅读给予足够的宽容。

第三节 数字出版业态创新

日本安士敏先生认为："业态是定义为营业的形态"，它是形态和效能的统一，通俗理解就是卖给谁、卖什么和如何卖的具体经营形式。在法律出版社建社 55 周年之际，面对未来的发展目标，出版社定位是："引领内容，领先技术，创新业态，主导市场"。笔者以为，其中"创新业态"指的是实现传统出版向数字出版转化的创新。具体而言，出版社提供的产品要创新、销售方式要创新、目标读者同样也要创新。

一 业态创新：什么在创新？

出版业态实现由传统出版向数字出版的转型，首先意味着向读者提供的产品种类和产品形式实现重大创新。在产品定位方面，以往各出版社的定位是：图书出版商和信息提供商，其中图书的形式主要是纸质图书；而国内只有外语教学与研究出版社、知识产权出版社在官方网站的企业发展定位中，将"知识服务""教育服务"提供商作为企业未来的方向。现在，在互联网技术和移动通信技术渗透出版业以后，出版社向读者所提供的产品除了有形的纸质图书、音像光盘制品外，还应包括无形的手机书、电子书、原创网络图书、信息舆情资讯服务、专业性数据库，甚至是知识解决方案。

（一）产品创新

具体地讲，出版业态的创新，要求出版社所提供的产品外延扩展至以下两个方面。

第一，产品形式：由有形图书延展至无形的图书，包括手机书、电子书和网络图书等。其中，手机书是以手机为阅读载体，以移动通信技术为支撑的产品形态，以中国移动、中国电信和中国联通三大电信运营商的手机阅读平台为销售场所的图书。特点是价格低廉、与手机绑定、以信息费为付款方式等。电子书是纸质图书的数字化产物，如法律出版社法官电子图书馆的电子书，具有可复制性、价格优惠、严格 DRM 保护、检索查阅便捷等特点。网络书是互联网出版的结果，不需拥有书号，具有主体合法性、交易电子化、出版个性化等特点。

第二，产品内容：选题策划要创新。数字出版要求编辑树立宏观的出版观，综合考虑选题的传统出版与数字出版绩效，除考虑图书的纸质书效益外，在选题策划之初，还要连带考虑该纸质书的数字产品效益大小；申报项目时，其经济效益一项，应该是纸质书和数字图书的整体经济效益。由此，编辑选题策划就不能单单局限于专业领域，如法律类编辑策划图书，就不能将策划思维封闭于法律领域，而应该发散至文学、小说等大众畅销书领域。

（二）销售方式创新

出版社进军数字出版业，除产品需进行创新外，紧接着带来的便是仓储和销售方式的创新。在仓储方面，传统出版面临着高库存、高租金的问题，仓储成本占据出版成本的比例较高；在运输方面，传统出版需借助邮政、快递公司、铁路运输甚至航空运输等形式，将图书产品送达至读者手中，其物流成本所占比例也将不低；在销售方面，纸质书需借助新华书店、民营书店或者出版社自有书店进行销售，其人力、物力和财力成本都将不低。

从数字出版的角度来看销售的话，上述高成本的因素均不存在。在仓储方面，无论是手机书还是电子书，其存储载体是互联网或者移动通信网络，均不需要出版社支付相应的费用；在运输方面，数字化图书的送达通过互联网或者移动光缆的形式，相应成本无须出版社支付；在销售方面，电子书需要通过出版社的数字出版部门员工进行营销，而手机书的营销、推广和销售均系移动、电信或是联通的阅读基地进行，出版社只需提供文本，而后"坐享其成"，无须直接介入销售环节。

（三）目标用户创新

伴随着数字出版而来的是其目标读者发生新的扩容。以法律类出版机构而言，作为专业类出版社，其纸质书的消费群体多为法律职业共同体，仅有法律法规类产品、大众类产品以及少量文艺产品涉及普通公民。而数字化图书的目标读者，将不再局限于法律人士，更多的是面向公民大众。

具体来说，电子书和网络书的读者群仍主要为法律从业者，但手机书的消费群体则是多达近3亿的手机阅读用户，且伴随着手机书内容的不断创新，手机书的读者主要集中在数量庞大的青少年读者群中，而非所占比例不高的法律人士。例如，法律出版社通过中国移动首发的《心盲》一书，点击量已超过30万次，CP点播人数接近3万次，加上CP包月收入，最终其收益可能超过纸质书的收益。在众多的点播读者以及包月读者中，大部分用户为非法律人士。

消费群体的创新，扩展至广大的公民大众，有利于出版社产品覆盖更多的目标读者，有利于提高知名度与影响力，最终有利于在更多人群中、在更大范围内实现弘扬主旋律、传播正能量的社会效益目标。

二 如何迎接出版业态创新？

作为新闻出版业的"正规军"和"国家队"，传统出版社要想顺利开展数字出版业务，需在市场准入、编辑观念、人才培养、版权保护、技术提升和作者权益保护方面，制定出相关的配套措施，以保障数字出版业务在合法、合理的前提下，有步骤、有次序地稳步进行。

以地质出版社、法律出版社为例分析如下。

（一）关注相关法律政策，及时申报相关资质

创新出版业态，开展数字出版，首先需要解决市场准入问题。在市场准入问题上，解决得好与不好，将直接关系所开展的业务是否合法、能否持续、所得收益多或少等关键问题。

各个出版社开展数字出版业务，都需要在合乎法律规定的前提下进行。鉴于我国数字出版业近五年突飞猛进的发展，相关的法规、规章也在紧锣密鼓地起草和出台。

资质现状：在网络出版领域，法律出版社2008年5月底已经取得了互联网出版许可证，具备了开展网络出版业务的合法资质。并且，由于在网络出版领域所取得的业绩，法律出版社于2010年年底再次获得新闻出版总署颁发的为期4年的互联网出版许可证。因此，法律出版社已经跨过网络出版的市场门槛，当务之急便是多发展个性出版、互动出版、职称出版、教育出版和纪念性出版等丰富多彩的业务。需要说明的是，尽管总署已经向符合条件的出版单位颁发了互联网出版许可证，但是并未就网络出版物的书号申领、审校程序出台相应规范，以至于目前法律出版社已经开展的数单网络出版业务自主编号进行。

在手机出版领域，法律出版社于2010年10月与中国移动已签订手机阅读协议，正式进军手机出版领域，并且从2011年2月手机书上线至今手机收入取得了较为可观的成绩。目前，法讯公司正在与中国电信、中国联通商议具体的合同条款，以期在收益比例方面能多分一杯羹。在手机出版资质方面，值得说明的是，之前有数家中介技术公司联系法讯公司，说服法律出版社通过他们与中国移动合作，并从中分得10%的收益，但基于出版整体利益考量，法讯并未答应。之后，经过各种努力，使得法律出版社直接以CP身份与中国移动签订协议，有效地维护了单位权益。

目前在市场准入方面，尚未解决资质问题的是电子书领域。2010年

11月，国家新闻出版总署向21家企业颁发了电子书资质，分为电子书出版资质、复制资质、总发行资质、进口资质。其中，中国出版集团数字传媒有限公司、汉王科技股份有限公司、上海盛大网络发展有限公司、北京纽曼理想数码科技有限公司、爱国者数码科技有限公司、北京方正飞阅传媒技术有限公司等21家公司成为首批获准电子书从业资质的业者。①

据之前报道，从2011年起，新闻出版总署将逐步开展电子出版物书号网络实名申领工作，通过网上选题报送和书号配送的形式，为企业提供规范的服务。

从法律层面来看数字出版，我国的相关法规规章亟待完善。如上述说明，法律出版社具备互联网出版资质，互联网出版许可证的业务范围包括网络图书；而总署又于2010年颁发向21家企业颁发电子书资质，首批有4家出版单位。电子书与网络书有何不同？是否具备网络出版资质的出版社即具备电子书出版资质？不具备电子书资质的企业是否也可以开展电子书业务？这些问题需要数字出版从业者高度关注。

应对策略：鉴于法律社在数字出版三大主要业务领域的市场准入现状，开展数字出版业务，需要在以下几个方面做好准入的工作。

---

① 以下为四类电子书资质获得企业名单：
一、获准电子书出版资质单位名单：
1. 中版集团数字传媒有限公司　2. 人民出版社　3. 上海人民出版社　4. 甘肃人民出版社
二、获准电子书复制资质单位名单：
1. 中版集团数字传媒有限公司　2. 汉王科技股份有限公司　3. 北京纽曼理想数码科技有限公司　4. 爱国者数码科技有限公司　5. 北京方正飞阅传媒技术有限公司　6. 北京汉龙思琪数码科技有限公司　7. 天津津科电子系统工程有限公司　8. 广州金蟾软件研发中心有限公司　9. 读者甘肃数码科技有限公司　10. 上海盛大网络发展有限公司　11. 上海世纪创荣数字信息科技有限公司　12. 湖南省青苹果数据中心有限公司　13. 方正国际软件有限公司
三、获准电子书总发行资质单位名单：
1. 中版集团数字传媒有限公司　2. 汉王科技股份有限公司　3. 北京纽曼理想数码科技有限公司　4. 爱国者数码科技有限公司　5. 北京方正飞阅传媒技术有限公司　6. 广州金蟾软件研发中心有限公司　7. 读者甘肃数码科技有限公司　8. 上海盛大网络发展有限公司
四、获准电子书进口资质单位名单：
1. 中国图书进出口（集团）总公司　2. 中国教育图书进出口公司　3. 中国国际图书贸易总公司　4. 北京中科进出口有限责任公司　5. 上海外文图书公司

第一，高度关注电子书资质的申请标准、办法条件、申请期限等，关注最新网络出版与电子书关系的相关文件，在具备申请条件时，尽快申请电子书资质。

第二，关注电子书行业标准的出台时间及具体内容，做好应对工作，在合规的前提下健康有序地稳步发展电子书业务。

2010年7月7日，国家新闻出版总署科技与数字出版司、全国新闻出版标准化技术委员会（筹）等单位在京成立了"电子书（内容）标准项目组"，并宣布将于近期研究制订相关电子书标准。国家新闻出版总署科技与数字出版司司长张毅君表示，"电子书（内容）标准项目组"将进行标准编制工作，其中包括体系、术语、分类和标志等的基础性标准，包括电子书内容质量、版式格式和服务平台等的产品类标准，包括电子书内容质量检测要求、发行统计、内容编校和流程控制等的方法类标准以及电子书行业准入退出机制等管理类标准。

第三，关注网络出版号的相关规定。《互联网出版管理暂行规定》《标准网络出版发行管理规定（试行）》等规章都未规定网络出版的书号申领、审校程序等问题，目前各个出版社各行其是，但是，法律出版社在开展网络出版业务中仍需关注最新规定的出台与实施。

（二）革新编辑理念，统筹两种业态

对于业态创新，对于数字出版，编辑们大致有质疑、观望和恐慌几种态度。

质疑的编辑，对数字出版能否产生收益，能产生多大收益，缺乏足够的自信；尤其是观念较为陈旧的编辑，宁愿安于现状，出版纸质书能完成任务、养家糊口或者安居乐业就满足了。

观望的编辑，觉得数字出版能够有收益，但是收益能否与传统出版业媲美，何时能够实现二者的均衡，不能给出确定答案。机会主义心理作祟，使得他们处于两种业态之间。

恐慌的编辑，则是提前夸大了数字出版的发展态势，感觉好像数字出版一发展，电子书一出，他们的纸质书销量就不行了，直接影响到他们收益了，任务完不成了，等等。需要说明的是，质疑、观望抑或恐慌的编辑，考虑问题的出发点还是要从出版业大局考虑，而非从个人利益出发。

反对的编辑，是怕数字出版影响到他们任务指标的完成，是因为业态转型对于他们奖金、福利等待遇构成了威胁。有这种想法的编辑，往往站的高度较低，他们不是从出版社发展出发、不是从出版业大局出发来考虑问题，而是从个人的利益得失出发来对待业态格局。

对于编辑们的几种态度，笔者有以下看法。

第一，数字出版是整体的趋势，出版业态转型是未来方向，这是任何个人、任何团体都无法扭转的。数字出版是趋势，但传统出版优势依旧，在很长一段时间内，数字出版将与传统出版长期共存，互相推动，而并非取而代之。

第二，在条件暂不具备时，对助力数字出版业务的编辑，以单笔数字出版业务所产生的收益，与编辑进行利益提成；在条件具备时，将编辑的数字出版业务收益纳入考核机制，作为确定奖金的依据之一。

第三，建立定期交流机制。增强数字出版部门、公司与出版社本部编辑的沟通与互动，就数字出版、传统出版的关系与利弊进行面对面交流与协商。

（三）培养复合型出版人才，打造数字出版队伍

所谓复合型人才，指的是对传统出版流程和数字技术及经营管理都比较熟悉或精通的人才。[①] 传统出版社发展数字出版业务，除了在市场准入资质、编辑理念更新方面需要努力以外，更需要解决数字队伍建设问题。数字出版队伍的建设，关系数字出版业务能否顺利开展，关系到数字出版

---

① 郝振省.2007-2008中国数字出版产业年度报告［M］.北京：中国书籍出版社，2008.

能否产生应有的效益，关系到两种出版业态格局的重整与融合，进而最终关系到出版业的转型升级。

数字出版人才队伍，大致包括领军人才、管理人才、内容人才、技术人才和销售人才等。而这五类人才，都必须具备复合型特征，需要横跨传统出版与数字出版两大领域，既对传统出版熟悉，也对新技术、新产品、新的传播方式了解。

1. 数字出版领军人才

数字出版的领军人才，是引领整个行业发展、推动行业前进的关键性力量，对内能够充分整合传统出版资源、引进行业信息资源、协调出版社各部门、为出版社领导层布局数字出版出谋划策和提供智力支持；对外能够充分争取行业支持、把握政策方向、与主管部门沟通协调、推进行业人才体系建设和业务水平提高。数字出版的领军人才在转型时期尤其难得，他们往往是充分汲取了传统出版的营养，而又自主学习和掌握了新技术、新业务、新业态的高素质、融合性的从业者。领军人才在数字产品研发、数字技术应用、数字人才布局、数字出版运营、行业智力支持等方面都精通或者掌握，他们往往既拥有丰富的数字出版理论知识，又富有足够的数字出版业务实践。

鉴于此，笔者联想到，我国目前的新闻出版人才评价体系需要进行创新，比如在中国出版政府奖、韬奋出版奖、全国出版行业领军人才等国家级奖项、行业级奖项等方面都要适当考虑数字出版从业者的因素，适度提高数字出版从业者的获奖比例，扩大数字出版从业者的获奖范围。

2. 数字出版管理人才

数字出版的管理人才，是整个数字出版业务的掌舵者，必须站在协调两种出版关系的高度，立足国际、国内两个视野，统筹出版社内部传统与数字业务的大局，从出版社的未来、从编辑的职业出路角度来制定本社数字出版战略。这样，才能确保出版社的数字业务健康、持续、稳定发展，才能确保出版社在未来的竞争格局中立于不败之地，才能为出版社员工的长期发展、执业规划开辟新的道路。具体到地质出版社来讲，社领导、中层领导具备前瞻而又务实的理念，在对待数字出版的问题上，不回避、不排斥，采取积极而又稳健的措施来应对出版业格局调整。这一点，可以确保地质社的数字出版业务取得长期、稳步的发展。

3. 数字出版内容人才

数字出版的内容人才，是出版社数字出版战略的执行者，是出版社数字出版职能的落实者，是具体数字出版业务的实施者，同样需要对一个出版社的产品结构较为熟悉，需要对本社的传统图书所可能产生的数字出版效益了然于胸，需要对市场上与数字图书相关的新技术、新产品进行一定的调研，并结合自身业务，对本社数字出版的具体开展提出合理、务实的建议。

4. 数字出版技术人才

数字出版的技术人才，是整个数字出版业务的关键角色，技术的落后或者先进，将直接影响合作方的意向、影响数字产品的销售，进而影响数字业务的发展顺利与否。技术人才，一方面需要在计算机技术方面有较丰富的知识和实践经验，另一方面需要熟悉和掌握出版相关的专有技术，例如电子书的 B2B、B2C 技术。同时，该技术人才还需要具有稳定性特征，这样才能确保出版社网站建设、数据库建设和电子书建设的长久、稳步发展。最后，从行业的角度来看，技术人才的年龄不宜太高，国内外经验表明，一个优秀的技术人才的最佳发展期是 30 岁以前，处于这个年龄段的技术人才具有最多的开发灵感和研发创意。

5. 数字出版销售人才

数字出版的销售人才，是最难得的，他们业务开展得是否顺利，最终决定了数字出版是否有出路，他们承担着整个公司的主要营利任务。可以说，数字出版的销售工作，比传统图书的销售要更难开展。

首先，数字出版的销售工作是一项全新的工作，没有现成的路可走，需要在艰难的信息消费市场中披荆斩棘杀出一条路，没有以往市场客户的积累，只能是通过每天一点一滴的努力，赢得客户、赢得市场，获得利润！从长远来讲，数字出版的销售人员，要在充分运用出版社品牌商誉的基础上，建立起一个庞大的、全新的、涵盖特定领域职业共同体在内的数字产品用户群。

其次，销售人员所负责的订单少则几万块钱，多则几十上百万。面对这么大的数额，任何一个单位都会慎重作出决定，这就需要数字出版的销售人员深刻认识本社数字产品的长处，将出版社数字产品的优势最大程度呈现，尽量回避或者化解本社数字产品的不足，以促成对方作出消费决策。

最后，数字出版的销售人员面对的客户都是特定行业、职业的消费决策人，对其社会交往技巧和业务开拓能力要求都非常高。一旦出言不慎，对方可能因为你一句话的青涩幼稚，而否定该笔订单。

因此，数字出版的销售人员，公司对其能力要求是多方面的：既要熟悉本社传统图书的优势，又要了解本社电子书的长处；既要说服对方接受本社产品的内容优势，也要让对方了解本社产品的技术优势；既要以产品说话，也要充分运用自己的人脉资源；既要借助出版社的传统作者资源来实现销售，更要不断拓展新的客户、新的消费团体。

（四）创造一切条件，走出一条先进、独立、完善的技术之路

独立、先进、完善的技术是数字出版业务发展的硬道理。技术不独立，则开展数字出版业务，便会受制于技术提供方，造成诸多不便，甚至可能因为协调不力而导致订单失去。技术不先进，则目标客户使用起来不便捷、操作起来较麻烦，便不会订购出版社的电子图书。技术不完善，即便是既存的消费群体，也会在更新产品的时候，不再续订出版社的数字产品。

从顺序来讲，出版社对于数字出版技术的要求应该是：第一，先进；第二，完善；第三，独立。先进的技术，宏观而言，包括大数据、云计算、知识服务、物联网等相关技术；微观而言，包含知识元系统建构、知识体系建设、4D特效电影、增强现实、语义分析等。完善的技术，是指数

据库、电子书、应用商城、手机书等技术互相配合、遥相呼应，能满足用户多方面的使用需求。独立的技术，需要建立在先进、完善的基础之上，也是出版社数字出版技术发展的最终目标，意味着较多的技术投入和多样化的技术开发应用。

一切的问题都只能在发展中予以解决，大力发展数字出版业务是解决技术难题的唯一出路。具体如下。

首先，数字出版部门必须在数字图书馆、手机阅读、网络出版、专业数据库、终端阅读业务等几个重要赢利点方面取得突破，在"十三五"期间让这些新的经济增长点百花齐放，各显神通，以使公司扭亏为盈、稳步发展。这是解决技术难题的前提和基础。

其次，技术部工作人员必须以解决技术难题为己任，怀着高度的工作热情，不能仅仅停留在处理网站日常技术问题的阶段，不能满足于网站正常运营的状态，而要从思想的高度、战略的高度来思考技术对于数字出版业务的重要性，不断地解决技术的独立性、完善性、先进性等重大问题。同时，技术人员要多学习、多实践、多参加实务培训，在数字版权管理、云计算应用、大数据挖掘等核心技术研发上取得突破，开发出具有核心知识产权的数字出版相关技术。

最后，在必要的时候，数字出版业务的日常开支向技术投入方面倾斜，即便捉襟见肘，在技术上的花费也不能减少，主要的费用应该花费在高新技术建设、高端人才引进等方面，因为这是关系数字出版由内容优势向技术优势转型升级、长远发展的战略性问题。

（五）建立健全作者权益保护机制，推行传统数字一体化考核

开展数字出版，实现出版业态创新，出版社是主体，作者是衣食父母，版权是源头，获益者是单位与员工。

在传统出版领域，相对民营公司而言，出版社在作者权益保护方面是做得比较规范的。无论是学术类作者，还是实务类作者，在申报项目、签

订合同之时，已明确规定了其版权比例和支付时间，鲜有克扣作者版税的情况。尽管有些出版社，有个别作者以未在版权页上标出印数为由，提起仲裁，但这纯属作者为博取名利而进行的事件营销。

数字出版一旦开展，在数字图书馆、专业数据库、知识解决方案等领域的数字版税机制亟待建立，并需要在业务实践中适时调整，以使之不断健全和完善。随着数字出版业务的日益壮大，越来越多的作者会争取和强调信息网络传播权授予后的稿酬或者版税。作为传统出版单位，与其遮遮掩掩，倒不如敞开胸怀，制定数字版权的稿费制度。在实践过程中，有的出版社，已经成功将信息网络传播权条款规定于图书出版合同之中，且规定作者的数字稿费比例为收益的 15% 或者利润的 50%。

关于作者的数字版税，需要注意以下几个方面问题。

第一，作者数字版税的适用情况是单一性数字产品，集合性数字产品不宜给作者发放相应的数字版税。理由是，在实践中，单一性数字产品的数字版税相对容易计算和发放，其收入透明、计算公式简单，也能够为编辑和作者所接受。比如，法律出版社的《心盲》一书在中移动阅读基地首发上线，该手机书的收入约为 20 万，相应的作者的数字版税为 3 万元，已经实际与作者结算完毕。而集合性数字产品，比如专业性数据库、数字图书馆所产生的收益，很难与作者结算数字版税：法律出版社的《法官数字图书馆》销售至某县法院，售价为 30000 元，共计包含 3000 种数字图书，以价格计算平均每本 10 元，以图书价格与电子书价格折抵计算则无法计算每本电子书的实际价格；即便 3 万元中可以计算出数字版税为 4500 元，这 4500 元如何分配便是极大的问题，按照简单书籍数量平均分配？还是按照图书价格比例分配？实践中根本无法操作。

第二，一旦确立了作者的数字版税制度，就需要同时推行编辑的传统图书收益与数字产品收益一体化考核机制。因为，作为数字产品源头的纸质图书，出版发行过程中，策划编辑也付出了较大的劳动，策划编辑会以"没有纸质书便没有电子书"作为理由，要求数字出版部门在利润分配过程中考虑纸质书编辑的数字化绩效奖金。实践过程中，建议出版单位可以考虑在单一性数字产品的盈利方面，考虑推行传统出版考核与数字出版考核一体化的考核机制，以便最大限度地调动编辑的积极性，进而不断提高纸质图书的信息网络传播权授权比例。

信息网络传播权，作者不授予，很难自己折腾出效益，但是一旦授予，通过出版社的平台，将产生较大的经济效益和社会效益，并与数字版税机制相配合，反馈给作者适当的利润。笔者担心的不是作者的因素，而是相关编辑、相关部门基于个人利益、部门利益的考虑，不做作者工作，不去争取信息网络传播权。

表2-1为2009、2010年某出版社的纸质图书信息网络传播权的授权比例，可以看出存在着授权领域不均衡、授权比例不稳定等问题，这些问题需要尽快解决，因为只有实现稳定、平衡的信息网络传播权授予，才能够实现数字出版的平稳、有序、健康发展，否则将会影响数字出版的产品供给、销售更新和售后服务。

表2-1 2009、2010年某专业出版社各类图书权限情况比例统计

年月	法律法规类	学术著作类	判例案例类	文书合同类	法律实务类	法学教材类	学术论丛类	法律考试类
2009.01	78%	92%	100%	80%	63%	100%	100%	67%
2009.02	91%	65%	50%	100%	100%	0%	50%	0%
2009.03	96%	73%	100%	无	89%	57%	85%	无
2009.04	93%	71%	84%	无	100%	0%	50%	100%
2009.05	100%	57%	66%	100%	100%	0%	86%	67%
2009.06	95%	65%	78%	无	86%	20%	50%	0%
2009.07	92%	70%	67%	100%	100%	17%	83%	无
2009.08	79%	86%	75%	无	94%	0%	100%	无
2009.09	97%	87%	50%	无	73%	17%	67%	100%
2009.10	95%	70%	80%	100%	80%	75%	67%	91%
2009.11	92%	61%	75%	无	72%	0%	100%	无
2009.12	90%	52%	93%	无	100%	27%	95%	100%
2010.01	95%	47%	86%	无	85%	60%	50%	无
2010.02	95%	42%	100%	无	57%	43%	60%	80%
2010.03	94%	56%	67%	100%	71%	0%	90%	50%

（续表）

年月	法律法规类	学术著作类	判例案例类	文书合同类	法律实务类	法学教材类	学术论丛类	法律考试类
2010.04	94%	40%	83%	无	54%	34%	41%	64%
2010.05	57%	63%	75%	0%	60%	0%	75%	30%
2010.06	80%	43%	33%	50%	84%	0%	75%	29%
2010.07	100%	32%	33%	0%	93%	0%	82%	无
2010.08	90%	48%	93%	100%	75%	29%	65%	0%
2010.09	79%	51%	50%	无	83	0%	60%	0%

第三章
数字出版的顶层设计

导语

随着国家第一批、第二批数字出版转型示范单位的遴选和公布,在全国范围内数字出版发展走在前列的报社、期刊社和出版社基本均已步入了数字出版示范单位的行列,在这种情况下,"能进能出、能上能下"的原则必将示范评比推入到"动态评估"的工作新阶段。

在未来的数字出版发展历程中,尤其是在"十三五"期间,数字出版发展将步入深水区,势必要触及到顶层设计方面的下述问题。

1. 顶层设计与业务配置是否适配?高瞻远瞩、科学合理的顶层设计能够指导全面丰富的业务布局,反之,顶层设计不清晰、不科学,则会严重拖延整体业务配置,导致产品研发不足、运营销售乏力等一系列负面效应的出现。

2. 体制机制创新与市场运营开拓是否适配?高效、创新的体制和机制有利于调动市场运营部门的积极性和主动性,进而实现预期的数字出版市场收益和社会效益;反之,则会制约市场开拓的范围和速度,会挫伤市场运营人员的工作积极性和开拓动力。

3. 数字出版公司制与部门制发展模式可否同时推进?答案是肯定的。数字出版部门制的发展模式有利于尽快转化传统出版资源,协调出版社内部各部门之间的工作关系,同时可高效、统一地安排财政项目的策划、申报、实施和验收工作;数字出版公司制的发展模式,有利于体制机制创新,能够在较短的时间内推进数字产品的市场化,推动数字出版向着规模化、产业化的方向发展。

4. 国家标准、行业标准、项目标准和企业标准的制定可否同步开展?答案是肯定的。出版社应该充分用好各项现有数字出版国际标准和国家标准,同时,在力所能及的范围内参与行业标准和项目标准的制定过程。最后,在具体的业务开展过程中,可根据市场需要和企业自身实际情况,逐步开展数字出版各项企业标准的研制工作。

5. 数字出版制度建设与业务发展是否合拍?随着数字出版产品体系的逐步建立、技术研发的逐步开展、市场销售的不断开拓、人才队伍的不断成长,与之成龙配套的制度建设也应不断开展,以适应、推动和提升数字出版的发展和繁荣。

第一节 顶层设计概述

顶层设计是运用系统论的方法，从全局的角度，对某项任务或者某个项目的各方面、各层次、各要素统筹规划，以集中有效资源，高效快捷地实现目标。数字出版的顶层设计是指包括战略定位、发展模式、业务体系、财政项目、技术供应和人才布局等在内的系统性规划，是实现传统出版向现代出版转型升级的战略性统筹，是指围绕数字出版社会效益和经济效益的实现而做出的全方位、多层次、立体化的设计和安排。

数字出版顶层设计如同其他领域的顶层设计一样，具有全局性、最高决定性、整体关联性和可操作性等特征。为此，数字出版的顶层设计应该由数字出版部门提出建议稿或者草稿，由出版社领导层加以讨论并最终研究通过；同时，应该由社领导层出任顶层设计小组的组长，由数字出版部门主任作为承担实施任务的副组长，由出版社其他相关部门主任作为成员加入到规划和设计工作中。

数字出版顶层设计的具体特征如下。

一 全局性

顶层设计的全局性，是指顶层设计是涵盖数字出版产业链的全面性规划，是包含人力、财力、物力等各种发展要素的统筹性设计，是正确处理传统出版和新兴出版关系的通盘性考虑。

各类型的出版社，无论是专业社、大众社还是教育社，所做的数字出版顶层设计，都需要打通数字出版产品研发、技术供应、市场运营、衍生服务的产业链各环节，需要在产品、技术、运营和服务四个环节进行宏观性的安排和布局，只有这样，才有可能实现数字出版预期的社会效益和经济效益目标。

数字出版的顶层设计要充分考虑到开展业务所需的人力、财力、物力要素，要在出版社整体投入的范围内划出合理的比例、范围以扶持数字出版发展，推动出版转型升级。出版社领导层要安排一定规模的人力资源投入，要从出版社自有资金中支出相应的费用，要安排出合理的办公场所和设备，以保障和促进数字出版业务的迅速发展和壮大。

数字出版的顶层设计，是关乎正确处理传统出版和新兴出版关系的重要因素。顶层设计需具备前瞻性和务实性特点，既考虑当下的发展需要，又能够支撑未来的发展需求，既能够在现有的经营管理基础上保增长、做增量，又能够看到未来发展的潜力和空间，体现出数字出版作为新的经济增长点的战略性定位。这样的顶层设计，才能够一方面保证传统出版的稳步发展，另一方面孕育数字出版产业化的各种因素。

二 决定性

数字出版顶层设计是自上而下、自高端向低端展开的设计方法，核心理念与目标定位都源自顶层，因此顶层决定底层，高端决定低端。顶层设计的具体落地，可体现在出版社的五年规划之中，时值各行业开展"十三五"规划的调研和制定期。各出版社有无单独、专门的数字出版"十三五"规划，就可体现出其整体顶层设计对数字出版是否开展、是否科学、是否重视。

顶层设计的决定性有很多方面的体现，首先，无论是数字出版部门的设立，还是数字出版公司的成立，都源自出版社决策层；其次，无论数字出版的定位是服务性部门，还是经营性部门，也都出自出版社领导层的考量；最后，数字出版部门主任的级别、待遇、员工薪酬体系也都需要经过出版社党委、社长办公会的讨论和研究加以确定。

三 关联性

顶层设计的关联性，是指顶层设计强调设计对象内部要素之间所形成的关联、匹配与有机衔接。整体而言，数字出版的产品研发需要专门技术做支撑，而技术应用的方向、产品研发的领域又需要从市场考虑，服从于市场的决定性作用，与此同时，产品研发、技术应用和市场运营都依赖敬业、精干、开拓性的人才队伍加以实施和开展。因此，数字出版的顶层设计是一个由产品、技术、运营和人才相互作用、相互关联所形成的设计，是一个由人力资源、资本投入、设备场所共同保障、共同推进的规划设计。

四 可操作性

顶层设计的可操作性，体现在表述简洁明确、目标科学合理和成果实践可行三个方面。数字出版顶层设计的相应文件表述，无论是整体表述还是分项表述，都要言简意赅、微言大义，避免啰唆、词不达意，更不能出现似是而非的描述和定位。数字出版顶层设计的长远目标要具备前瞻性、中期目标要具备挑战性、近期目标要具备可实现性特点，这样才能确保数字出版效益目标体系的层层推进和逐步实现。数字出版的量化成果，无论是宏观成果还是微观成绩，都要能够以看得见的方式加以实现，以此增强员工的发展信心，提升出版社转型升级的动力。

可操作性不当，容易导致员工信心滑坡，甚至会出现人才队伍人心涣散乃至集体离职的不良后果。

公司最高层以公司上市、期权激励作为相应的发展目标，该目标作为长远目标无疑是具有前瞻性的，也是科学的。但是，当员工队伍因待遇保障、薪酬低下而呈现出离职前兆时，决策层非但没有引起足够的重视,没有适当降低目标,没有切实解决薪资待遇等关系员工生产生活切身利益的问题,反而仍然采取"望梅止渴""画饼充饥"的办法,继续鼓吹长远目标,这种做法的后果只能是出现人心涣散、集体离职的悲剧局面。

第二节 体制机制创新

在 2014 年部分新闻出版企业的"推进新闻出版转型务虚工作会"上,国家新闻出版广电总局产业推进处王强处长说:"必须以壮士断腕、刮骨疗毒的决心推进体制机制改革,才能适应数字化转型升级的需要。"体制,从管理学角度来说,指的是国家机关、企事业单位的机构设置和管理权限划分及其相应关系的制度。数字出版体制是指出版社内部关于数字出版的部门设置、业务权限范围以及其相互关系的制度,主要包括数字出版的组织架构、数字出版部门(公司)的权限范围以及相互关系。数字出版机制是指协调数字出版各要素之间关系以更好地发挥作用的具体运行方式,包括资源机制、产品机制、技术机制、运营机制、人才机制和项目机制等。

一 数字出版体制创新

就当前的数字出版发展状况而言,数字出版的体制创新主要包括在数字出版组织机构方面进行创新和在数字出版业务权限方面进行创新两方面。

(一)组织架构创新

组织架构的创新,是指在原有的出版社各业务部门、管理部门的基础上,通过成立独立的部门或者企业来发展数字出版业务。组织架构创新在大部分出版社都已经较好地贯彻和落实了，尽管名称叫法不一样，例如：电子工业出版社成立数字出版中心，中国法制出版社成立数字出版部，地质出版社成立数字出版分社等。但是，仍然有一些观念陈旧、改革魄力不足的出版单位没有成立单独的数字出版部门，而是将相关职能交由总编室、办公室、信息部或者出版部代为履行。

这里需要着重提出的是，除了常规、固定的新部门设立以外，对数字出版业务，各出版社还分别成立了以社领导为首的领导小组，例如信息化建设领导小组、数字化转型升级领导小组、数字出版领导小组等。这种以特别任务、特定目标的实现为成立初衷的领导小组往往规格更高、决策权限更大，进而对数字出版的大力发展、迅速布局也具有更强的推动力。

目前在组织机构创新方面存在问题是，各社推动力度不一样，仅就新部门队伍建设规模而言，外研社数字出版从业者300多人，法院社70~80人，人卫社60多人，交通社、中少社30多人，而有的出版社数字出版部只有2~3人，甚至还有的出版社数字出版部是"光杆司令"，数字出版部的主任既是领导也是员工。数字出版已经步入了稳定发展的新常态，在新常态下，政府项目越来越多、产品研发与日俱增、技术变革日新月异、市场销售刻不容缓。要适应数字出版的新常态，就需要维持一定的数字出版人才规模（建议至少维持5人以上），以开展相应的数字出版业务，否则即便成立了独立部门也很难取得成效。

（二）业务权限创新

业务权限的创新，是指要对数字出版部门在合理约束的基础上，进行充分授权，以推动其尽快完成出版社的资源转化、产品研发和数字产品市场销售等工作。业务权限创新体现在以下几个方面。

首先，要授予数字出版部门资源整合的权限。数字出版业务起步于资源建设，传统出版社存在着大量的排版文件、纸质样书，这些存量资源亟须进行数字化和碎片化工作，以便为后续的数字产品研发做准备；同时，存量资源的数字化还能够将出版社自建社以来的所有已出版图书进行整理，建成出版社自身的"数字内容资源库"，这项工作对于出版社的后续发展具有重要的作用，也是出版社历史的一个回顾和缩影。不过在转化出版资源的过程中，需要总编室、资料室、档案室等相关部门的配合，以尽快完成预定的资源加工工作。

其次，要授予数字出版部门产品研发自主权。数字出版部门往往处于市场的一线，一方面了解目标用户的阅读需求，另一方面经常和出版技术商接触，因此，具备自主研发数字产品的多项优势。出版社需要授权数字出版部门根据数字产品市场总体供需状况，立足出版社自身实际情况来研发电子书、数据库、数字视听产品和动漫游戏产品等。

最后，要授予数字出版部门运营销售的权限。有的出版社的数字产品销售由单独的部门加以负责，或者由传统图书的市场销售部负责，这种做法是不可取的。因为：第一，健全的数字出版部内部一定要设有产品研发部、技术支持部、市场销售部和政府项目部，只有这样才能实现产品研发和市场销售环节的顺畅对接；第二，交由其他部门负责运营会增加内部交流成本，同时，市场信息反馈周期长会导致产品更新难以适应市场变化；第三，传统图书市场销售和数字产品市场销售存在着目标用户群、消费决策权限、服务提供方式等多方面的差异，传统市场销售员工难以适应数字产品的销售任务。

图书经销商难以取得较好销售业绩的原因在于：第一，B2B语境下的集合性数字产品，其消费决策人往往处于较高的社会地位和领导岗位，而传统图书经销商很难接触到，或者说很难能够开展平等对话；第二，传统图书经销商对数字产品的产品特点、服务方式、销售规律缺乏足够的了解，难以进行有效的市场宣传；第三，传统图书经销商的主营业务仍然是纸质图书销售，数字产品对他们而言属于可有可无，只起到锦上添花的作用，为此，他们也不会全力以赴去开拓市场和发掘用户。

二 数字出版机制创新

如前所述，数字出版机制创新涵盖了资源建设、产品研发、技术供应、市场销售、衍生服务等数字出版产业链的全部环节，这里仅选取人才机制、项目机制和运营机制三个方面加以分析。

（一）人才机制创新

数字出版的人才机制创新，是指打破传统出版的依靠资历、行政级别、工作年限的限制，而纯粹按照市场竞争规律对人才进行聘用、使用和发放薪资待遇。主要包括人才引进创新、薪资机制创新和人才使用创新等几个方面。

在人才引进方面，许多出版社已经越来越意识到领军人才、骨干人才对于出版社数字出版业务的推动作用。各出版社不再局限于内部培养的方式来发现和提拔数字出版人才，而是积极采用对外公开招聘的方式来招揽人才。例如中国法制出版社、人民法院出版社、地质出版社、作家出版社等社的数字出版主任均是采取社会招聘的方式，将其他出版社的优秀数字出版主任吸纳进本社。

在薪资待遇方面，有的出版社在公开招聘数字出版主任时，已经摒弃原有的行政级别制的工资机制，而是采用协议工资机制。协议工资制的实现完全由应聘者提出薪资待遇预期，出版单位决策层根据其面试表现，确定相应的绩效考核任务，继而给予相应的协议工资。协议工资在传统出版单位的出现，既是对原有工资机制的挑战，也体现了传统出版社在引入数字出版人才方面创新的魄力和实质性动作。

在人才使用方面，理念前瞻的出版社完全是按照"量才使用、唯才是用"的原则来安排数字出版人才的职位和权限，甚至是破格提拔和使用数字出版主任。"非常之事，必待非常之人"。在数字出版发展的初期，往往需要出版社的决策层按照"不拘一格降人才"的办法，来发现、识别和引进数字出版高端人才，以尽快实现本社传统出版向数字出版的转型过渡，以加速实现传统出版和新兴出版的融合发展。

（二）项目机制创新

财政项目也是数字出版顶层设计所要着力解决的核心问题。顶层设计中，应包括完整的政府项目策划机制、申报机制、实施机制、验收机制和项目成果转化机制，并且，还需具备与这些环节相匹配的制度措施，例如财政项目奖励管理办法、财政项目责任制度、财政项目绩效考核制度等。项目机制创新，是指出版社要将项目策划、申报、实施、验收工作与项目团队的约束机制、激励机制相结合，以顺利推进项目的申报和实施，加速实现项目成果转化为文化生产力。

就约束机制而言，数字出版部门必须按照出版社既定的数字出版战略，逐步实现、压茬推进出版社的项目体系，确保每个项目都能完成预期的战略价值；就单个项目而言，项目应该成立工作组，包括领导组、内容组、技术组等相关小组，以确保目标一致、相互制约、相互配合。图3-1为2013年央企数字化转型升级项目的工作组架构图。

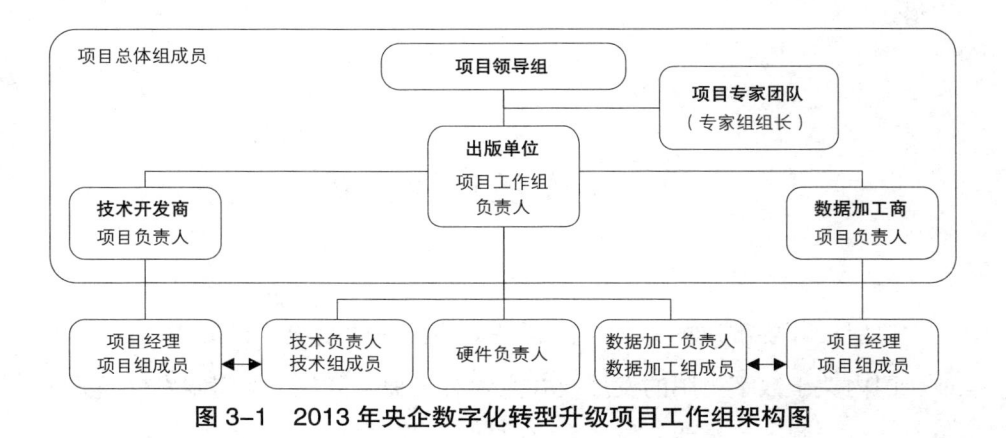

图3-1　2013年央企数字化转型升级项目工作组架构图

与此同时，考虑到出版社在软件技术方面与项目承接方存在的信息不对称问题，可以考虑引进"第三方项目监理"制度。目前已有出版社正在实行项目监理在文化产业项目、国资预算项目中的工作思路和制度创新。

就激励机制而言，出版社可以将项目的申报、实施与项目奖励相结合，按照"比例式计提、分布式发放"的原则，以获批的财政资金数额为基数，从出版社自有资金中拿出一定数额的奖励资金用于奖励项目申报和实施团队。

（三）运营机制创新

传统出版的市场销售机制相对比较成熟，一方面有着新华书店庞大的发行网络，另一方面各出版社均有大量的专业书店经销商，并且，通过数十年的发展，大部分出版社都建立起了稳定、连续性的销售渠道，有着忠诚度较高、客户粘度较强的大批固定读者群体。相比之下，数字产品的销售渠道则是全新的开拓过程，要付出艰辛的努力，这种努力可体现在传统销售渠道的转化方面，也可体现在独立建构销售渠道方面。

所以，数字产品的运营和销售制度要能够调动全方位、各方面的积极性，以求在较短的时间内形成相对健全、相对畅通和不断扩大的运营分销网络。

第三节　发展路径模式

顶层设计要解决的第二个问题是数字出版的发展路径模式问题。目前，国内关于数字出版的发展模式大致有三种：第一，部门制发展模式；第二，公司制发展模式；第三，"部门制 + 公司制"发展模式。从长远来看，第三种发展模式是未来数字出版发展的主流模式。

一 部门制发展模式

部门制发展模式，是指成立单独的数字出版部、数字出版分社或者数字出版中心，来承担数字出版的财政项目、产品研发和市场运营等职能，该模式是目前大多数出版社所采取的主流发展模式。其优势是设立程序相对简洁，承接政府项目具有天然合理性，同时便于和出版社其他部门沟通和协调，员工认同感和归属感较强。

例如，地质出版社数字出版分社于2015年成立，由项目管理部、产品运营部、技术支持部和市场营销部四个部门组成（如图3-2所示），其中每个部门主任的级别设置为副处级，分社目前队伍规模为十人。自分社成立以来，先后申报并获批了两千多万元的财政项目支持，积极开展大数据、知识服务、移动互联等方面的业务，累计研发出国土资源数字图书馆、国土悦读移动知识服务平台两款集合性数字产品，同时协助出版社销售4D电影《会飞的恐龙》并取得了较好的销售业绩。

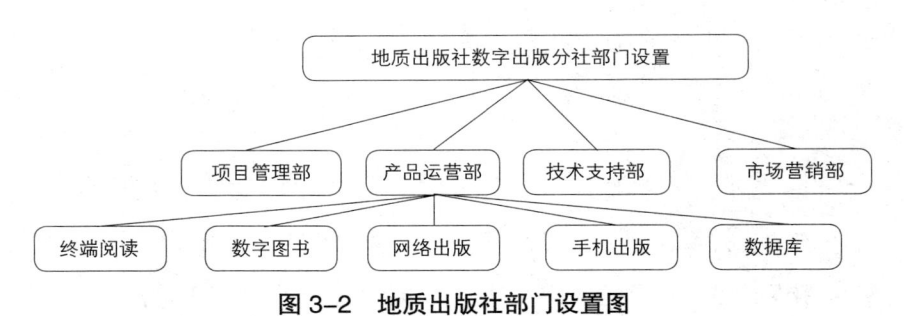

图 3-2 地质出版社部门设置图

二 公司制发展模式

公司制发展模式，是指设立独立的数字出版公司来发展数字出版业务。公司制的发展模式，有利于打破传统出版的体制机制束缚，充分发挥市场的决定性作用，完全按照市场规律开展业务经营和管理。目前，国内大型出版集团，例如中国出版集团、中南出版集团、江苏凤凰出版集团、四川新华文轩出版集团、重庆出版集团等纷纷设立单独的数字出版公司开展数字出版业务。与此同时，规模较大、实力较强的单体出版社也纷纷成立数字出版公司，以求在未来的竞争格局中占有一席之地，如地质出版社成立中地数媒科技文化公司、人民交通出版社成立爱自驾网络公司、人民卫生出版社成立人卫数媒公司、人民法院成立音像电子公司等。

三 "部门+公司"制发展模式

"部门制+公司制"的发展模式，是指在出版社中既有独立的数字出版部，也有独立的数字出版公司，以数字出版部承担政府项目的策划、申报、实施和验收等工作，以数字出版公司完成项目成果转化，进行数字产品研发和运营的发展模式。

第四节 制度建设与标准研制

"不以规矩，不能成方圆"。处于快速发展期的数字出版，在数字出版的产品体系、技术应用、市场运营和人才建设等各方面都需要建立和健全相应的制度，发挥制度的生产力作用，以制度推动数字出版的标准化，以制度推动数字出版向着规范化、职业化、专业化的方向前进。

一 出版单位数字出版相关制度概要

就数字出版制度而言，制度建设应该贯穿于数字出版业务开展的始终，涵盖从资源建设到衍生服务的全部产业链环节；同时，制定出来的制度要被很好的遵循和使用，否则制度的规范性、指引性作用将无从体现。

数字出版制度建设包括三方面内容。

第一，制定公共规则。数字出版相关制度的制定、修改和废止的过程，都要在广泛调研、充分征求意见的基础上，采用公开的方式进行，并且所制定的规则要坚持普适性原则，不因个别人、个别事而制定规则，而是面向广大从业人员、针对普遍性的事宜制定相关规则。

第二，保证规则执行。"徒法不足以自行"，数字出版制度在制定之后要得到普遍的执行和遵守，否则所制定的制度便沦为一纸空文，无法发挥其应有的规范性、指引性的价值和作用。数字出版制度执行过程中，要有监督执行的机制，只有这样，才能够确保纸面上的制度落到实处。

第三，确保公平原则。公平原则有几个方面的体现：首先，制度的制定过程要坚持公平、公正和公开的原则，不能采取暗箱操作、少数人指定的方式；其次，制度执行要坚持公平原则，例如，确立数字出版政府项目奖励办法的出版单位，不能因为项目团队申报了较多的财政项目就随意降低项目奖励比例或者故意拖延奖励发放时间。一旦制度执行过程出现了不公平、不公正的现象，就会损害制度的执行力，更重要的是，会导致人心涣散、失去数字出版团队的凝聚力和向心力。

建议出版社在以下数字出版领域加强制度建设：

1. 配合国家新闻出版广电总局"十三五"规划，建议单独制定"数字出版十三五规划"；

2. 数字出版业务提成与激励规章制度；

3. 数字出版人才管理与岗位职责制度；

4. 数字内容存储、归类、管理办法与规定；

5. 财政资金使用管理办法；

6. 国家项目申报、实施、验收、运营管理规定；

7. 国家项目招投标管理制度与章程；

8. 国家重大项目建设对接与应用管理制定；

9. 数字出版产品体系与服务模式暂行规定；

10. 数字产品数据加工标准与使用管理规定；

11. 其他相关规定。

二 出版社数字出版相关企业标准概要

就数字出版标准工作而言，在政府管理与行业指导层面，国家新闻出版广电总局数字出版司专门成立了科技与标准处，足见对数字出版标准的重视程度。同时，2015年ISLI作为我国自主研制的国家标准成功上升为国际标准，标志着我国在世界新闻出版业的话语权和规则主导权方面有了重要的提升。近年来我国新闻出版业制定了大量的行业标准和项目标准，对数字化转型升级、财政项目管理、出版社知识服务开展、复合出版研究应用等领域起到了推动和规范的重要作用。在企业经营发展层面，各出版社以市场为导向、以用户为目标，立足自身实际情况，考虑市场竞争实际情况，也纷纷制定了相应的企业标准，并且积极参与到行业级项目标准和行业标准的制定过程。

就数字出版而言，出版社应该考虑逐步形成以下几个方面的企业标准。

1. 数字产品质量管控标准；

2. 数字产品运营管理及标准；

3. 数字技术应用与管理标准；

4. 数字产品维护与运营标准；

5. 专业领域知识元建设标准；

6. 专业领域知识体系标准；

7. 数字资源格式与存储标准；

8. 数据格式转换与衔接标准。

表3-1、表3-2为法律职业知识体系标准的分布构成表。

表 3-1 法律职业知识体系标准的分布构成表

资源名称	具体分类	具体个数
法官知识体系标准	民事审判一级案由	10 个
	民事审判二级案由	43 个
	民事审判三级案由	424 个
	民事审判四级案由	1700 个
	刑事审判 总论	235 个
	刑事审判 罪名	455
	行政审判 案件类型	120 个
检察官知识体系标准	反贪污贿赂	300 个
	反渎职侵权	200 个
	侦查监督	100 个
	公诉	690 个
	监所检察	70 个
	民事行政检察	40 个
	控告检察厅	30 个
	刑事申诉检察	40 个
	铁路运输检察	20 个
	职务犯罪预防	30 个
	案件管理	20 个
	死刑复核	10 个
律师知识体系标准	民事诉讼代理	1700 个
	刑事辩护	690 个
	行政诉讼代理	120 个
	知识产权诉讼代理	67 个
	海事海商诉讼代理	45 个
	仲裁与调解	700 个
	公司领域的非诉业务	300 个
	知识产权领域的非诉业务	200 个
	反倾销领域的非诉业务	200 个
	证券法律服务业务	70 个
	律师见证、公证	
	涉外法律业务	
	合同起草	
	法律文书撰写	

（续表）

资源名称	具体分类	具体个数
法律教育知识体系标准	社会主义法治理念	200 个
	法理学	250 个
	法制史	120 个
	宪法	300 个
	经济法	400 个
	国际法	400 个
	国家私法	200 个
	国际经济法	200 个
	刑法	750 个
	刑事诉讼法	300 个
	行政法与行政诉讼法	200 个
	民法	2200 个
	商法	1200 个
	民事诉讼法与仲裁制度	400 个
大众知识体系标准	衣食住行	5000
	生老病死	5000
	婚姻家庭	5000
	劳动就业	5000
	教育培训	5000
	休闲娱乐	5000
	投资创业	5000
	经济生活	5000
	人身权益	5000
	诉讼纠纷	5000

表 3-2　法律知识元构成表

法律数据字典标准		
具体分类	具体个数	价格预算
法理学	300 个	1 万
宪法	500 个	2 万
经济法	400 个	1 万
国际法	400 个	1 万
国家私法	200 个	1 万
国际经济法	200 个	1 万
刑法	750 个	3 万
刑事诉讼法	300 个	1 万
行政法与行政诉讼法	200 个	1 万
民法	2200 个	4 万
商法	1200 个	3 万

第四章
数字出版战略

导语

数字出版战略定位，解决的是数字出版地位和定位问题。对传统出版社而言，数字出版战略问题尤其重要，能否制定超前而又务实的数字战略，关系到数字出版与传统出版的有效衔接，关系到出版业态格局的重组，更关系到一个出版社的长期稳定发展。

就地位而言，目光长远、高瞻远瞩的出版社均将数字出版作为出版社转型升级的最终方向，将数字出版作为出版社未来发展新的经济增长点来加以对待；抱残守缺、因循守旧的出版社则将数字出版作为锦上添花的业务，将数字出版置于传统出版的补充性地位。

在组织机构定位上，数字出版的定位应该是独立的经营性部门，而非支撑性部门、管理性部门，更不能将数字出版业务交由办公室、信息办、印制部、总编室等相关部门兼职去开展。

在思考和实践了这么长时间的数字出版业务之后，笔者以为传统出版社数字出版发展的战略大致包含以下内容。

按照出版人向传播人转变的整体方向，以前瞻性、务实性的领导班子为组织保障，以引进资金、盘活资源为资金保障，以迅捷、灵敏、高效、创新的机制为根本动力，以资讯、服务、培训、销售四个中心为核心架构，以数据库、电子书、手机书和网络出版为主体业务，深化数字出版产业链四环节的改革发展，增强传统出版与数字出版的互动，以数字出版给传统出版注入新的传播方式和发展活力，不断提高互联网时代数字传播的能力和效力。

第一节 根本宗旨：传播正能量、推进产业化

任何一个出版社，其数字出版战略的根本宗旨都在于两个方面：从社会效益的角度讲，要传播正能量，弘扬主旋律，正确引导人们树立健康的世界观、人生观和价值观；从经济效益的角度讲，要在市场化运营的基础上，推进产业化，实现规模化的数字出版收益。

传播正能量、弘扬主旋律，是数字出版从业者的职业道德必备素质，是遵守党和国家关于新闻出版纪律的必然要求。在互联网、移动互联网时代，数字传播的即时性、扩散性效应，使得传统出版人往往无法有效应对，为此，需要提高驾驭互联网的能力，需要掌控互联网时代的传播话语权；同时，数字出版从业者需要明辨是非，无论是通过单位账号还是个人账号，都要做到不造谣、不信谣和不传谣，都要传播积极向上的内容，营造一个和谐文明的传播文化。

加速市场化、推进产业化，是市场经济对数字出版从业者提出的时代要求和历史使命。出版业区别于图书馆业，需要考虑经济效益，无论是数字产品的研发、数字技术的应用还是人才引进培养，主要都得从经济效益的角度考虑问题，都要事先预期经营收入，而不是从事公益性的慈善事业。当然，也存在极少部分公益性出版社，其数字出版的初衷和归宿仍然是公益性目标。

第二节 整体趋势：出版人向传播人转变

数字背景下的出版人，必须实现由出版人向传播人的跨越，这是一个

大的趋势，无论是抗拒还是迎接，它都会在编辑身上实现转变。出版人与传播人的最重要区别在于传承知识的载体不同。在中国，文字载体和正规书籍的演进经历了数千年漫长的历史过程，先后出现陶器、甲骨、青铜器、雕石、简策、缣帛、纸张等文字载体，记录知识的方法也经过了写刻、手抄、拓印、雕版印刷和活字印刷等若干阶段。[①] 可以说，出版人传承文化的载体主要是纸张、纸媒体。到20世纪末，又进入到桌面出版、电子出版、网络出版的数字化出版时代。于是，数字出版时代到来了。整个出版产业从简策到纸张到唱片到磁带，到光盘到互联网乃至手机，以及今天提到的电子书，是一个发展的过程。我们从介质的发明到它的普及，可以看出简策的发明大概用了1000年的时间，纸张用了300年的时间，唱片用了30年的时间，磁带用了20年时间，互联网也就10年时间，手机到今天不过五六年的时间。[②] 随着传播方式的不断更新、传播速度的不断加快，作为一个合格的传播人，每天需要摄入大量的资讯信息，需要通过网络、手机、纸媒体等多样化的手段来衔接作者与读者。

除了传播手段不同，出版人与传播人更大的不同在于你所表达的作者观点的尺度不同：前者动辄需要国家新闻出版广电总局备案审查，后者相对宽松，但对编辑的要求往往更高。许多观点在两可之间，分寸的把握往往至关重要，无论如何宽松，政治问题从严、专业问题从宽这个原则是不变的，遵守新闻出版纪律这条要求是不变的。

传播人不仅需要关注纸质图书销量、各类图书市场份额、相关出版社的产品构成，还需要关注时尚数字产品的发展趋势，需要关注数字图书的市场份额，需要关注竞争关系出版社的数字出版新动作，以便及时制定、调整方案，推动本社数字出版的发展。

举一简单例子，作为一个出版人，下面数据可能不需要了解，作为一

---

① 张立.2005—2006中国数字出版产业报告[R].新浪网科技时代栏目，http://tech.sina.com.cn/it/2006-10-17/10511187648.shtml，2011-10-7.

② 同上。

个合格的传播人，表 4-1 所示数据，是必须要知道的。

表 4-1　2006~2010 年我国数字图书销售收入表（单位：万元）

序号	数字业务类型	2006 年销售收入/百分比	2007 年销售收入/百分比	2008 年销售收入/百分比	2009 年销售收入/百分比	2010 年销售收入/百分比
1	数字图书馆	11000/74.3%	12100/71.4%	12200/53.9%	12250/42.71%	12259/14.1%
2	收费阅读	3000/20.3%	3700/21.8%	6900/30.5%	9700/33.8%	11349/13.1%
3	手机阅读	300/2.0%	650/3.8%	3030/13.4%	5760/20.1%	61430/70.6%
4	手持阅读器终端阅读	500/3.4%	490/2.9%	500/2.21%	700/2.4%	1317/1.5%
5	其他				300/1%	600/0.7%
6	合计	14800/100%	16940/100%	22630/100%	28770/100%	81955/100%
7	环比增长速度		14.46%	33.59%	27.13%	184.86%

第三节　组织保障：前瞻性、务实性的领导班子

　　传统出版社的数字出版战略，首先需要一个前瞻而又务实的领导班子，一方面高屋建瓴，看清由传统出版到数字出版的业态转型；另一方面，又可组织本社人力、物力、财力，及时合理提出宏观的数字出版战略和适合本单位发展的具体数字出版方案。如果班子思想落后、步伐迈不开，将错过数字出版发展浪潮，将比其他出版社落后一大步，业内有些行业类出版社体制较死，别说数字出版，就连传统出版仍然是计划经济的思维，这样是不适合业态转型期发展的。

　　就业内出版社而言，北京大学出版社由副总编辑兼党委副书记刘乐坚负责北大社的数字出版业务；清华大学出版社由毕研林担任数字出版中心主任，成立文泉书局，部分图书电子书先于纸书上市发行；电子工业出版社由总编辑李新社挂帅，成立华信数字出版网，较早地涉足了数字出版领

域；民主法制出版社应用分社成立音像影视中心，具有集纸书销售与电子书 B2C 于一体的职能。

值得一提的是，尽管数字出版起步较晚，但是地质出版社的领导班子在各种场合、各种会议论坛上对数字出版都表示了高度的重视，旗帜鲜明地将数字出版定位成出版社新的经济增长点、经济发展的第四级，并且同时推进数字出版分社和数字出版公司并行不悖的发展。另外，从事业部的高度，同时组建融合发展事业部和数字出版事业部，率先在传统出版社层面首次将数字出版部和新媒体部进行协同发展，首次提出实现数字资讯、数字出版、数字视听、数字游戏和数字动漫统筹发展和压茬推进。

正是在这种理念的指引下，王章俊总编辑任总导演、总编剧，地质社自主拍摄的 4D 电影《会飞的恐龙》先后获得第五届中国科技特效电影展"最受观众欢迎奖"、第六届中国数字出版博览会"2014—2015 年度创新作品"、2015 天下动漫风云榜"年度动漫作品"大奖，该电影同时改编的动漫图书获得 2015 年度"原动力"中国原创动漫出版扶持计划重点扶持项目。

第四节 资金保障：引进资金、盘活资源

图联网为出版社提供的数字出版系统解决方案中指出，传统出版社发展数字出版面临不少困难，其中第一个困难便是：资金需求量庞大。没有庞大的资金保障，要想召集人手、建立网站、发展数字出版，势必登天。数字出版业务所需的人力、物力、财力，第一位便是财力，核心也是财力，有了资金保障，便可广纳贤士，便可成立网站，打造平台，发展业务。

无论是方正阿帕比的中华数字书苑，还是清华社的文泉书局，或者电子工业社的华信数字出版网，没有资金作为支撑，是不可能建立起来的。

这一点，传统出版社近几年来发力更为迅猛，法律社早在2006年就启动合资计划，以知识产权折价1000万元，吸引香港投资1000万元，成立法讯公司；地质出版社自主投入1000万元，设立中地数媒科技文化公司，从事数字出版的市场化运营；人民交通出版社投入千万元，成立爱自驾网络技术公司等。

有了独立的资金保障，便可开展独立的数字出版业务，便可把握数字出版的主动权。纵观国内诸多出版社，与技术方合作，苦于没有独立资金支持，导致没有独立的平台，从而完全以内容提供商的身份与技术方合作。将内容、技术、销售全部交给合作方，这样的数字出版模式是被动的，难以做大做强，同时，也是危险的，因为出版社一旦失去了版权，便失去了一切。数字出版业务，出版社必须占据内容为王的优势，以内容为筹码来谈技术合作、销售合作。法律出版社是以多重角色与方正集团展开合作的，既是内容提供方，也是销售方，同时，还及时发展手机阅读业务，以制衡方正集团与法律社合作开发的电子书业务。

第五节 根本动力：迅捷、灵敏、高效、创新的机制

数字出版的快速、健康发展，离不开动力机制，只有机制合理，才能把人力、物力、财力等因素调动起来，服务于数字出版主体业务，服务于数字出版各个环节，实现数字出版与员工个人双赢的设想。

目前，各出版社的数字出版机制大致有以下四个特点。

第一，迅捷。迅捷即动作要快，抢在其他出版社面前发现数字出版新的赢利点，抢在竞争对手之前发觉到新的客户，成功实现销售目标。例如，法律出版社在与中国移动合作的问题上，即显示了迅捷机制的特点。社领导约见中国移动阅读基地内容总编，双方就分成比例、付款日期等核

心问题达成一致后即行签约，而后实施项目。从洽谈到实现盈利，仅仅用了4个月的时间，没有冗余程序的牵绊。

第二，灵敏。在开展相关业务的时候，在不违反原则的情况下，采用灵活有效的方法尽快达成合作，实现预期经济效益。如前所述，出版社开展数字出版的原则是保护好版权，尽量做到资源不出社。在这个基本原则之下，对方的合作细节可以具体谈判。

第三，高效。效率得高，一旦确认是可以取得效益的项目，不能拖时间，要采取诸多配套措施尽快实现预期效益。各出版社用较短的时间涉足电子书、手机书和终端阅读等领域，便是高效机制所起的作用。地质社的国土资源数字图书馆从建设到上市推广，仅用了3个月的时间，实践证明上市即有市场。

第四，创新。数字出版本来就是新兴事物，不具备鼓励创新的机制，无法调动员工工作的积极性和主动性，无法使新的经济增长点产生利润。承接出版社数字出版业务的法讯公司即将实行的绩效工资制度，目的就是鼓励员工调动积极性，开动脑筋，用新的方式方法在数字产品的内容、技术、销售等多方面实现进一步提升。同样，出版社员工在做好本职工作的同时，在内容、销售方面为本社数字出版业务作出贡献的，也有相应奖励机制鼓励其积极性。如法律出版社员工有实现电子书销售业绩的，按照相应的40%奖励比例，法讯公司即支付其劳务报酬。

只有迅捷、灵敏、高效和创新的机制才能一方面促进各项数字业务尽快发展，另一方面使得员工分享数字出版的新成果。

第六节 核心构架与业务体系

如前所述，传统出版社数字出版经营模式大致有两种：第一，在出版社内部成立数字出版部或者数字出版中心,如清华大学出版社、浙江大学出版社、中国人民大学出版社等,这也是大多数出版社、图书公司都采取的模式。第二,成立单独的公司来进行数字出版业务,这个需要雄厚的财力、物力、人力作为支撑,只有大型出版集团、出版社才能作出这样的举动。2008年5月,中国出版集团投资1000万元组建了"中国出版集团数字传媒有限公司",这是中国出版集团公司提升传统出版产业、促进传统出版业与数字化、网络化出版相结合的重要步骤。[①] 两种模式各有利弊:前者与出版社的衔接更紧密些,协调配合工作相对方便;后者独立性更大些,所受束缚较少,对外代表性更强,更容易从出版业态转型的高度来思考问题,来开展业务。下面以法律社为例加以说明。

法律社的数字出版业务是属于第二种模式,成立单独的子公司——法讯公司来进行数字业务,其数字出版平台是法律门网站,依托法律门网站来开展法律数据库、法律电子书业务、手机书业务和终端阅读业务。

法律门网站由四大中心构成:资讯中心主要负责法律咨询、法律数据库、电子书、手机书、终端阅读业务;服务中心主要负责数字出版的衍生服务;培训中心主要是线上法律培训,不排除在适当的时候展开线下培训;销售中心主要负责纸质书销售和电子书B2C业务。其中每个中心的业务完全展开,都将产生巨大的效益,如培训中心,据悉每省法院每年都将组织200人以上参加专门的司法考试培训,每人的培训费用为3000元左右。

2008、2009年两年,对于法律出版社数字出版而言,是至关重要的两年,这两年奠定了法律出版社数字出版的战略框架,使得法律出版社无论在数字出版四项支柱业务领域,还是在内容提供、技术供应、渠道运营和衍生服务数字出版产业链四环节都作出了较为全面、细致的部署。

---

① 参见郝振省.2007-2008中国数字出版产业年度报告[M].北京:中国书籍出版社,2008.

第一，在法律数据库领域，经过两年的建设，法律社依托子公司门户网法律门网站，建成了包含14个数据库、65万条数据量、20亿字法律资讯知识的法律门数据库。法律门数据库侧重实务，致力于应用，提供全程法律解决方案，使得无论是法官、律师，还是学者、学生，抑或公民大众均能从中获取有用的法律信息和知识，以解决学术难题、实务问题和生活法律问题。更为重要的是，在业务实践中，找到了一条与北大法宝、北京法意科技有限公司等同类公司不同的差异竞争销售道路，同时，与电子图书馆的结合，使得产品体系更加丰富，进而能够与北大法宝、北京法意科技有限公司抗衡。

第二，在电子图书领域，法律出版社联合法律门网站，建成中国法官电子图书馆、中国律师电子图书馆和法学院电子图书馆三大电子图书馆，上线图书3000多种。三大图书馆的建成，为实现法院信息化建设、律师自动办公系统和高效数字化图书馆建设提供了丰富的资源和良好的范例。同时，三大图书馆已经辐射全国大部分省市地区，在法院系统、律协系统和院校系统多有安装。法律社电子图书馆的建立，率先在同类出版社中实现了传统图书资源的数字化转换，实现了传统出版资源和数字出版的衔接，同时，在传统出版社如何开展数字出版的难题中，为其他出版社作出了有益的尝试和示范。

第三，在网络出版领域，法律社以传统出版为纽带，以手机出版为辅助，以网络出版为目标，走出了一条具备法律社特色的网络出版之路。众所周知，网络出版的难题在于如何使得出版物被公众所接受，其效力如何取得认证，其选题如何能够吸引作者，其盈利如何得以保证等。在这方面，法律社坚持稳健的步伐、大胆的尝试，集中选取比较好的若干选题加以尝试，同时，使得这些选题与纸质出版相结合，网络出版物制作完毕后，转化成纸质图书，兼顾了网络出版的推广和作者观念的维持。目前，法律出版社在若干选题上取得了突破。2010年，国家新闻出版总署对法律社互联网出版许可证做复核时，法律社以实现网络出版收入数十万的业绩,再次获得了总署对于法律社互联网出版许可证四年的使用许可。目前的问题在于缺乏有力的人才来支撑网络出版这项新兴业务,相信在不久的将来,通过努力会招聘到合适的人才把个性化出版、教育出版、职称出版和大众出版等各个分支业务有效开展起来。

第四,在手机出版领域,法律出版社联手中国移动手机阅读基地,直接以 CP 的身份与移动阅读基地进行合作,成为同类出版单位开启手机阅读大幕的首家出版社。手机书上线半年以来,营业收入呈现稳定增长的趋势,相信随着上线图书的不断增长,营业收入还将继续增加。

最后,法律出版社除了在数据库、电子书、网络出版和手机出版领域第一时间抢占市场先机外,还瞄准了阅读终端的潜在市场,目前正在与国内知名平板电脑厂家洽谈合作,以期在不久的将来,从行业应用的角度进军并占领平板电脑市场一席之地。"法律出版社 iPad 应用商城"预计将于明年初正式上线。

第七节 深化发展:深化数字出版产业链四环节的改革发展

在数字出版产业链四个环节——内容提供、技术供应、渠道运营、衍生服务——出版社需要尽快摸索出一条既能保护作者版权,又能实现出版社经济效益,同时有助于提升出版社社会效益的道路。在任何一个环节,法律出版社基本上坚持两条腿走路的方针,使得数字出版在平稳中向前迈进。下面以法律出版社为例加以说明。

在内容提供环节,法律出版社坚守"内容为王"的基本方针。首先确保传统图书资源能够在作者认可的前提下,最大化地转化为网络出版资源、电子图书资源和手机出版资源，这也是内容提供的主要组成部分。同时，法律社还积极研发自有知识产权的产品，研发直接以互联网为媒介、以手机通讯为媒介的出版资源，将此作为数字出版资源提供的重要补充。同时，法律出版社坚持"资源不出社"的原则，在开展合作当中，无论是与北京市新华书店系统、iPad商城，还是与当当网、京东网、图联网，都坚持资源一定在社的方针，以确保内容优势，确保版权的安全性。

在技术供应环节，法律出版社一方面独立自主研发电子书技术，另一方面，联合国内强势技术公司方正集团，研发ceb格式电子书，使得不同的格式满足不同读者的需求，最大化地扩大用户群。法讯公司成立之初，即奉行独立研发的方针，以PDF为母本，开发出自己的电子书阅读器，建立独立的法律门网站。同时，以"走出去"方针为补充，法律出版社联合方正阿帕比集团，采用ceb电子书格式，以取得最好的用户体验。两套技术系统，基本保证了法律出版社数字出版技术供应的独立性和先进性。随着与方正集团合作的深入，法律出版社发现拥有自己独立的技术非常重要，目前市场上可以制作ceb格式电子书的公司很多，价格也很低廉，核心技术在于DRM版权保护，其技术团队需要在这个方面下功夫，以期尽早实现技术的独立性。

在渠道运营环节，法律出版社首先充分运用自身经营多年的纸质书销售渠道，在法院系统、律师系统和高校系统大力推广数字出版物；同时，授权广大的图书经销商和国内知名电子书集团代理销售法律出版社的法官电子图书馆、律师电子图书馆和法学院电子图书馆。经过努力，在法院系统推广法官电子图书馆已初见成效。目前，借助《中国大法官文库》的出版机会，法律社并力推进法官电子图书馆的销售。

在衍生服务环节，法律出版社充分运用自身出版资源，及时为相关职业群体提供后续服务措施，保障了数字出版的顺利运营。例如，法律出版社每年针对司法考试学生，提供司法考试真题测试，为优秀作者提供手机新书首发、手机畅销书推荐服务等，保障作者的经济效益和图书社会效益最大化。《心盲》一书的手机首发，其手机书收益预计将相当可观，甚至会赶超纸质书的销售收入。

第八节 双向互动，注入活力

比尔·盖茨曾说："最终，电脑及屏幕技术的加速发展将产生轻便、通用的电子书"，换言之，电子书将改变世界。有种观点称，如果说中国两千年前发明的造纸术和一千年前发明的活字印刷术，开创了世界图书业两个新时代的话，那么电子书的出现，则是世界进入"无纸书籍"新时代的一个节点。

需要说明的是，西方国家的数字出版辐射编校、印制、发行各个环节，但是其纸质书并没有销声匿迹，而仍然有着固定的市场，只不过相对我国而言，西方国家的纸质书普遍价格较高，使之成为一种阅读的奢侈品，相信我们国家也会经历这个阶段。尽管电子书不可能完全取代纸质书，但取代平装书是迟早的事，纸质书将更多以精装书的面目出现。

我国的出版社目前正处于这次出版业态深刻变革期，需要以传统出版来助推数字出版的发展，以数字出版提升传统出版，在数字出版与传统出版的双向互动中，找准自己的定位，充分运用政策优势、体制优势和人力资源优势，尽快获取在未来五到十年当中在出版界的优势竞争地位。

实践篇

第五章
走向"十三五"的数字出版

导语

时值新闻出版业"十三五"规划的制定期,"数字出版十三五规划"和"科技与出版十三五规划"都在紧锣密鼓的制定过程中,各出版社也纷纷在布局和整理自身的数字出版"十三五"时期发展纲要和规划。

走向"十三五"的数字出版,在产品体系创新方面,除了在原有的数字图书馆、原创网络出版、终端阅读、手机阅读、专业数据库等传统产品体系继续丰富和健全以外,还要在知识服务的信息服务、知识产品和知识解决方案等方面取得突破性进展,以推动数字出版为广大目标用户提供个性化、定制化的知识性服务。

走向"十三五"的数字出版,在高新技术应用方面,除了积极采用传统的出版数字化、碎片化等技术以外,还要积极理解大数据、云计算、物联网、语义分析、3D打印等前沿技术,并创造性地将前沿技术与新闻出版业的发展相结合,将前沿技术与满足用户需求、开拓服务市场相融合。

走向"十三五"的数字出版,在财政项目领域,需要紧紧围绕传统出版与新兴出版融合发展的方向,力争策划、申报和实施内容融合、技术融合、平台融合、运营融合和管理融合方面的优质项目,充分贯彻落实项目驱动发展、创新驱动发展的经营战略。

走向"十三五"的数字出版,在市场运营方面,要推进数字产品向着市场化运营、规模化发展的产业化道路买进,一方面实现各出版社数字出版的盈亏持平和扭亏为盈;另一方面实现重点出版社的单点突破,取得足以支撑整个企业发展的经营收入。

走向"十三五"的数字出版,在人才培养方面,就企业而言,要形成领军人才、骨干人才、新锐人才梯次配置、有序发展的数字出版队伍体系;就行业而言,要确立和完善数字出版的职业资格制度、形成和发展数字出版的人才评价体系和激励制度,以优质人才推动数字出版向着更高、更快、更先进的方向发展。

第一节　集团化发展

在"十二五"时期快速、健康、平稳的发展基础上,在"十三五"时期"互联网+""融合发展"的时代背景下,我国数字出版领域需要按照现代出版传媒集团的发展方向,贯彻创新驱动发展、项目驱动发展的"双驱动"发展战略,落实专业立社、多元经营、融合发展的经营策略,奉行增量改革、鼓励创新、聚焦发展、培养人才的现代出版企业制度,以大数据、云计算、移动互联网等先进技术为发展支撑,以精品畅销图书、优质数字产品为发展根本,以出版与影视及其他行业的跨界为发展融合试验田,力争实现科技与出版融合发展、出版方式创新与出版效能提高的良好发展格局。

在即将到来的"十三五"时期,无论是专业社、大众社还是教育社,均需遵循新闻传播规律和新兴媒体发展规律,贯彻落实党中央文化强国战略,顺应"互联网+"时代潮流,进一步深化新闻出版体制改革,适时组建特定领域、特定地域的出版传媒集团,贯彻多元化经营和双驱动发展战略,以技术创新为助推器,以制度创新为总抓手,推动我国新闻出版传媒事业尽快步入产权清晰、责权明确、管理科学、融合发展的新时期和新阶段。

集团化发展

鼓励新闻出版企业按照资源优势、地域优势进行兼并重组,逐步构建跨行业、跨地域、跨所有制的出版传媒集团一直以来都是政府调控和指导的方向。这种政策信号在历年的文化产业发展专项资金项目、新闻出版改革发展项目库项目、国有资本经营预算金项目、传统出版与新兴出版融合发展指导意见等相关指导性政策文件中均有所体现，且有不断强化的趋势。

在出版企业层面，先后也有科学出版社、人民交通出版社、地质出版社等不同领域的出版企业向着集团化的方向迈进。

第二节 双驱动战略

"十三五"时期，各出版社需积极落实创新驱动发展和项目驱动发展的"双驱动"战略，把创新作为出版社发展的永恒动力，把项目作为带动发展的助推器，充分抓住政府调控新闻出版业的重要战略机遇期，通过宏观布局、系统策划、认真实施文化产业相关项目，逐步完成特定领域、特定行业的新兴出版资源整合、市场布局和渠道构建。

创新驱动发展，要求出版社决策层以创新作为发展的根本理念，以创新作为促进发展的主要抓手，以创新作为实现经营目标的关键方法，不断推动传统出版和数字出版的产品创新、技术创新和机制创新。

项目驱动发展，是指出版社根据近年来国家持续推动文化产业大发展大繁荣的战略方针，按照统筹规划、统一部署的原则，积极策划项目、认真申报项目、严格实施项目、配合审计项目，并最终通过项目的实施来加强出版社项目成果转化能力来提高出版社的发展水平和经营管理水平，推动出版社社会效益和经济效益的同步提高。

第三节 多元化经营

在集团化发展的方向指引下，在创新驱动发展和项目驱动发展的助力下，我国出版社"十三五"时期的发展思路还将体现出鲜明的多元化经营特征，进而逐步改变以往过多依靠传统出版提升企业发展的局面。

出版社多元化经营的方向如下。

第一，专业性出版社将专注于所依附行业的知识服务开展与创新。我国特有的出版体制使得出版社的分布呈现出"条块"特征鲜明的特点，地域性出版社往往依托地域优势组建地域性的出版集团，凝聚该行政区域内的优质人力、物力和财力资源，推动新闻出版业的转型升级和融合发展。行业性出版社则将充分发挥在所属专业、所属行业的资源优势和渠道优势，分别在医药卫生、法律法规、国土地质、建筑工业等各行业积极探索和开展信息服务、知识产品和解决方案的高端新型的知识服务。

第二，有实力的出版社将持续发挥实力优势开展文化地产、文化商业等跨界经营活动。资金实力雄厚、多元经营思维丰富的出版社决策层，在以往的发展历程中就已经将房地产、文化商业作为出版主业的补充，来提高出版社的经济效益和整体待遇福利。在"十三五"时期，目光长远的出版社仍会将文化地产、文化商业、跨界发展作为出版主业经营的重要补充，选择社会效益明显、经济效益突出的领域进行投资和发展。

第三，出版与影视的融合将成为融合发展的聚焦区域。前两年国家新闻出版广电总局成立，实现了出版与影视在管理体制方面的融合；与此同时，各地的传统出版单位也跃跃欲试，通过不同方式实现出版与影视的业务融合。例如，湖北长江出版传媒集团，采用版权开发参股影视投资的模式，《手机》《蜗居》等影视作品提升了其纸质图书的销量。新华文轩、人民交通出版社则采用影视投资的方式，参投了《画皮Ⅱ》《碧海雄心》等作品。中国财政经济出版社 2015 年先后投拍了电视剧《大熔炉》和中国首档飞行梦想真人秀节目——《冲上云霄》。

地质出版社的多元化经营思路大致如下：

地质出版社在"十三五"时期，除了做足传统出版的主业以外，还要在以下四个平台方面实现创新和突破。

第一，众筹模式开启珠宝玉石在线交易平台。地质出版社充分运用自身的专业资源优势，准备联合中国观赏石协会，采用众筹模式，运用O2O的盈利模式，打造珠宝玉石在线交易平台，以实现网络文化和实体文化的融合与交互。目前，已经募集了一千多万元的众筹资金，正处于平台的策划和设计阶段。

第二，融合模式打造科普教育影视传媒平台。"十三五"时期，地质出版社还将一如既往地做足教育出版和专业出版，充分借助目前在教育出版、科普出版方面的既存优势，将图片、文字、声音、影像和动漫等多种知识服务素材相融合，倾力打造科普教育影视传媒平台，同时，通过与广播电视网络的合作，实现科普影视作品B2F的预期经营效果。

第三，借力取势研发国土地质大数据知识服务平台。为了实现图书出版商向知识服务商转变的战略定位，"十三五"时期地质出版社将着力于知识服务的研发与提供，在充分挖掘自身专业资源的基础上，运用大数据、云计算、语义分析等高新技术，采用数据共享、数据引进等机制，与国家地质图书馆、中国地质调查局等同系统的兄弟单位进行数据交换，逐步打造国土地质专业大数据知识服务平台。

第四，跨界思维创办"恐龙主题嘉年华公园"。鉴于地质出版社在地球科学文化出版传播领域的优势地位，加上自主拍摄《会飞的恐龙》4D电影的成熟经验，同时借助主管单位国土资源部的行业资源优势，地质出版社将在合适的时机启动"恐龙主题嘉年华公园"平台，采用移动布展的方式，将有关恐龙的模型、电影、图书、玩具等文化产品进行全国巡回展览和销售，在跨界发展方面进行一定的突破。

第四节　出版与技术的有机融合

"十三五"时期，数字出版工作还需要紧密与先进技术衔接，能够将大数据技术、云计算技术、语义分析技术和移动互联网等技术与数字出版有机融合，按照"内容资源建设为体、先进技术为翼"的原则，持续创新出版方式，不断提高出版效能，在保持传统出版领域的既存影响力的同时，不断提高对网络空间的驾驭能力和传播能力。

专业性出版社需要立足特定领域，研发承载社内出版资源、社外行业资源在内的大数据知识服务平台，切实以数据作为生产要素，围绕着数据的挖掘、采集、存储、标引、计算和服务展开，最终实现对内为选题策划、营销推广提供支撑，对外为数据交流、数据共享和数据预测提供平台的双重服务效果。

经过较长时间的调研、论证和思考，笔者对于大数据、云计算、语义分析等几项技术在新闻出版业的应用有以下几个方面的认识。

首先，语义标引技术是数字出版体系化发展阶段的标志性技术。数字出版自21世纪以来，经历了三个发展阶段——数字化、碎片化和体系化阶段，数字化阶段的代表性产品是数字图书馆，碎片化阶段的代表性产品是数据库，而体系化阶段的代表性产品则是以知识体系为内核、以语义标引为标志的知识库产品，对应的新兴出版业务则是知识服务。目前，以语义标引、大数据等技术应用为代表的数字出版，已经步入了体系化发展的阶段，所以语义标引技术的应用必将成为未来五年的重要出版使命。

其次，云计算技术是知识服务开展的关键性技术。知识服务开展的主要特征包括：海量知识资源的聚合、组织，个性化阅读服务的定制与提供，知识体系的逻辑内核等；当特定行业、特定领域的数字资源梳理并形成知识体系之后，在对海量的数字资源进行语义标引、知识标引的基础上，必然会涉及流式计算、离线计算等各种计算方法的运用，必然要涉及 H Base、Hive、T e z、Storm、Kafka 等各种云计算组件的安装和使用，在运用计算组件和计算方法的前提下，提供各种各样、个性定制的知识服务才具备可能性；同时，大规模、个性化的知识服务的开展还需要运用云计算中的虚拟化技术和数据存储技术。[1]

最后，大数据平台是知识服务外化的最佳表现形式。通过上述分析可以看出，云计算实现了大数据的技术基础，[2] 然而当海量数字资源经过知识标引、计算配置之后，以何种形式加以展现，便成为刻不容缓的问题。从目前的发展来看，大数据平台技术是知识服务外化的最佳表现形态，特定行业、特定领域的大数据模型建构、大数据预测系统是大数据知识服务平台的精华和核心，也是"十三五"时期大数据与新闻出版相融合需要倾力克服的两个难题。

第五节　重视制度的生产力作用

在"十三五"时期，笔者认为制度将上升到生产力的高度，甚至是第一生产力的高度。出版社领导班子需在充分听取各部门、各业务板块的意见和建议的基础上，制定和公布科学合理、前瞻务实的各项制度，包括选题策划制度、技术应用制度、财政项目制度、渠道建设制度、人才培养制度，等等。下面就地质出版社已经出台的若干领域的暂行制度加以阐述。

在传统出版的选题策划制度方面，按照策划选题、引进选题、组

---

[1] 黄肖俊、吕肖庆. 数字出版与数字图书馆 [M]. 北京：电子工业出版社，2013:204-206.
[2] 吕延杰、李易、周军. 移动也是生产力 [M]. 北京：电子工业出版社，2014：244-245.

稿选题的不同，分别给予书稿利润的一定比例作为奖励或者提成，进而最大程度地调动出版社各个分社编辑的主观能动性，促使编辑不断提高图书的单品种效益，实现图书出版经济效益和社会效益的统一，实现出版企业改革发展与员工分享发展成果的统一。

在人才引进与培育制度方面，地质出版社已经通过了人才引进的特殊薪资体系、待遇保障制度。同时，每年拿出百万元用于出版社内容人才、技术人才、销售人才、管理人才等各种人才的培训和培养，必要时，可选送领军人才到国外进行学习和培训。

在文化产业项目制度方面，一方面，出台了政府财政项目的激励制度，从出版社自有资金中拨付一定数额的奖金用于财政项目的申报、实施团队，以鼓励出版社多申报财政项目、申报优秀的财政项目；另一方面，出版社出台了自身的文化产业项目制度、建设发展基金、创新发展基金制度，每年拿出一定数量的资金，用于企业自身的项目创新、项目建设和项目成果转化。

案例1：第一批数字出版转型示范单位——法律社的转型之路分析

一、数字出版战略

法律出版社自2006年着手布局数字出版以来，先后经历了融资筹划、资源建设、业务运营、市场盈利和快速发展五个阶段。五个阶段的工作思路和发展规划，均围绕着前瞻而务实的数字出版战略进行，环环相扣、步步紧跟、压茬推进，既保证了每个阶段的准确市场定位，又体现了下一阶段的产业化前瞻。

总体而言，法律出版社的数字出版战略是以出版人向传播人的转变为整体方向，加强和优化出版社领导班子的顶层设计，遵循和运用互联网和移动互联网两种思维和规律。并以引进资金、盘活资源为资金保障，以数字化、碎片化和体系化为发展阶梯，深化数字出版内容、技术、渠道和衍生服务产业链四环节的改革发展，正确把握市场的决定性作用和政府的调控性功能，给传统出版注入新的发展活力，逐步构建包含大数据、云计算等技术在内的中国法律数据中心，不断提高为人民传播法律的能力和效力。

二、转型三个理念

法律出版社的数字化转型历程，始终遵循着"全员参与""全流程改造"和"体系化发展"的理念，通过深化和实践这三个理念，逐步实现队伍、流程和服务的数字化转型升级。

（一）全员参与

全员参与要求出版企业的领导层、中层和一线编辑都要参与到转型工作中来，分别在其中扮演不同的角色。

首先，社领导层主要负责出版转型的战略规划，必须做好数字出版的顶层设计；其次，各个编辑室主任主要在所属重点领域展开相应的数字出版业务，配合数字出版部做好产品研发和渠道销售等工作；最后，一线策划编辑应将着力点放在如何提高出版物的单品种数字出版效益上来。

（二）全流程改造与一体化出版

全流程参与是指出版企业的编辑、校对、印制和发行等各个环节都要参与到出版转型的工作中来，实现数字化的编辑、校对、印刷和数字化销售。

一体化出版，是指传统出版与数字出版在产品来源、出版流程、绩效考核等方面同步展开，同步进行，而非数字出版流程依托于、滞后于传统出版流程。

（三）体系化发展与企业标准建设

出版社内部数字化转型升级的重中之重，是形成自身的标引规则、知识体系和企业标准，进而发展完善成适合行业使用的行业知识体系，上升到行业标准的高度。

数字化知识体系之所以是重中之重，是因为知识体系贯穿整个数字化转型过程，是真正实现产品、流程、渠道各方面数字化转型的枢纽和核心，是实现知识碎片化和行业知识服务的依据和准绳，也是界分出版社的转型彻底与否的分水岭和里程碑。

三、转型三条路径

法律出版社自开展数字出版以来,一直秉持着流程数字化、产品数字化和渠道数字化"三化并行"的发展路径,实践证明,也确实在以下三个方面取得了较好的成效。

(一)产品数字化

产品数字化转型,即由提供单一产品形态的纸质图书向提供包含纸质图书、数字图书、音视频产品、专业数据库在内的全媒体产品转变。法律出版社数字出版在不同的发展阶段,先后研发出了不同时期的代表性数字产品,先后有法律数据库、法律数字图书馆、法律知识库、政法系统移动办公平台等。

1. 法律数据库

2006年,法律出版社联合香港中华法律网合资成立了北京法讯网络技术有限公司,公司以信息化、数字化的产品和服务为主要经营范围。2006~2009年,耗时三年,法律社研发出了法律门数据库产品。数据库包含60万条法律条目数据,包括法律法规、法律释义、实务应用、法律翻译、法律名词、WTO法律等14个子数据库。这也是法律类出版社中所研发的第一个法律数据库产品,但是由于北大法宝、北大法意等民营企业的法律数据库产品具有较高的市场竞争力和市场占有率,该法律数据库并没有取得较好的市场收益和社会效益。

2. 法律数字图书馆

2010年,经过长达四年的摸索和实践之后,在对国内法宝、法意信息知识服务商和国外励德·爱思唯尔、汤森路透等内容提供商的业务、市场充分调研的基础上,法律出版社决定调整数字出版发展思路,充分发挥出版社在专业图书出版方面的优势,进而率先打造出了国内第一款法律职业数字图书馆。法律职业数字图书馆包括中国法官电子图书馆、中国检察官电子图书馆、中国律师电子图书馆和法学院电子图书馆四款产品,目前已经在全国400多家法院、检察院、法学院、律师事务所中实现了安装和使用。

3. 法律知识库

结合数字出版最新的发展态势,2014年,法律出版社率先研发出了国内第一套法律专业知识体系——中国审判知识体系,将民事、刑事和行政三大审判领域的2987个知识点进行了系统梳理和总结。

在中国审判知识体系的基础上，法律出版社将3000种数字图书和70万条法律条目数据，按照审判知识体系为逻辑主线和发展内核，进行了数字资源的重新分配和聚合，进而打造出了国内法律类数据库的第二代产品——以知识体系为内核的法律知识库。法律知识库一期产品——中国法官知识库已经建设完毕，正在进行市场推广和销售。今后的两年内，法律出版社还在陆续打造检察官知识库、律师知识库、法学教育研究知识库等数字产品。

4. 手机阅读

法律出版社手机阅读业务起步较早，2010年便与中国移动手机阅读基地、中国电信手机阅读基地先后签署合作协议。截至2014年，已经上线手机图书2000多种，其中涉及大众普法、文学小说、青少年普法方面的图书销量较好。2010~2013年，法律出版社手机阅读业务累计产生收入约为600万元，较好地促进了数字出版的扩大再生产规模和布局。

5. 网络出版业务

作为全国第一批获得互联网出版许可资质的出版单位，法律出版社一直在思索和尝试互联网出版的业务。2012年至今，法律出版社在心理小说、网络原创文学等领域先后策划出版了100多部网络作品，分别在新浪、网易、亚马逊、移动手机阅读基地、电信手机阅读基地等平台上推广和发售，累计产生收入近百万元，取得了较好的经济效益和社会效果。

（二）渠道数字化

法律社的数字出版发展路径次序是第一步研发数字产品，第二步建立数字出版渠道，第三步实现数字化流程。在渠道数字化方面，法律出版社先后尝试了传统经销商代理、全社营销、第三方代理商销售等多种模式，均以失利而宣告结束。

2010年，在中国法官电子图书馆研发以后，法律出版社下大决心，花大力气，用独立的销售队伍努力开创全新的数字产品销售渠道，经过三年的建设，已经建成全国覆盖政法机关、政法高校、企业律所等在内的400多家机构用户，平均年收入在500万元左右。

（三）流程数字化

在产品数字化和渠道数字化分别获得成功之后，法律出版社着手落实流程数字化事宜。法律出版社的流程数字化，主要特点是以 ERP 为主要载体和重要抓手，在传统出版与数字出版一体化技术、协同化发展方面实现转型和突破。

2013 年，法律出版社在综合考察了国内外的 ERP 系统厂商之后，经过认真比对和研究，最终确定了引进英国出版科技集团的 Advance 多平台复合出版生产管理系统。2014 年 9 月，Advance 系统顺利完成了国家项目验收，该系统包含了复合出版、内容审查、微版权管理等多项数字出版先进系统，同时法律社还创新性地将法律知识体系融合于其中，这样可取得图书数字化与碎片化同步进行、传统出版与数字图书出版一体化进行的良好效果，为将来法律出版社实现全员数字化转型、全流程数字化转型奠定了扎实的技术基础和平台基础。

四、转型四大成果

经过长达八年的数字出版发展历程，法律出版社分别在产品、渠道和流程的数字化方面取得了较好的业绩，积累了许多成功的经验，通过对经验的进一步梳理和总结，又启发了新的发展战略和发展思路。

（一）良好的社会效益与经济效益

法律出版社的数字出版业务，自 2010 年正式上线运营以来，经过数字产品的大力推广和数字渠道的努力建设，三年累计产生市场化的收益 1500 多万元，平均每年保持百万元以上的盈利规模。

通过数字资源的整理、数字产品的研发、数字渠道的建设和流程的数字化改造，法律出版社已经建成一支近 20 人的专业数字化人才队伍，其中包括内容人才、技术人才、销售人才和管理人才，形成了专业性、包容性、复合型的人才队伍体系。

正是由于法律出版社的数字出版所取得的成绩，法律出版社被评选为国家首批数字出版转型示范单位，法律出版社总编辑吕山被评为"第五届中国数字出版十大年度影响力人物"，法律社社长黄闽被评为"第三届中国出版政府奖优秀出版人物"。法律出版社先后参加了第五届中国数字出版博览会、第十届深圳文化产业博览会、2014 年中国数字出版年会等多项国家级、行业级的重要会议和论坛。

（二）互联网知识服务

遵循边发展边总结，边总结边规划的思路，法律出版社在经过三年的发展之后，基本形成了"互联网知识服务"和"移动互联知识服务"的两个发展战略框架。

法律出版社互联网知识服务以法律知识体系为内核，以数字图书、条目数据、法律图片、法律动漫、法律音视频为知识素材，目前共形成了8000种数字图书、70万条法律数据的资源规模。

互联网知识服务包括专业法律知识服务和大众法律常识服务两大领域，专业法律知识服务包括中国法官知识库、中国检察官知识库、中国律师知识库、法学教育研究知识库、全媒体法律文化图片库和法律普法动漫库等产品和服务。

（三）移动互联知识服务

法律出版社的移动互联知识服务，以法律知识元的建构为主要内核，通过概念型法律知识元和解决方案型法律知识元的建设，通过移动通信终端和网络向法律专业人士和大众公民提供法律知识服务。

面向公民大众，法律社已经成功申报并获批了移动互联领域的重要项目——《手机律师》项目，该项目将研发10万条法律知识元，以短信智能自动回复和自动推送的方式为广大公民大众提供日常法律知识服务。

面向专业人士，法律社已成功研发出《中国法院移动办公学习平台》，该平台一经推出，立刻受到了众多法院的支持和预订，平台采用移动学习、移动办公、移动资讯"三位一体"的方式为法院系统广大干警提供专业而权威的法律知识服务。法律出版社还将进一步打造检察院移动办公学习平台、律师事务所移动办公学习平台和司法行政系统移动办公学习平台等。

（四）法律大数据的尝试与探索

在对一定量的数字资源编辑加工和数据分析之后，在分批建设法律知识元、法律知识体系和法律知识图谱之后，法律出版社联合了专业做大数据的技术公司，对法律文本、法律法规、法律流程进行了数据量、数据价值、数据统计方面的分析与研究，在此基础之上，拟向大数据领域进军。

法律大数据的建设，主要是采取专业、权威的法律数据，通过对庞大的数据进行标注、分析和统计之后,融入法律知识体系的标引规则,进而产生出法律数据之后的具有创新价值和社会管理价值的新的信息数据。按照这样的发展思路,法律出版社的数字出版正在逐步过渡为数据出版、智慧出版的类型。

五、转型的问题与出路——正确处理政府与市场的关系

法律出版社数字化转型升级的基本经验是以市场为导向,向市场要效益,通过数字产品研发,抢占数字消费市场,以政府市场为主体,以大众市场为辅助,步步为营,稳步发展。

同时,法律出版社深刻认识到政府主管部门在我国数字出版发展历程中起着推动、引导、规制的作用,只有将政府的宏观调控和出版单位的发展实际紧密结合,才能取得创新驱动发展、项目驱动发展的良好成效。

在发展的过程中,法律出版社数字出版也遇到了一定的问题,如待遇保障不到位、版权授予不充分、队伍建设不匹配等,这些问题只有随着数字出版的发展与壮大,才能逐步加以解决;这些问题的解决也需要借助国家的各种政策、资金的支持。用好各项国家支持,才能加速发展数字出版业务,才能有效解决发展中的诸多问题。

法律出版社意识到数字出版产业化发展的前提是成功的市场化运营,出版企业能够在市场竞争中站稳脚跟,能够在自负盈亏的基础上取得年度盈利。出版单位在这个基本前提下,具备长远发展战略眼光,充分用好国家的各项政策资金支持,将财政支持和营业收入用于扩大再生产,不断提高数字出版收入的水平和比例,这样就离步入数字出版产业化时代不远了。

(一)用好各项财政资金政策支持

作为新兴业态,数字出版业是政府扶持发展的文化产业的重要组成部分,代表着先进的文化传播趋势和方向,代表着出版业转型与升级的方向和未来。在西方出版业数字化、信息化浪潮的冲击下,我国出版业的转型与升级面临着严峻的竞争态势。在这种大的时代背景和国际背景下,相关主管部门出台了文化产业发展资金、国有资本金、改革发展项目库、数字化转型升级项目等一系列政策,在资金、政策等方面给予传统出版单位以强有力的支

持，扶持着传统出版单位应对好国内、国际的竞争环境，从而促进我国数字出版业尽快实现规模化和产业化。

法律出版社先后申报了《综合型法律知识服务平台》《中国法律英文服务支持系统》《法律出版社数字化转型升级一期》《手机律师》和《中国法律数据中心》五个财政支持项目，其中已成功获批四个，顺利结项一个。这些项目分别使得我社在知识体系研发、流程数字化、移动互联知识服务、法律大数据等方面的工作形成了加速发展、跨越发展的良好局面。

（二）企业自营收入用作扩大再生产

对于已经步入市场化运营阶段的出版单位，每年的营业收入用途是考量一个企业格局大小的重要因素：有的单位秉承"短期经济效益"的狭窄眼光，将营业收入不断续存，没有考虑引进优秀人才和用于扩大再生产；有的单位则以长远发展战略眼光看待数字出版运营，将所获收入用于扩大数字人才队伍，用于购置相应技术装备、研发内容生产平台，用于鼓励开拓数字产品渠道。上述两者，格局大小，立马凸显。

只有将自营收入用于扩充数字队伍、购置设备系统、开拓销售渠道的企业，才有可能步入到产业化大发展的阶段，才有可能凝聚起数量足够多、品质足够优秀、开拓性足够强的数字化人才，才有可能推动数字出版向着大发展、大繁荣的阶段前进。法律出版社每年的年度盈利均持续性地投入到第二年的数字出版发展之中，保持着强有力的发展态势和支撑。

六、法律出版社数字出版的未来方向

法律出版社数字出版发展正处于由市场化向规模化、产业化过渡的发展阶段，目前，正致力于以下六个方面的重要改革与发展。

第一，致力于建设体现核心业务的法律大数据；第二，致力于传统出版、数字出版、信息服务三位一体的协同与融合；第三，致力于建立强大、先进的数据集成与管理复合出版平台；第四，致力于形成点对点的直连、直通、直供的盈利模式，实现移动互联领域法律知识服务的"弯道超车"；第五，致力于研发法律知识元、法律知识体系，进而提供专业的法律知识服务；第六，致力于打造全方位、专业化的数字出版队伍。

案例2：地质出版社"十三五"数字出版规划草案

地质出版社数字出版战略规划（2016~2020）
（征求意见稿）

第一章 总 则

第一条 【规划宗旨】

为促进传统出版和新兴出版融合发展，迎接新闻出版体制改革趋势，深入推动出版业态转型与升级，创新出版人才培养与管理机制，有效提高出版效能，不断创新出版方式，根据新闻出版业相关法律法规及政策规定，结合出版社实际经营管理状况，制定本规划。

第二条 【发展目标】

形成丰富的知识服务体系，建设精干高效的人才队伍，培育地质出版社新的经济增长点，成为中国国土地质出版集团（筹）的支柱性盈利板块。

第三条 【融合发展】

在数字出版新常态下，推动传统出版向新兴出版过渡和转型，实现传统出版和新兴出版在内容、渠道、平台、经营、管理等方面深度融合和协同发展。

第四条 【社会效益与经济效益】

数字出版应坚持将社会效益放在首位，既注重社会效益又注重经济效益的方针，促使地质出版社出版业务又好又快地发展。

第五条 【数字出版产业链】

数字出版工作要围绕内容提供、技术供应、渠道建设和衍生服务的产业链顺序，在产业链四环节不断深入推动改革和发展。

第六条 【盈利规划】

在五年内，逐步实现数字出版的开局、持平、盈利，在盈利的基础上，实现数字出版产业化、规模化和国际化发展。

第七条 【企业、行业、国家标准】

在数字出版工作实践中，探索和研究相关业务领域的市场准入、标准化等问题，在制定内部企业标准的基础上，不断与行业标准、国家标准接轨。

第二章 组织机构

第八条 【发展模式】

数字出版采取"分社制"+"公司制"的发展模式，在数字出版分社成立并稳定以后，成立纯粹市场化运营的数字出版公司，引入股权激励机制，推动数字出版的产业化发展和规模化盈利。

第九条 【数字出版分社】

在数字出版事业部的基础上，成立数字出版分社，作为出版社第四大板块：数字出版分社下设政府项目部、产品研发部、技术支持部和市场运营部，由出版社高级管理人员担任分社社长。

第十条 【数字出版公司】

数字出版公司由出版社控股，适当引入社会资金，按照现代企业制度进行经营和管理，实行独立的绩效考核、薪资待遇和经营策略。

第三章 产品规划

第十一条 【数字出版知识服务体系】

逐步确立由国土地质专业数字图书馆、数据库、移动知识服务、数字报纸、科普电影、大数据平台等所构成的产品体系，面向全国国土地质机构和专业人士，进行知识服务的高端定制和精准定投。

第十二条 【数字图书馆】

以前瞻性、务实性、持续性为原则，根据我社纸质产品用户习惯和渠道规模，研发和推广中国国土地质专业数字图书馆、中国国土地质专业移动数字图书馆。

第十三条 【数据库产品】

以纸质图书为基础，以知识服务为方向，以行业应用为指南，逐步建立和健全涵盖应用地质、基础地质和地质政策法规在内的中国地质资料数据库。

第十四条 【移动知识服务】

按照图书出版与移动通信技术相结合的要求，加强与国内知名电信运营商的合作与交流，开发和推广"国土悦读"移动资讯知识平台、《地质调查报》（手机报）等移动知识服务。

第十五条 【新媒体业务】

遵循融合发展思路，以新媒体中心为主体，以4D特效电影为突破口，有序开展科普电影、数字游戏、数字动漫、微课程、微视频等新媒体业务，为科普爱好者和广大青少年提供多层次、全方位、立体化的知识服务。

第十六条 【大数据平台】

以国土地质专业领域词表和领域本体为逻辑主线，以文字、图片、视频、电影为数据素材，以云计算、语义分析和大数据技术为应用支撑，以静态资源、动态资源和活化资源为数据来源，构建规模巨大、内容丰富、形式新颖的国土地质专业资源大数据分析统计平台。

第四章　技术支撑

第十七条 【移动互联网】

高度重视移动互联网技术的应用和推广，在数字图书、数字报纸、微视频、微课程等方面取得突破性进展，实现移动互联领域的弯道超车和快速发展。

第十八条 【大数据技术】

加快引进大数据分析与统计技术，结合国土地质专业数据特点，打造集数据采集、数据存储、数据标引、数据计算、数据服务于一体的综合型、开源性大数据分析与服务平台。

第十九条 【语义标引技术】

大力研发国土地质专业领域词表，以地质专业语义标引系统为抓手，尽快构建国土地质专业领域本体。

第二十条 【云计算技术】

及时响应国土资源部"一张图"云知识服务品台的战略规划，将分布式计算、离线计算、存储计算等多种计算方法运用于国土地质专业资源的统计与分发，为精准定投和个性定制奠定技术基础。

第五章　人才建设

第二十一条 【人才目标】

按照融合型人才的标准，采用对内培养、对外引进的办法，建立和形成一支骨干突出、类别齐全、锐意进取的人才队伍。

第二十二条 【人才类型】

通过培养和锻炼，形成一支包含管理人才、项目人才、产品人才、技术人才、运营人才在内的高效精干的人才队伍。

第二十三条 【人才机制】

通过内部培养、外部引进等多种方式，加快数字出版骨干人才、核心人才的建设步伐，以体制机制吸引人才，以动力压力机制培养人才，以激励奖励机制留住人才，形成鼓励数字出版人才成长、促进数字出版人才队伍壮大的良好企业文化。

第六章　市场销售

第二十四条 【综合型盈利模式】

数字出版业务要综合运用 B2G、B2B、B2C、O2O、B2F 等多种盈利模式，以确保实现良好的社会效益和经济效益。

第二十五条 【全员销售模式】

数字出版知识服务采取全员营销、全员销售的经营模式，鼓励全社各个分社、中心、部门开展数字出版销售工作。

第二十六条 【渠道建设途径之一——传统渠道转化】

注重数字出版与传统出版的衔接，通过会议、论坛、培训等方式对传统图书经销商普及数字出版业务，使传统渠道能够部分转化成为数字产品销售渠道。

第二十七条　【渠道建设途径之二——独立渠道开拓】

销售工作重心放在组建市场运营部上，通过打造一支作风扎实、开拓性强的销售队伍，在较短时间内建立起数字产品独立的销售系统。

第七章　附　则

第二十八条　本办法适用于地质出版社各部门、分社、中心、工作室等内设机构。

第二十九条　本办法未尽事宜由社长办公会议研究决定。

第三十条　本办法由地质出版社战略发展办公室负责解释。

第三十一条　本办法自发布之日起实行。

第六章
数字出版产品体系

导语

数字出版产品体系是指包括数字资讯产品、数字出版产品、数字视听产品、数字游戏产品和数字动漫产品所共同组成的有机体系。数字出版产品体系既包括主流数字出版产品,例如数字图书馆、专业数据库、网络出版物等,也包括创新性数字出版产品,例如MOOC产品、SPOC产品、知识解决方案、数字决策工具等。

数字出版产品体系的确立,是考量一个出版单位是否真正开展数字出版业务的主要标志:一方面,数字出版产品体系是传统出版资源数字化、碎片化工作的延伸,是数字化、碎片化的必然结果;另一方面,数字出版产品体系是数字出版市场运营的前提和基础,是实现数字出版市场化、规模化发展的业务支柱和主要依赖。

实践证明,无论第一批数字出版转型示范单位,还是第二批数字出版转型示范单位,在数字出版产品方面均建立起了丰富而完善的业务体系。例如,法律出版社形成了法官、律师、检察官、法学院等法律职业数字图书馆体系,人民卫生出版社形成了卫生医药领域的专业数据库和大规模在线开放性课程(MOOC)联盟,社科文献出版社形成了列国志数据库、皮书数据库为代表的社会科学数据库产品。

第一节 数字产品的概念与特征

随着内容文化产业与计算机、互联网、无线通信、电子商务等方面新技术的融合，内容的载体形式、技术手段、传播方式、营销方式、管理理念等都发生了革命性变化，文化产业进入了一个大变革、大调整、大发展的新时期。

一 数字产品的概念

数字产品是数字传播的产品形态，是新闻、出版、动漫、游戏、广播影视等传统产品在数字化、信息化时代的最新产品体现，主要包括数字阅读产品、数字动漫产品、网络游戏产品和数字视听产品等。数字传播是指通过高新数字技术手段，对信息资源进行编辑加工，并通过数字化媒介传播信息资源的一种社会实践活动。

二 数字产品的特征

融入了信息技术以后，数字产品具有以下特点。

第一，内容要素多种多样。数字产品可以根据用户的具体需求，综合调用图片、文字、声音、影像、游戏和动漫等多种内容素材，为目标用户提供全方位、多角度、立体化、智能式的知识服务和产品体验。

第二，传播速度方便快捷。数字产品通过互联网进行传递，能够以极高的速度进行信息传输，时间不再是信息交流的障碍。数字产品可以随时进行修改，这样能够将最新的信息提供给消费者。它们的传播不需要进行物质包装，也不需要一般物流所必需的交通工具，而是借助电流或电磁波。发送地与接收地之间的距离不论有多遥远，基本上能够做到瞬间到达。

第三，目标用户定位准确。数字产品采用的超文本链接或者数据库技术，可以让消费者在网络上十分方便地找到与某个主题相关的丰富的信息资源内容，让内容与消费者距离更近。

第四，使用功能交互性强。互联网提供了海量并多元的信息供消费者选择，消费者不仅可以实现同步交互，还可以异步交互，这样也方便互联网企业收集消费者针对信息、事件本身的表达和反馈。

第五，存储介质耐用环保。由于纸张容易霉烂、变质、虫蛀，所以印刷出版物不仅占用较大空间，而且难以长期保存；数字产品采用了数字信息存储技术，不仅存储容量大，占用空间小而且寿命长，不会变质，不易损坏，因此可以长久保存。数字产品原则上可以无限地、大量地复制，其复制成本几乎可以不计，不需要纸张、塑料等材料；不产生任何废弃物，但是为人们共享信息提供方便的同时，也对数字产品的版权保护提出了更高的要求。

第六，服务方式量身定做。该特点使得数字内容生产企业可以提供定制化和个性化数字产品的。利用数字产品的可改变性来克服由不可破坏性带来的问题，并消费者购买了数字产品后，可以对其进行修行、组合等。

第七，物理空间高效利用。数字产品都利用光、电、磁介质作为存储载体，与纸张等载体相比，在相同的单位空间内可以存储的信息量多得多，多到无法相比的程度，而且还能集文、图、音、像于一体。数字产品可以集合在网络上供消费者选择，形成海量的信息资源。

第八，定价方式灵活多变。对于市场上的一般商品来说，在任一价格水平上，市场上的总需求量等于每个人在这一价格水平的需求量之和。因此，把每个人的需求相加，就可得到该商品的市场需求。可是对于数字产品来说，每个人的消费量是相同的，或者说每个人的消费量都有可能是整体平台数字产品的总量,因此,数字产品的个人内容需求是一种边际支付意愿。反映读者对于某一数量的数字平台给自己带来的效用评价,或者为得到这一数量的数字产品消费者愿意支付的价格。

第二节 数字阅读类产品

依据数字产品内容要素和外观形态的不同,数字产品大致可以分为数字阅读类产品、数字视听类产品、数字游戏类产品和数字动漫类产品,其中,数字阅读类产品又可以具体分为数字新闻产品和数字出版产品。近年来,随着移动互联网的快速发展,又涌现出一系列新媒体、自媒体产品,微博、微信的经济效益和社会影响力不断提升,已经越来越成为人们的一种新生活方式。

数字阅读类产品主要由数字新闻、数字图书馆、数据库产品、手机图书产品、网络原创产品和终端阅读类出版物等数字产品所构成。

一 数字新闻

数字新闻是指在计算机技术和移动通信技术的推动下,以数字或图表为主要表现形式并体现一定新闻价值的新闻信息报道。数字新闻作为新闻传播中的一种特殊报道体例,是伴随数字社会应运而生的,是时代的产物。数字新闻的出现,不仅丰富了新闻传播实践,而且对新闻理论研究提出了新的要求。

数字新闻主要有以下几个方面的特征。

第一,第三次科技革命的产物。数字新闻类产品所产生的时代背景是现代计算机技术和移动通信技术的快速发展,换言之,数字新闻是数字时代和信息时代的产物。

第二,用数字和图表说话。数字新闻的主要表现形式是数字和图表,相对于传统新闻报道,数字新闻多用数字表现,能够增加新闻报道的真实性和权威性。数字新闻多用图表表现,能够增加新闻报道的直观性和形象性,同时能够满足现代社会人们快节奏获取新闻资讯的需求。

第三,产品形式多元化。随着信息技术的快速发展,数字新闻以多种形式出现在人们的视野中,一方面是基于互联网技术的各种网页新闻;另一方面是基于客户端的移动网页新闻。

数字新闻的出现,在很大程度上削弱了传统报纸的发行量,给传统的报社造成了颠覆性的冲击,很多大型的报业集团经营难以为继,甚至有的历史悠久的报业集团宣布破产或者倒闭。2013年8月,由于新媒体的冲击,《华盛顿邮报》的经营每况愈下,最终贝索斯的收购有巨额的溢价成分——价值5000万的《华盛顿邮报》被2.5亿美元收购。国内外的各大报业正通过积极的转型实现自我救赎,转型的主要路径在于探索网络电子版订阅的推广和全媒体运营的开展。

二 电子书与数字图书馆

(一)电子书

电子书又称e-book,是指将文字、图片、声音和影像等内容数字化后制作而成的电子版图书。通常以PDF、DOC、CEB、TXT、ePub或者图片格式存储,以数字方式记录在光、电、磁为介质的设备中,并借助于特定的设备来读取、复制和传输。

电子书与纸质图书的区别在于。

第一,使用方式不同,购买采用在线支付方式。用户付款后即可借助电子书阅读器、手机、平板电脑等设备下载或在线阅读电子书。

第二,产品功能不同,可以在线订阅,从网上自动下载图书,提供多种内容显示方式和多媒体展示方式以及检索、超链接、书签等功能。

（二）电子书的分类

根据电子书的来源和生产途径不同，电子图书可以分为原创型电子书和转化型电子书。

原创型电子书是指不依托于传统出版，直接采用电子书加工制作流程生产的电子书。其特征是：电子书的生产与纸质图书生产过程同步化，或者电子书的生产先于纸质图书的生产。

转化型电子书是指依托于传统出版，在纸质图书的基础上加以转化而产生的电子书。其特征是：该类产品是对已有纸质图书加工处理后得到的电子版本，内容与纸质图书完全一致；没有单独的基于数字内容的选题策划；该类电子书是纸质图书的一种衍生品，在电子书和纸质图书的产生时间顺序上，在具体的数字产品运营实践中，有的企业电子书滞后于纸质图书发行，也有的电子书和纸质图书同步发行或者是早于纸质图书上市。

（三）数字图书馆

数字图书馆，或曰电子图书馆，是指依托一定的数字资源平台，按照特定专业或者特定领域，对海量的电子图书进行汇聚而形成的集合性数字出版产品。数字图书馆是目前数字阅读类产品中最具典型性、最具代表性的数字出版物。

数字图书馆的构成要素是电子图书或曰数字图书，顾名思义，就是以数字化、信息化的载体作为内容展现形态的"图书"，它不再像纸质图书那样需要以纸张作为载体，而是以互联网为载体，以计算机、平板电脑、电子阅读器等为输出终端。

数字图书馆的主要特征如下。

第一，依托特定的数字资源平台。该平台往往具有注册登记、资源管理、收藏阅读、资源分类、查询检索和复制粘贴等功能。

第二，按照特定专业或者特定领域建立。服务于专业群体、职业群体往往是数字图书馆的建立初衷，有的按照学科体系进行建设，有的按照职业体系进行研发。总之，数字图书馆的名称就最直接地体现了其服务的对象，例如人民军医数字图书馆、中国法官电子图书馆、中国少儿数字图书馆等。

第三，汇聚海量电子图书。数字图书馆的数字图书保有量至少在数百种、数千种的规模，否则难以体现其专业性、权威性和综合性。例如，方正阿帕比的中华数字书苑，其数字图书保有量在几万种。

第四，数字图书馆属于综合性数字出版物。数字出版物按照种类数量、经营模式的不同，分为单一性数字出版物和综合性数字出版物。单一性数字出版物往往是以单本数字图书、单条信息数据作为产品形态，往往采用B2C的盈利模式，面向广大个人用户市场进行销售。综合性数字出版物往往是汇聚海量数字资源，以整批数字图书、整批信息数据作为产品形态，往往采用B2B或者B2G的盈利模式，面向政府、企业、事业单位等机构客户进行销售。数字图书馆属于综合性数字出版产品的典型性产品。

（四）数字图书馆的研发关键

在数字图书馆的研发过程中，最重要的不是电子书的格式、电子书的展现效果或者电子书总量的多少，而是采取合适的分类法对馆藏的数字图书进行分类。而大部分出版技术商、传统出版的专家的想法都倾向于将数字图书馆采取中图法分类，因为中图法分类是成熟的分类方法，也便于和相关标准衔接、互通。

《中国图书馆分类法》（原称《中国图书馆图书分类法》）是我国新中国成立后编制出版的一部具有代表性的大型综合性分类法，是国内图书馆使用最广泛的分类法体系，简称《中图法》。《中图法》初版于1975年，1999年出版了第四版。修订后的《中图法》第四版增加了类分资料的类目，并与类分图书的类目以"＋"标识进行了区分，因此，正式改名为《中国图书馆分类法》，简称不变。《中图法》第四版全面补充新主题、扩充类目体系，使分类法跟上科学技术发展的步伐。同时规范类目，完善参照系统、注释系统，调整类目体系，增修复分表，明显加强类目的扩容性和分类的准确性。

然而，在业务实践中，我们发现，根据目标用户群体的工作环节、业务流程而采取行业应用分类法，恰恰才能够满足用户需求，也能够在较短的时间内开拓市场，取得预先设定的市场收益目标。例如，《中国法官电子图书馆》则采取审判业务实用分类法。

法律行业知识实用分类法是中国法官电子图书馆独特的知识分类法，该分类法是法律出版社在开展数字出版业务实践中所首创的，按照具体的法律行业特点和工作阶段需求为主要标准，针对法律行业的子行业分别进行法律知识的划分、组合，以更好地满足法律不同行业、不同阶段对于法律知识信息的需求。

传统的中国图书馆分类法分为五大类部，马列毛邓、哲学、社会科学、自然科学以及综合性图书和22个基本大类，法律专业图书被全部纳入D政法、法律类别，这一分类方法固然全面但不够细致，固然通用但不够专业。我们从行业自身特点出发，为几大特殊法律专业人群如法官、检察官、律师和法学院校师生摸索出了更加专业并且深入人心的法律知识行业分类法，在法律职业共同体中取得了积极的反馈和相应，正在努力向法律信息规范分类法的方向积极迈进。

针对中国法官电子图书馆的法律行业知识实用分类法的特点是：以审判业务分类为标准划分。该分类法具体为：第一类，民事审判类；第二类，刑事审判类；第三类，行政审判类；第四类，民商仲裁类；第五类，立案执行与审判监督类；第六类，法院管理与审判经验类；第七类，指导案例与法律图书类；第八类，法律法规司法解释类。

经过两年的持续内容建设和市场开拓，截至2014年年底，《中国法官电子图书馆》共计包含10000种电子图书，采用"审判业务实用分类法"，分为民事审判图书馆、刑事审判图书馆、行政审判图书馆、民商仲裁图书馆、立案执行与审判监督图书馆、法院管理与审判经验图书馆、中国法院指导案例图书馆、法学学术与法官文化图书馆、法官办案法律法规司法解释图书馆，共计 9 大子馆。

截至 2014 年底，《中国法官电子图书馆》的用户覆盖全国 17 省、400 多个法院、近 10 万人的专业法官和法院干警队伍，共计产生收入 600 多万，其中 2011 年收入 200 多万元，利润 100 万元；2012 年收入 400 多万元，利润 300 多万元；2013 年收入近 500 万元，利润 300 多万元；2014 年收入 300 万元。

（五）数字图书馆的盈利能力

数字图书馆应该是传统出版社最容易研发的数字产品，而在实践过程中，我们却发现很少有出版社制作出了专业性、权威性、影响力较大的数字图书馆产品。在许多数字出版从业者眼里，以为数字图书馆是依托于传统出版而衍生出来的产品，其技术含量不高，无法代表数字出版的先进性，因而被弃之不用。然而，事实证明，数字图书馆有着庞大的用户群体和畅通的销售渠道，能够最大程度地转化和借用传统图书的销售渠道，也最能够被出版社原有的读者群体所接受。

三 数据库产品

数据库产品，是指按照特定专业或者学科，汇集海量条目数据，为个人用户或者机构用户提供知识服务的数字出版物。数据库产品和数字图书馆一样，是目前数字出版业态的主流。

（一）数据库的产品特征

数据库产品的主要特征如下。

第一，以条目数据为产品构成基本单元。数据库产品的基本单元是条目数据，这些条目数据的信息量大小不一，性质不一，有的属于新闻资讯性质，有的属于概念定义性质，有的属于解决方案性质，有的属于理论研讨性质。正是这些不同属性的条目数据，按照专业学科或者职业领域的不同，围绕着知识提供和知识服务的开展，以服务特定用户群体为宗旨，形成了内容丰富、体系健全、逻辑严密、规模庞大的知识数据库。

第二，以海量资源聚集为主要表现形态。目前，无论是国内的数据库信息内容提供商，还是国外的数据库供应商，均将海量资源优势作为市场竞争的制胜方略。无论是医学、法律，还是税务、金融领域的数据库，其数据量动辄数百万条，所包含的信息节点往往多达数十亿汉字的规模。

第三，以强大的查询检索功能为技术支撑。以海量资源作为内容支撑的数据库，为用户提供便捷知识服务的主要技术便是检索查询技术。目前，业态主要是提供关键词的查询检索，也有部分数据库厂商在推广知识导航查询。

第四，数据来源途径多样化，市场准入门槛相对较低。相对于数字图书馆产品，数据库产品的数据来源较为广阔，不再局限于以标准书号为属性限制的图书，而是可以通过互联网资源抓取、行业资源置换、政府资源合作等多种方式来实现条目数据的扩充和增殖。同时，数据库领域的市场准入门槛也相对较低，不再局限于拥有图书专有出版权的出版社，拥有一定的平台技术和专业优势的网络公司均可以进军数据库服务市场，甚至在许多领域，比如法律、医药，民营企业、境外企业的数据库产品远远早于传统出版社的规划和布局。

（二）数据库产品的分类

目前的数据库类型很多，有的是泛数据库，有的是精准数据库，这里主要按数据库收录的内容来分，主要分为以下三种类型。

1. 全文数据库

这种数据库是典型的科技期刊聚合模式，集检索、期刊、文章链结、阅读、下载阅读服务器于一体。全文数据库能检索并且提供全文，提供全文字段检索，方便读者对文献的查询，判断是否是自己想要的文献。比较有代表性的全文数据库有：中国期刊全文数据库、中文科技期刊数据库、万方系统的数字化期刊全文数据库等。

2. 二次文献数据库

二次文献是指按照一定的原则,对一次文献进行加工、整理之后,定期出版的一种文献,如目录索引、引文索引、文摘等。

二次文献的原则就是为查找一次文献提供线索,并使一次文献有序化。它具有明显的汇集性、系统性和可检索性,它汇集的不是一次文献本身,而是某个特定范围的一次文献线索。它的重要性在于使查找一次文献所花费的时间大大减少;它能高效率地捕捉有效信息,全面、系统地反映某个学科、专业或专题在一定时空范围内的文献线索,是积累、报道和检索文献资料的有效手段。CA(化学文摘)、MEDLINE(医学文献数据库)、SCI(科学引文索引)、CBM(中国生物医学文献数据库)等,是知名的二次文献数据库,它们具有数据量大,累积性强等特点,常被用于联机情报检索、定题服务、回溯检索。国内的《全国报刊索引》《中国社会科学文摘》《中国物理文摘》都是典型的二次文献数据库。

3. 混合型数据库

混合型数据库是既包含有书目记录又包含有全文记录的文献数据库。目前出版商还没有,信息服务商有了,例如万方数据库。混合型数据库有出版物与科学数据混合,出版物和专利混合,有按照专业方向的细分内容混合等。

(三)数据库的检索

数据库由于内容多、信息量大,如果只利用一般的简单检索,很容易造成漏检、误检。所以在进行数据查阅时需要一定的检索策略才能达到检索的最佳效果,尽可能地使检索提问标识与信息需求以及检索系统保持良好的一致性,提高查询的准确率和效率。目前的数据库检索主要分为:分类导航检索、初级检索、高级检索、专业检索和二次检索五种类型。

1. 分类导航检索

分类导航检索是利用导航体系逐步细化,最终检索出最小知识单元中包含的文献的方式。这种检索方式是寄托在数据库的分类导航体系之上的,数据库将各学科、各门类的知识分多个类型,兼顾各学科之间的内在联系、交叉渗透,分层次对知识按其属性及相互从属关系进行并行或树状排列,逐级展开到最小知识单元。

2. 初级检索

初级检索是指只进行单一字段的检索。可检索字段如篇名、作者、文摘、注释、关键字等。初级检索能进行快速方便的查询,它为用户提供了详细的导航,可以最大范围地选择空间。该检索的特点是方便快捷,效率高,但查询结果一般信息量较大,有很大的冗余。

3. 高级检索

高级检索是指利用不同字段进行逻辑匹配的检索方式,该检索能进行快速有效的组合查询,优点是查询结果冗余少,命中率高。对命中率要求较高的查询,一般使用该检索系统。

4. 专业检索

专业检索,主要适用于熟练掌握检索技术的专业检索人员,检索人员根据系统的检索语法编制进行检索。专业检索的一般流程是进入专业检索主页面——选择检索范围——填写检索条件——选择时间范围、期刊范围、记录数——开始检索——显示检索结果。

5. 二次检索

二次检索是指在前一次检索结果范围内,继续进行的检索。二次检索可在专项检索的基础上,实现较复杂的逻辑组配检索。在原有的检索结果上进一步筛选,减少冗余,提高检索准确率。一般在初级检索、高级检索和专业检索的结果页面均可以执行二次检索。

(四)数据库产品的研发策略

我国各领域数据库产品的研发往往发端于民营企业,而出版社在数据库研发方面起步较晚,经验相对欠缺,所购置的技术也相对落后,因此,最终的结果是其市场开拓情况不容乐观,市场占有率相对较低。

民营企业研发数据库产品、开拓数据库市场有二三十年的时间了，例如在法律领域，北大法宝的北大法律信息网，其数据库产品历史长达近30年，紧随其后的还有北大法意的数据库产品、同方知网的法律数据库产品；同样，在建筑工业、医药卫生、国民经济等各领域，正保教育集团、清华同方集团等民营企业早就开展了相应的数据库产品研发，甚至有的已经走出国门，在国外上市。

所以，从产品战略的角度而言，首先，我们要判断数据库产品是处于"红海"，还是处于"蓝海"？当我们研发特定领域的数据库产品时，要先进行充分的市场调研，一旦我们发现相同、相似领域，同质性的数据库产品较多、数据库厂商较多、数据库厂商的市场占有率很高的时候，我们就要重新审视我们的产品策略。一旦我们发现出版社拟研发的数据库产品处于红海竞争时，那么我们就要慎重做出决策，即便决定开展红海竞争，也一定要确保做到人有我优，确保我们的数据库产品在质量、数量和渠道方面比市场现存的竞争者更具有优势。

相反，如果我们所研发的数据库产品处于蓝海竞争状态，那么我们的数据库产品便能够填补市场空白，在蓝海竞争中，脱颖而出、快速占领市场和用户的几率往往大得多。2011年，法律出版社再次将法律职业数字图书馆作为主打产品推出时，奉行的是蓝海战略，在短短的三四年时间内便取得了遍地开花、市场社会效益双丰收的良好效果。

四 手机出版物

手机出版是以手机为载体的数字出版形态，广义上包含手机铃声、彩信、彩铃、图片、动漫、手机游戏和手机图书杂志等。狭义的手机出版物仅指手机图书、杂志等手机阅读产品。

（一）手机出版物的概念

所谓手机出版物，就是以手机为载体的出版形态，是指手机出版服务提供者使用文字、图片、音频、视频等表现形式,将自己创作或他人创作的作品经过选择和编辑加工制作成数字化出版物,通过无线网络、有线互联网络或内嵌在手机载体上,供用户利用手机或类似的移动终端阅读、使用或者下载的传播行为。

(二)手机出版物的特点

手机出版物的主要特点如下。

第一,移动性、便携性。这是内容的载体——手机所决定的。手机出版物的普及和受欢迎程度可从一个很小的事例中得到印证:以前人们在地铁、公交车上还会翻阅报纸或者书籍,后来人们捧着各式各样的平板电脑再到现在人手一个手机,或者是看手机书,或者是看新闻资讯,或者是看微博微信,或者是看手机视频。

第二,节省成本,零库存,传播范围广。随着3G、4G技术的普及,无线上网速度得到很大的提升。手机出版不仅可以节省传统出版中的附加费用,还可以降低因市场预期不足带来的库存风险。网络覆盖到哪儿,受众就会定位到哪儿,传播不受区域空间的影响。

第三,价格低廉,付费便捷。受众可以通过话费、支付宝或其他支付方式实现订阅,随时随地可实现费用支付,享受数字出版所带来的乐趣。付费方式的低廉性和便捷性,加之超大规模的手机用户群体,使得手机出版物成为目前我国数字出版业态中唯一一种能够在B2C盈利模式下取得大规模、高增长盈利的数字出版产品。

第四,互动性强,更新速度快,信息容量灵活。手机出版不受篇幅、长度限制,内容可以随时修改调整,实时更新,例如以自出版形态出现的微博、微信等。手机出版促成了读者和作者之间的互动,打通了两者之间长期存在的鸿沟,每一部手机都是出版体系中的一环,从而能够实现对出版物销售跟踪、意见反馈等多方面的功能,为读者和出版企业都提供了便捷的服务,实现了广泛、迅速的互动。

（三）出版社在手机阅读业务中的兴与衰

法律出版社自2011年起便先后与中国移动手机阅读基地、中国电信手机阅读基地签订了合作协议书，步入了手机出版的新阶段。经过两年的发展，法律社充分结合手机移动基地用户的阅读习惯，选取大众普法类图书、社科文艺类图书上线运营。2012年，法律出版社组建网络出版部，更是超前一步将原创性网络文学作品搬上中移动、中电信阅读基地的平台，取得了较好成效。目前法律出版社在中国移动上线手机书约1500种，在中国电信阅读基地上线图书约500种。

在最辉煌的2011年、2012年，法律出版社在中国移动手机阅读基地CP收入总排名在29~50名，在出版社CP收入排名中处于7~19名，每月包月图书数量处于7~17本，移动阅读收入处于13万~31万/月，平均一年总收入处于200万~240万，目前是作为中国移动重要CP来进行合作，总体而言处于较好的经营效果。

在经历了收入黄金期以后，包括法律出版社在内的大部分出版社的手机阅读业务开始走下坡路，上传至手机阅读基地的品种数不断增加，然而收入却锐减，甚至变为零收入。出版社在手机阅读方面的收入黄金期，其根本原因并不是其产品有多好，多么迎合手机用户的需要，而是作为渠道运营方的手机通讯商为了完成其内容、资源方面的布局，实现手机阅读的资源原始积累。为了实现阅读基地的资源原始积累，阅读基地便在业务开展初期给予出版机构较高的收入，把蛋糕分给内容方多一些。

经过三四年的积累以后，阅读基地已经汇聚了超过43万种精品正版内容，涵盖图书、杂志、漫画、听书、图片等产品，累计培养了4.2亿用户的数字阅读习惯。[①]手机阅读基地通过付出一定资金投入，完成了资源的原始积累，同时树立了良好的声誉品牌。

在2014年后，手机阅读基地纷纷调整策略，对出版社实行评级制，

---

① 中移动手机阅读基地华丽转身 咪咕数媒正式起航［EB/OL］.钱报网，http://news.qjwb.com.cn/yaowen/2015/0420/132513.shtml，2015-10-4.

级别分为 A、B、C，级别评选的标准是上传图书数量、精品图书数量，更重要的是需要出版社自己负责推广和营销。另外，手机阅读基地开始推动"政企书屋"，意图将出版社的传统销售渠道客户向手机阅读基地分流，实现渠道、用户的二次积累，无奈出版机构习惯了传统体制，还没有足够的能力在政企书屋方面有所作为。

综上所述，可以看出，在和通信运营商打交道的过程中，传统出版社表现出了短期逐利性、商业经验不足、商业运营能力不足的局限性，这种局限性在与国内外的网络电商谈判合作的过程中已经再次得到体验。出版社在数字时代竞争的根本武器是内容资源，是优质的内容资源。一旦某出版社的内容资源在网络上到处都是，失去了资源的唯一性和独有性优势，出版社就失去了在"互联网+"时代的竞争筹码。

五 网络出版物

网络出版业务的繁荣与发展，也培养了一大批在网络上异常活跃、声名鹊起的网络作家。当下我国网络出版作品丰富的、网络出版业务盈利颇丰的企业集中于盛大文学、中文在线等网络文学公司，而传统的国有出版社却鲜有在网络出版领域有所建树的。当然，也有部分出版社组建了专门的网络出版部，以出版原创性的网络文学作为主要业务，以在互联网和移动互联网上销售作为盈利途径。

（一）网络出版物的概念

网络出版物是指拥有互联网出版许可资质的企业，根据互联网和移动互联网数字传播的规律，组织专业的人员创作的仅在互联网和移动互联网上进行营销和销售的数字出版物。国家新闻出版广电总局设有专门的互联网出版管理部门，每年还对授予互联网出版许可证的出版企业进行年度核验，由此可见，网络出版业务在我国数字出版的版图中占有重要的一席之地。

（二）网络出版物的特征

简单地说，网络出版物的特征如下。

第一，网络出版物的生产者需要具备互联网出版许可资质。不具备互联网出版许可资质的企业不能独立从事网络出版业务，基于文化安全和信息安全的考虑，我国相关部门并没有授予境外传媒企业互联网出版的许可。

第二，网络出版物需要组织专业的人员进行创作。网络出版业务的作者大多是年轻的网络作家，作品不再以固化的图书形态出现，而是根据传播需要或者以章节的形式或者以片段的形式出现。

第三，网络出版物主要是通过互联网和移动互联网进行传播和销售。互联网、移动互联网是网络出版物的主要传播载体，近几年来，网络文学大量通过中国移动手机阅读基地、中国电信手机阅读基地等移动互联网进行销售，获得了社会效益和经济效益的双丰收。

六 终端阅读出版物

2011年，国内数字出版界盛行的有"汉王模式""方正模式""移动模式""上海世纪模式"和"盛大模式"五大运营模式。这五大模式中有两种模式是将阅读器作为发展战略的重要组成部分——汉王阅读器和上海世纪辞书阅读器。数字出版发展至今，仍有许多出版社、技术公司在推广终端阅读出版物，如人民军医出版社的"军医掌上图书馆"、当当网的"多看阅读器"。由此可见，终端阅读出版物也是数字出版物的一种重要产品形态式。

（一）终端阅读出版物的概念

终端阅读出版物是指以存储设备、电子阅读器等为载体，以特定领域的电子图书、条目数据等为内容，通过在线或者离线的方式为用户提供知识服务的数字出版产品。

（二）终端阅读出版物的特征

终端阅读出版物的主要特征表现在以下几方面。

第一，依托有形的载体。终端阅读出版物需要依托看得见的载体，这种载体包括 U 盘、软磁盘、硬磁盘和光盘等存储设备，也包括电子阅读器、平板电脑等可视化的载体。

第二，采用离线或者在线的知识提供模式。从知识服务提供的角度来看，终端阅读出版物包括两种：一种是采取在线方式，借助电子阅读器或者平板电脑，向数字知识平台下载、购置所需的电子图书、条目数据等产品。另一种是离线的方式，将电子图书、数据库等事先预装在 U 盘、平板电脑等载体中，供用户长久甚至是终身使用。

第三节　数字游戏类产品

数字游戏本质上是提供休闲娱乐的计算机程序软件产品。最早发展的是单机版游戏，以 PC 为终端，依托故事梗概为背景展开，玩家进入故事情节扮演某个角色，玩家与故事情节互动。其程序系统包括游戏引擎和渲染系统及实用系统，运行时按故事情节的先后顺序演示。后来发展有网络版游戏，玩家扮演某个角色，除与故事情节互动，还与其他玩家互动，乃至组成团队与其他团队互动，团队与情节互动等。网络游戏的软件系统庞大而复杂，其游戏引擎和渲染系统及实用系统，包含所有的场景、人物、道具及玩家注册等有关资料，都存放在服务器端。而在客户端，也要安装或下载软件系统，包括游戏引擎和渲染及实用系统，还有运行时所要用到的有关资料。玩家在赏玩运行网络游戏时，客户端和服务器两个系统是交叉互动的。网络版的客户端游戏，英文名称 Online Game，又称网络在线游戏，简称端游。随着技术的发展，后期客户端软件系统微型化，不必下载客户端系统，而将此系统隐藏在浏览器中，玩家可在页面直接操作，赏玩运行游戏，简便易行。此即是网络版的网页游戏，英文名称 Web Game, 简称页游。

故从程序软件的维度，将游戏分为单机版游戏和网络版游戏，网络版游戏又分为客户端游戏和网页游戏，即端游和页游。单机版游戏运行时，基本上是按顺序来演示。网络版游戏则是在服务器端和客户端同时存放两套软件系统，在游戏赏玩运行时，这两套系统交叉互动。早期的单机版游戏，以光盘形式发行，现在多从网上下载。早期的网络版客户端软件也以光盘形式发行，现在也多从网上下载。

随着智能手机的发展和平板电脑的面市，以文字为主的小型手机游戏，扩展为移动游戏，近两三年迅速兴起，包括单机版游戏和网络版的页游及端游。

数字游戏这个电子休闲娱乐程序软件产品，依托故事梗概展开，游戏故事情节属于文学范畴，并且游戏中还有人物和场景等美工形象以及音响效果等艺术元素，而所有这一切艺术化元素的技术实现，都是通过计算机程序语言来完成的。所以，将游戏的性质定义为艺术化的电子娱乐软件产品。

游戏作为新型的艺术化电子娱乐产品，既脱胎于又不同于动漫和影视。动漫影视是观赏式娱乐，而游戏是体验式娱乐。玩家参与故事情节之中，得到更大的愉悦感。受到广大青少年的喜爱，现在扩展至白领及儿童和老年人，产生相当大的社会影响。游戏这种体验式娱乐，不仅是互动的，而且常常造成沉浸，具有润物细无声的教化作用。这种潜移默化的人文教化影响，是不能忽视的。

一 数字游戏的概念

数字游戏是数字娱乐范畴内的游戏，即电子游戏，国外一般将电子游戏细分为视频图像游戏和听觉游戏，国内统称为电子游戏，是指依托电子媒体平台进行的娱乐行为。

二 游戏的发展现状

（一）游戏市场规模持续增长

随着游戏产业的整体推进，无论是游戏用户数量还是市场规模上都有着突飞猛进的增长量，近10年，整体游戏经营收入基本保持在每年20%以上的速度增长。至2013年，中国游戏市场的用户数达到4.9亿人，其中客户端网络游戏用户数达到1.5亿人，网页游戏用户数达到3.3亿人，移动游戏用户数达到3.1亿人。2013年中国游戏全年生产经营总收入约为1230亿元人民币，其中网络游戏经营收入约为650亿元人民币，网页游戏包括社交类游戏在内经营收入约为150亿元人民币以上，移动游戏经营收入约为100亿元人民币以上，游戏机类游戏包括家用游戏、掌机游戏、大型游戏3大类生产经营总收入约为330亿元。

（二）自主研发渐成主流

近年来，国内游戏市场除了引进代理国外产品以外，加大了自主研发能力。从2005年开始，国内自主研发的原创游戏持续占中国网游市场的60%以上，近两年比例更是攀升至70%以上。2013年中国自主研发网络游戏市场销售收入达到476.6亿元，比2012年增长了29.5%。国内的游戏研发公司开始突破以往简单的单纯模仿，走向了自主创新，推出了大量优秀的游戏产品。

（三）移动游戏发展迅猛

随着智能移动设备的普及，同时移动游戏行业呈现进入门槛较低、生命周期较短的特性，为许多创业型中小企业快速壮大提供了广阔的前景与机遇。移动游戏作为移动互联网领域变现速度快、能力强的细分市场，也吸引了众多传统的端游、页游企业甚至其他一些非游戏的互联网企业纷纷进入，激烈的市场竞争使移动游戏不论是在游戏数量上还是在游戏质量上都得到整体的提升，移动游戏市场正在进入快速成长阶段。

（四）资本容量迅速扩充

早在 2007 年，就有一大批如完美时空、巨人、金山自主研发游戏公司上市，募集了大批的资金，使得行业资本得到了从没有过的快速积累。近两年互联网巨头公司展开的游戏布局，更是增加了游戏行业的资本，如腾讯宣布应用宝成为流量统一的集中分发平台；百度整合多酷、91 组成了百度移动游戏部门；阿里巴巴也推出了手机游戏平台，这些互联网巨头大量资本的进入，加速扩大了游戏行业的资本容量。

（五）国产游戏进入国际市场

国产游戏的研发制作水平与国外先进水平的差距越来越小，国产游戏将大踏步走向世界。2008 年，国产游戏海外销售额仅为 1.11 亿美元，之后按 50% 以上的平均增速发展，2013 年至 18.2 亿美元，2014 年达到 30.7 亿美元。同时销往国外的游戏类型数量也迅速增加。2014 年，销往国外的游戏，端游类数量占 27.7%，销售额 8.53 亿美元；页游类数量占 30.9%，销售额 9.5 亿美元；移动游戏类数量占 43.4%，销售额 12.73 亿美元。可见，无论类型数量和销售金额，从 PC 端游到页游再到移动游戏，都是不断增加、逐步上升的。

随着中国游戏产业的发展，国产游戏开始走向世界，国产游戏的研发制作水平越来越高，日臻完美，加之中国传统文化底蕴丰厚，给游戏产业带来强劲的发展后劲，中国游戏走向世界的前景是乐观的。

三 游戏的发展困境

随着互联网以及各类终端的发展，我国游戏市场发展进入了一个高速增长期，并带动了相关产业的发展，对促进我国网络经济和娱乐业的发展、丰富人们的文娱生活起到了积极作用。但同时，我国游戏还处于发展的初期阶段，存在许多不容忽视的问题。

（一）游戏利益分配不均

游戏运营涉及企业较多，开发商、运营商、渠道商等。游戏获得的利益主要集中在开发商和运营商手里，开发商、运营商、渠道商，从第一级往下分二级、三级等，一级控制一级，对于渠道商来说，实际到手的也就8%左右，绝大部分都被开发商和运营商分掉。

（二）高端游戏人才缺乏

游戏产业突飞猛进的发展，游戏行业从业人员快速增加，但高端专业的游戏人才缺口严重。人才是游戏产业发展的基础，缺少了人才犹如无本之木、无源之水，会严重阻碍游戏产业的发展，所以加快游戏人才的培养是游戏产业发展的重中之重，需要政府加大游戏人才培养的政策扶持，缓解游戏人才短缺的困境。

（三）恶性竞争时有发生

资本市场热钱快速涌入游戏行业，很多游戏产品生命力短，为了短期获得利益，许多公司之间采用恶性竞争的手段获得利益，甚至包括人才挖角、终端渠道市场的不正当争夺等，造成游戏行业混乱，损害了很多游戏公司的利益，制约着游戏行业的发展。

（四）法律制度不健全，侵权现象依然存在

游戏行业的崛起带来了巨大的经济效益，在利益的驱动下，很多企业不依靠创新开发独立的游戏，而是通过侵犯别的公司的权利获得非法利益。一些成功的网游，往往会成为抄袭、侵权的重点，通过改头换面、改变名称、界面、造型等侵犯别的公司的原创著作权。目前，我国法律在版权保护方面还存在很多不足，让很多不法公司有机可乘，侵权手段层出不穷，造成了技术发展的速度远远超过立法速度的尴尬局面。另外"私服""外挂""盗号"等非法活动依然猖獗，不仅给企业造成严重经济损失，更阻碍了自主创新，极大地影响了产业的良性发展。

第四节 数字动漫类产品

数字动漫是指在互联网和移动互联网技术的推动下，在手机、平板电脑等新移动终端市场的影响下，动漫的数字化内涵和外延都得到延展。它可以是纸质漫画的电子书，也可以借助软件，把漫画动态化，并辅助一定的声响效果，使它具有一定的动感及互动性，创造一种全新阅读体验，并有可能催生新的盈利模式。

一 数字动漫概述

动漫产业是指以创意为核心，以艺术和科技为支撑，以动画和漫画为表现形式，以创作动漫直接作品为基础，以开发产品形象衍生品为延伸，从而形成巨大版权价值链的产业。近几年来，我国动漫产业规模不断扩大，成为新的经济增长点，被称为21世纪最有希望的朝阳产业。

这两年，以网络动漫和手机动漫为代表的新媒体动漫在我国开始表现出强劲的发展潜力和增长空间，已发展成为我国动漫产业的新增长点。手机动漫是数字动漫中最重要的组成部分，中国移动手机动漫用户数突破1亿。

据"动漫产业信息周报"统计，2011年，我国数字动漫产值达39.78亿元（互联网动漫22亿元、手机动漫17.78亿元）；2012年，我国数字动漫产值达58.36亿元（包括互联网动漫30亿元、手机动漫28.36亿元）。"手机动漫是数字动漫中最重要的组成部分。2014年中国动漫产业规模将达到522亿元，其中手机动漫市场规模为30.25亿元，占动漫产业总市场比重将提升至5.8%。"

我国数字动漫产业链环节主要由内容、运营、技术和平台四部分组成。

1. 内容是数字动漫产业链的源头，也是数字动漫产业链的上游环节，数字动漫产业链上游内容的质量直接影响终端用户的购买力，在数字动漫产业，内容型的公司主要包括传统的动画、漫画公司和提供应用型数字动漫内容的公司两类。

2. 运营环节在整个数字动漫产业链中扮演着非常重要的角色，运营型公司在中国动漫产业甚至整个版权产业，都有着非常重要的作用，但是此类公司在我国很少。运营型公司在我国主要有两种类型：第一类公司为版权代理公司，属于传统版权贸易公司；第二类公司为全版权运营公司，此类公司是目前中国动漫产业最缺乏的，同时也是专业性要求非常高的一类公司。

3. 技术环节在中国数字动漫产业链中，属于支撑环节。数字终端硬件产品越来越多样化，技术的变革将传统动漫的内容进行技术转化，移植到数字渠道上传播，甚至直接在新型数字终端硬件上，植入新型技术，颠覆传统动漫作品生产的生态链。

4. 平台部分是指能够通过汇聚动漫内容从而聚合用户的数字动漫展示平台，共分为两类：互联网动漫平台和移动互联网动漫平台。互联网动漫平台，即动漫网站。目前中国的动漫类网站共分为三种类型，分别为资讯类动漫网站、内容型动漫网站、"资讯+内容"型动漫网站。

二 网络动漫

网络动漫是高科技技术发展的产物之一。网络动漫的基石是计算机技术和信息技术，其初始并非源于动漫行业，随着网络的普及，计算机技术以及信息技术的迅速发展，这些新技术逐渐被动画领域吸收，成为现代动漫技术的关键和基础（如 CG 技术），极大地促进了动漫发展（如三维动画），并拓展了动漫的外延领域（如网络互动游戏）。网络动漫的发展经历了从传统装帧制作到计算机二维动画，再到现在的三维动画的过程。网络动漫正是借助互联网的迅速发展，进一步发展起来，其前景相当可观。

互联网的飞速发展，对动画片以及动漫产业来说，也带来一些新的思考和行业要求。首先，要求网络动画要有全民动画的概念。这么多年主流动画都是做给青少年看的，其实现在社会的主流群体已经是八五后和九零后了。之所以网络平台播的海外动画大家都去看，而国产动画片鲜为人知，就是因为国产动画片对这一客户群体的定位不明确。其次，就是关于收益。关于互联网新契机，广告是非常突出的点。"未来视频点播模式，可以把视频作为货架，观众看一下或者点一个暂停，可能就会有类似的品牌弹出，动画片是可以跟电商结合起来的。"

目前，中国数字动漫产业链当中四种类型的公司，均有各自不同的盈利模式，其中运营型公司和平台型公司为主要盈利公司。运营型公司有两类：一类是属于自有知识产权的运营公司；另一类是属于版权代理公司。

平台型公司的盈利模式分广告模式和付费下载模式两类。

广告模式，主要体现在动漫类网站，通过搭建动漫内容发行平台，采购优质的动漫版权内容，吸引网站流量，增加用户粘度，通过广告销售的模式实现收入。

付费下载模式，通过动漫基地的建立，搭建基于手机的动漫内容发行平台，实现手机 wap 网站、手机客户端以及多元化数字动漫衍生品的产品传递，通过让手机用户付费下载的方式实现盈利。

我国互联网动漫产业发展的优势主要表现在以下几方面。

首先，10 岁以上的动漫爱好者，花在互联网上的时间已经超过了看电视的时间，而且在互联网上参与动漫的方式非常丰富，看动画片、看漫画、使用动漫表情和插图、下载壁纸等，这就为互联网动漫产业提供了庞大的用户基础。

其次，通过互联网崛起的动漫形象，其门槛比电视或杂志、书籍要低得多，这就形成了长尾效应。如果以 100 分为满分的话，在电视或杂志、书籍上推出的动画，要达到 90 分以上的受欢迎度才能形成周边衍生品的产业化。但是在互联网上，受欢迎度只要做到 70 分以上，就能形成周边衍生品产业化。

再次，互联网自身的特性，使得动漫通过微博、SNS 社区、贴吧等可以和粉丝进行非常密切的互动。能否直接抓住粉丝建立用户关系，对于商业价值的成长意义重大。在传统动漫产业中，由于动漫作品是通过电视台、杂志、书籍等与消费者接触的，所以动漫原创者并不能掌控最有价值的消费者关系。

最后，随着互联网向社会化、电子商务、移动位置服务等方向发展，自然而然可以形成产业价值链关系，这样动漫就可以伴随互联网的发展自然享受到产业价值链。简而言之，互联网可以轻松建立起一个动漫小产业链，包括原创、传播推广、商业合作、电子商务、线下贸易关系等，而且发展速度很快。传统动漫产业所遇到的严重问题，在这里正在被一个个突破，脱节的地方被一个个连接起来。

当然，互联网发展的动漫形象仍然存在不少问题。比如说，互联网上的信息过于泛滥，因此基于互联网发展的动漫形象不如传统动漫有知名度。又如，互联网动漫影响力不够大。其实，动漫内容只要足够好，就能以阶梯式向前发展，从互联网到出版到电视、电影，未来真正强大的动漫将会横跨各个媒体，如果先以互联网形式发展，风险要低得多。

三 手机动漫

在国家各部委及相关部门的大力扶持下，中国动漫用 10 年时间走过了欧美日韩动漫强国几十年的初级发展之路，如今，让中国动漫超越动漫强国的"翅膀"已经出现，那就是——手机动漫。

手机动漫业务是整合传统动漫产业资源，并以短信、彩信、wap、手机客户端等移动互联网通道为承载平台，为用户提供动画、漫画作品浏览服务和动漫数字衍生品服务的业务序列。

世界动漫产业发展有3次浪潮式变革：第一次浪潮是以传统纸质出版物和传统艺术动漫电影为主的传播形式及单一发展模式；第二次浪潮是以日本和美国为主的电视动画、图书、衍生产品相融合的"内容+商品"的产业化模式；第三次浪潮就是数字动漫，更严格来说是移动互联网的手机动漫。中国动漫产业没有赶上前两次发展浪潮，但对第三次发展浪潮，我们不仅迎头撞上，更有可能使中国动漫插上腾飞的翅膀。因为，中国拥有10亿手机用户、6亿活跃的智能手机用户，有最具创新能力和实力的互联网、移动互联网、电子商务、移动电子商务企业。

手机动漫平台，主要集中在三大运营商，其中中国移动、中国电信两大运营商的动漫基地均已落户厦门。

1. 中国移动手机动漫基地

中国移动手机动漫基地目前已经推出了自己的手机漫画制作工具，并且在厦门本地搭建了几十人的手机漫画制作团队，为500多家移动动漫基地的CP提供手机漫画切图服务。以中国移动手机动漫基地的实践为例，动漫内容的创作者和提供方通过合作的方式将拥有版权的动漫作品授权给中国移动，利用中国移动的渠道优势进行动漫内容和产品的发行。中国移动在接受授权之后，一方面对动漫内容进行创新，通过彩信、wap、web及客户端等方式为用户提供丰富的动漫产品；另一方面对动漫产品进行运营，加入用户参与元素，为个人用户提供动漫内容DIY渠道，调动终端用户的积极性。

2. 中国电信手机动漫运营中心

中国电信手机动漫运营中心是在国内动漫业飞速发展的背景下，由中国电信集团公司授权筹建的全国性的动漫产品基地，于2012年正式面向全国运营推广。中国电信动漫运营中心运用3G移动互联网技术应用，将动漫领域作品延伸到移动终端平台，利用天翼手机及宽带全国统一认证系统,实现"一点接入、一号通行、合账收费"功能。

3. 中国联通沃动漫基地

中国联通沃动漫基地成立于2012年,"沃动漫"是顺应移动互联网开放、合作、创新、共赢的发展趋势,强力依托中国联通的品牌、用户、网络、终端、推广等优势,以引领推动中国动漫产业为己任,携手内容提供商、衍生品生产商、原创作者、APP开发者等产业链各方合作伙伴。

手机动漫发展的未来趋势表现在以下几方面。

第一,引起动漫内容制作与传播技术的巨大变革,与数字新媒体的结合将更加紧密,数字技术对于动漫产业的发展将起着越来越重要的推动作用。

第二,动漫语言模式的变革,传统纸质媒体、影视媒体时代的动漫语言单一且缺乏互动性、参与性,但在移动智能终端时代,动漫用户的参与度将会越来越高、互动性越来越强。

第三,全新消费模式与文化产品生产模式的创新,移动智能终端的迅速普及使内容创作者可以与读者进行直接沟通,实体物流销售也因移动电商的商业模式而发生根本变化,全新的消费模式与文化产品生产模式或将由此开启。

第四,引起原创内容经济收入模式变革,手机动漫作品稿酬同运营商的分成与传统模式相比具有很大的优越性,在优质内容低投入与高产出的激励下,可催生一大批高品质、高创意的优秀作品。

第五节 数字出版创新性产品

"十三五"时期,数字产品尚未步入市场经营的出版社,仍然需要在主流的数字产品方面持续投入和加大力度,这些主流数字产品包括单本电子书、专业数字图书馆、综合性数字图书馆、专业性数据库、网络出版业务、手机阅读业务和终端阅读业务等。

已经步入市场化运营的出版社则在积极谋划和布局产品体系创新的思路，借鉴国内外新闻出版业同行做法和图书馆界的业务实践，笔者以为"十三五"时期的数字产品体系创新包括但不限于以下几个方面。

一 扩展性知识服务

扩展性知识服务是指针对无具体问题，以学习知识、拓展知识面为目的的用户，针对用于意欲拓展的知识领域提供较为科学的研究方向和相关数据资料，就新闻出版业而言，包括数字图书馆、专业数据、知识库产品等服务形态。

（一）知识库产品

知识库产品，是指以知识体系为内核，综合采用文字、图片、音视频等多种知识素材，围绕特定领域、特定行业甚至是特定问题，提供一站式知识服务。

（二）大型开放式网络课程 MOOCs

慕课（MOOCs）是指按照学科领域的不同，集中拍摄、制作各个领域权威教授的网络课程，通过互联网传播的手段，面向规模巨大的受众群体进行开放和提供服务。在"十二五"的末期，清华大学、人民卫生出版社已经纷纷开展了慕课的尝试。下面是人民卫生出版社慕课简介。

人民卫生出版社于 2014 年 11 月 29 日，在"全国高等医药教材建设研究会·人民卫生出版社专家咨询委员会 2014 年年会"召开之际，中国医学教育慕课联盟官方平台——人卫慕课正式上线发布。

"中国医学教育慕课联盟暨中国医学教育慕课平台"是国家新闻出版广电总局新闻出版改革发展项目库入库项目,并获得财政部2014年度文化发展专项资金支持。

平台一期上线除了医学慕课的建设外,还包括医学公开课的发布和联盟成员实力信息展示。上线搭载7门慕课试点课程、300多门公开课课程、600多门候选公开课课程及首批188家联盟成员信息展示。

作为全球首个医学专业慕课平台,"人卫慕课"一经上线即引起了与会领导和专家的高度关注,平台的上线也吸引了众多医学院校加盟的热情,会议中和会议后陆续接到加入联盟申请,目前中国医学教育慕课联盟成员已达到217家。[1]

在教育领域,慕课具有汇聚海量资源、整合名家讲座和在线共同获取知识等优势,同时,慕课能够在一定程度上实现教育实质公平,让广大学生、科研工作者以较低的价格、快捷方便的方式获取所需要的特定领域的最专业、最权威、最广泛的学科知识。

(三)大数据知识服务平台

大数据知识服务平台是指以大数据平台为知识服务的外在展示,以语义分析、云计算为技术支撑,以知识体系为内核,在社会科学领域以预警、辅助决策为目标,在自然科学领域以预测、知识发现为目标,研发和销售大数据知识服务平台。图6-1为地质出版社大数据知识服务平台架构图。

---

[1] 中国医学教育慕课联盟官方平台"人卫慕课"上线[EB/OL].人民卫生出版社官网,http://www.sipo.gov.cn/dtxx/gn/2009/200904/P020090409517431581921.htm,2015-10-3.

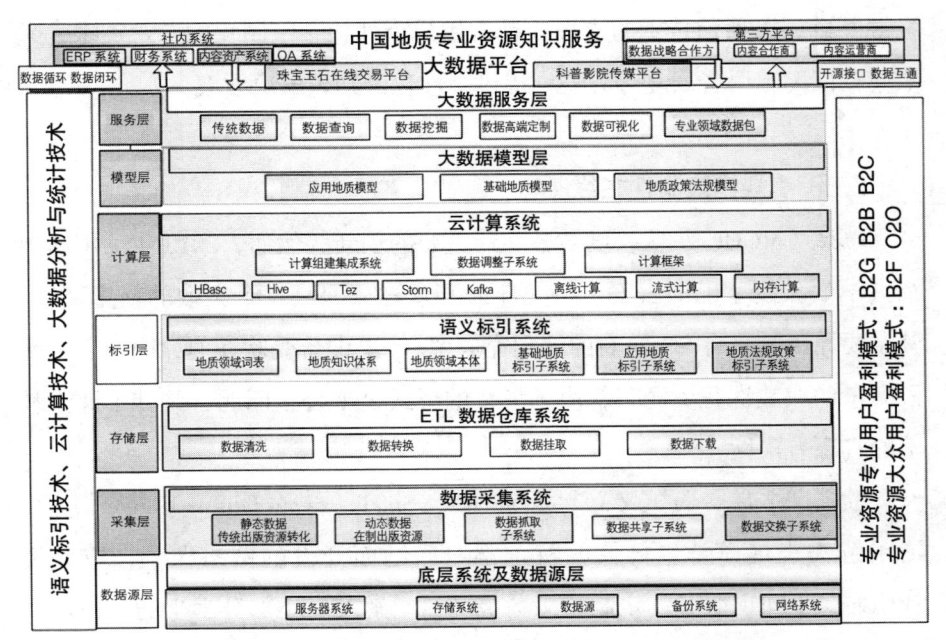

图 6-1 为地质出版社大数据知识服务平台架构图

二 定制化知识服务

定制化知识服务是根据用户需求，以用于欲解决的问题为目标，不仅为用户检索并提供数据，更要根据相关知识对提供的数据进行筛选、拆分、重组，提供解决问题的产品或者方案。

（一）知识解决方案

知识解决方案是指通过用户特定类别、特定领域的个性化知识问题需求，提供点对点的直联、直供和直销的知识解决方案，以满足用户的个性化知识需求。

（二）移动型知识服务平台

移动型知识服务平台是指遵循移动互联网传播规律，以知识元数据为资源基础，以通信技术为支撑，针对用户个性化、定制化的知识需求，采取模糊匹配、语音回复等方式，提供个性化的知识解决方案。

（三）小规模限制性在线课程

慕课（MOOCs）曾一度被誉为最重要的创新，然而，2013年美国斯坦福大学的教授塞巴斯蒂安·特龙却公开宣称慕课是一个失败的新生事物，其主要原因是只有5%左右的课程完成率。[①] 慕课备受欢迎的原因在于汇聚了海量的权威课程资源，解决了教育的形式公平公正问题，弥补了课堂教学的资源有限性。

继慕课之后，美国又兴起了SPOCs（Small Private Online Courses）热，给予解决小规模学生群体的特定学习问题而开设的网络课程，应该说SPOCs属于知识服务的定制化服务范畴，它解决了小部分学生的学习难点和问题，同时将线上和线下的课程、答疑相结合。

SPOCs是指根据企业需求，创建小规模限制性在线课程，为特定用户提供服务。将课堂人数控制在一定数量，并对课程活动做出明确规定，如在线时间、作业完成情况和考试及格线等。通过SPOC模式为客户提供培训服务。

无论是MOOCs还是SPOCs，要想取得较高的通过率，需要借助大数据技术，实现数据回传、捕获学生的个性化学习问题，进而才能采取有效的针对性措施，以实现预期的理想课程效果。

[①] 维克托·迈尔-舍恩伯格、肯尼思·库克耶著，赵中建、张燕南译.与大数据同行：学习和教育的未来[M].上海：华东师范大学出版社，2015:17,61.

第七章
"十三五"时期的数字出版高新技术

导语

2014年9月29日,国家新闻出版广电总局数字出版司召开了大数据、云计算、物联网、语义分析等四项技术在新闻出版业应用的座谈会,将这四项技术作为"十三五"科技规划的预研究课题加以探讨。在国家新闻出版广电总局的科技与出版"十三五"规划、数字出版"十三五"规划中,对上述技术均进行了一定篇幅的描述和强调。

因此,可以说相对于"十二五"时期以数字化、碎片化技术为代表的传统的数字出版技术将会逐渐淡出"十三五"的工作重点,而各出版社均应将大数据、云计算、3D打印等高新技术作为重要问题加以思考,谋划出这些高新技术如何与新闻出版业相结合、与本社的数字出版实际工作相结合。

与此同时,出版社在与出版技术企业洽谈、合作的过程中,一定要有着自身清晰的技术阶段布局。近几年中央财政给予中央文化企业、新闻出版企业以文化产业发展资金、国有资本经营预算金等多种资金政策支持,在这么多财政项目的实施中,出版社是以技术外包的形式、技术合作的形式还是以技术自主研发的形式融入到项目建设,这个问题显得格外重要。

第一节 数字出版的技术发展阶段

为适应图书出版与科技、信息化浪潮结合的整体趋势，发挥互联网技术、移动通信技术对传统出版的助推作用，在充分调研与图书出版相关技术提供商、技术类型的基础上，尤其是成功开展了多年的文化产业项目、国资预算项目之后，笔者认为出版社要实现由内容提供商向技术应用商的角色转变，这种转变分为技术外包、技术合作和技术自主三个阶段。

一 第一阶段：技术外包

技术外包是指企业专注于自己的核心业务，而将其 IT 系统的全部或部分外包给专业的信息技术服务公司。技术外包符合社会化分工的规律，由专业的群体负责专业的事宜，能够提高效率，使得出版社可以专注于自身在内容资源、产品渠道方面的布局和实施。

但是，随着这么多年政府项目的实施，数字出版业在技术外包的过程中出现了若干问题，这些问题在一定程度上影响了项目预期目标的实现，也导致了项目成果转化的不足。

第一，出版技术企业所提供的技术落后于数字出版业务发展现状。由于各个出版社的数字出版业务现状参差不齐，有的已经步入到完全市场化运营阶段，需要提高市场运营方面的效率，改进门户网站的技术和功能；而有的出版社则处于数字出版刚刚起步期，连起码的部门设置都没有完成，数字出版主任兼任员工，对他们而言最需要的可能是最基本、最初步的技术方案。然而，传统的出版技术企业，仍然是以排版文件转换、数字化加工 DRM 版权保护作为核心技术，在现有业务能够满足其经营指标的情况下，他们不会再继续扩大再生产、研发新技术、推出新业务。

"跳出出版做出版"，要求出版机构要把技术方案的选择放在眼界更为开阔的 IT 界，而不是坐井观天，仅仅局限于那几家原有的出版技术企业。举例而言，地质出版社在开展中国地质大数据知识服务平台项目的前期调研中，就将眼光放在了全国的 IT 界，进行大数据技术提供商的初步遴选和考察；经过考察，发现原有的出版技术商在云计算应用、大数据模型建构等方面并没有成熟的技术方案，更没有成型的大数据应用案例，而恰恰是像榕基公司、荣之联公司等上市公司，已经在大数据方面进行布局并且做出了成功的案例。

第二，技术企业核心技术并不提供，而是采用租赁的方式。传统出版技术企业能够立足出版界多年，一定是有其核心的技术，这些技术是他们经营发展的核心竞争力，也是他们不愿意拱手让给出版社加以占有的。举例而言，法律出版社的法官电子图书馆所采用的方正阿帕比数字资源平台，其数字图书馆的技术是稳定、成熟和先进的，几乎没有出现大的售后维修和服务。但是，一旦出版社想和阿帕比洽谈技术购买的时候，却遭遇了阻碍，所以业务实际状况是，出版社所洽谈的集团客户，由阿帕比提供安装盘去安装，提供技术支持。这种技术租赁的情况，在某种程度上影响和制约了出版社在数字出版领域的发展和向技术应用商转型升级。

第三，技术企业提供的软件系统都是固定的，个性化、定制化服务缺失。越是大的技术企业，越容易出现"店大欺客"的情况，他们所提供的技术方案都是程式化、固定化的，基于成本收益的考量，他们也不愿意根据出版机构客户的实际情况作出变化和革新。所以在以往的政府项目中，往往出现的结果是出版社支付了技术企业大量的项目资金，而得到的却是一堆软件系统，这些软件系统因为适配性差被大量的搁置不用。

关于技术外包，法律出版社 2010 年前采用的是外包的路线，其主要做法如下。

以提供法律问题一站式解决方案为主线,以碎片化法律数据库、法律电子图书馆、互联网出版、法律资讯为技术攻关课题,以构建资讯中心、培训中心、服务中心和销售中心为网站四大板块,采取"技术外包"的方式,与国内知名技术提供商或者数字出版厂商合作,建成一个具备强大检索功能的稳固而安全的数字化网络平台。

阶段性特征:自主投资 200 万~300 万,技术外包。

持续时间:2007~2010 年。

二 第二阶段:技术合作

那些有着明确的战略定位、清晰的发展思路的出版机构,在面临出版技术问题时,一定会在合适的阶段采取"技术合作"的策略。在技术合作阶段,出版社作为出资方,购置了技术企业的软件技术,同时对该项技术享有所有权和完全使用权,可以不依赖于技术企业。同时,出版社在进行数字产品运营推广时,可以将该项技术应用于自己的目标客户,为目标客户提供"内容 + 技术"的全套服务方案。

法律出版社在《综合型法律知识服务互动平台》项目中,就成功地将中国法官知识库的技术和内容实现了自主掌握。在与泰克贝思技术公司合作的过程中,法律出版社将全套知识库的资源上传、资源管理、知识体系管理、用户数据上传和资源发布等技术转移到出版社内部的服务器上。任何一套法官知识库产品的销售只需要法律出版社自己授权、自己安装和自己提供技术服务即可。

法律出版社在技术合作阶段的定位主要表现在以下内容。

主体工作:与国内著名数字出版技术供应商联合,按照法律行业系统需求为标准,建成多个法律职业的法律电子图书馆,包括但不限于中国法官电子图书馆、中国检察官电子图书馆、中国律师电子图书馆和中国法学院电子图书馆。

与移动通信运营商合作，将法律出版社已经出版的法律类图书通过通信平台，适度向社会推广。增设网络出版部，以原创性网络文学为主要任务，开创互联网出版新局面。

阶段性特征：与技术提供商合作，围绕数字出版业务展开，以授予内容资源销售代理权的方式换取技术供应，不进行大规模投资。

持续时间：2010~2012年

技术合作是出版社走向自我掌握技术、应用技术的关键性步骤，也是出版社在与技术提供商谈判过程中具有里程碑意义的一个阶段，同时为出版社实现技术自足、自我研发奠定了丰富的实践经验和业务能力。

三 第三阶段：技术自足

技术自足是指出版机构能够自主研发和集成应用数字出版相关技术，尤其是能够自主研发数字出版核心技术，能够集成应用数字出版前沿性技术。技术自主是大型单体出版社、大型出版集团发展数字出版、实现出版转型的必由之路。

出版单位实现技术自足需要具备几个方面的要素。

第一，在理念上，具备从内容提供商到技术提供商转变的战略定位。在未来的知识服务时代，出版社要想提供层次鲜明的信息服务、知识产品、知识解决方案，没有自主技术是无法做到的。所以，技术自足的第一位要素便是在战略定位中把内容提供商向技术提供商转变做出明确规定。国内外大型的出版机构、出版集团无不都是兼具内容优势和技术优势的，如励德爱思唯尔的数字决策工具系统，由其自主研发；知识产权出版社也在积极布局自身的大数据公司和专利文献知识服务技术。

第二，在资金上，有足够充足的项目资金和自有资金支撑技术研发。

目前，各级财政部门都把文化产业作为重要的扶持方向和投入方向，规模大、实力强的出版社每年都可获得数千万元的财政项目支持。这些财政项目除了要完成预期的项目目标以外，还需承担出版社技术自主的任务目标。与此同时，出版社本身还需投入一定的资金用于研发核心技术，培养骨干技术团队以最终形成自身的数字出版前沿技术。

第三，在组织上，成立单独的数字出版公司，并将高新技术作为公司的主营业务之一。在理念完备、资金充足的前提下，传统的数字出版部门制无法承担自主技术研发的工程，技术自足的任务需要交由独立的数字出版公司加以实现，并且该公司必须将高新技术作为主营业务之一。目前，各出版社所成立的数字出版公司大多是以"某某技术公司""某某科技公司"来命名，其公司名称上就包含了技术研发、技术提供和技术服务的经营范围。数字出版公司发展的成功与否，与该公司能否自主研发核心技术、自主应用高新技术，能否申报并获批几项高新技术认证有着紧密的关联。

第四，在队伍上，引进技术核心团队，采取项目带动、反向工程等措施尽快培养自主技术队伍。技术自足的实现，离不开技术领头人和技术骨干团队。而出版社要想在短期内培养出能做事、能做成事、能做大事的核心技术团队，就需要运用项目带动和反向工程等措施。一方面，可以通过财政项目的实施，由数字出版技术人才与相应的技术合作方紧密合作，在合作的过程中理解和掌握相关技术的研发、应用原理和程序；另一方面，可以通过技术手段对从公开渠道取得的产品进行拆卸、测绘和分析等获得的有关技术信息，也就是采取反向工程的手段。

以法律出版社为例在技术自足阶段的设想表现如下内容。

主体工作：发挥数字出版"造血"机能，将所得收入及时进行扩大再生产，提高对技术的投入比例，充分运用各种国家政策，多渠道、多视角申报相关国家项目，以项目立技术，以项目立平台，走出一条先进、独立、完善的数字出版技术道路。

阶段性特征：扩大再生产，以收入扩技术，以项目带技术。

持续时间：2012年以后。

第二节 大数据

在云计算、物联网等技术的带动下，我们正在进行一场全新的革命，庞大的数据带来的量化转变将在各领域迅速蔓延，没有哪个领域能够逃脱它的影响，大数据时代已经到来。根据市场调研公司IDC的报告，全球信息总量每过两年就会增长一倍，2011年全球产生的数据总量为1.8ZB（1ZB约为百万PB），相比2010年增长了1ZB，相当于全球历史数据总和。IDC还预测，到下一个10年（2020年），全球所有IT部门拥有服务器的总量将会比现在多出10倍，所管理的数据将会比现在多出50倍。根据麦肯锡全球研究院（MGI）预测，到2020年全球数据使用量预计将爆增44倍，达到35ZB。

一 大数据的概念

大数据（Big data）又称海量数据，指的是所涉及的数据量规模巨大到无法通过人工，在合理时间内达到截取、管理、处理、并整理成为人类所能解读的信息。换句话说，大数据是指无法在一定时间内用常规软件工具对其内容进行抓取、管理和处理的数据集合。

大数据的精华在于二次数据，即在海量数据的基础上通过运用知识标引、云计算等技术所产生的那部分数据，或者可称之为"数据背后的数据"。就新闻出版业而言，数据价值体系可分为三个层次：第一层为直接价值，即纸质图书所创造的价值；第二层为数字化价值，即对纸质图书数字化、碎片化后通过数字产品所创造的价值；第三层为数据化价值，即在碎片化基础上，通过知识标引、云计算技术的应用所产生的数据价值。

二 大数据的特点

大数据通常是指数据规模大于 10TB 以上的数据集。其特征是具有典型的"4V"（Volume、Variety、Velocity、Value），即规模性、多样性、高速性和价值性。

（一）规模性

随着信息化技术的高速发展，数据开始爆发性增长。社交网络（微博、Twitter、Facebook）、移动网络、各种智能终端等，都成为数据的来源。迫切需要智能的算法、强大的数据处理平台和新的数据处理技术，来统计、分析、预测和实时处理如此大规模的数据。

（二）多样性

由于数据来源于不同的应用系统和不同的设备，决定了大数据形式的多样性。大体可以分为三类：一是结构化数据，其特点是数据间因果关系强；二是非结构化的数据，其特点是数据间没有因果关系；三是半结构化数据，如 HTML 文档、邮件、网页等，其特点是数据间的因果关系弱。

（三）高速性

大数据与海量数据的重要区别在两个方面：一方面，大数据的数据规模更大；另一方面，大数据对处理数据的响应速度有更严格的要求。数据的增长速度和处理速度是大数据高速性的重要体现。

（四）价值性

大数据中有价值的数据所占比例很小，大数据的价值性体现在从大量不相关的各种类型的数据中，挖掘出对未来趋势与模式预测分析有价值的数据，并通过机器学习方法、人工智能方法或数据挖掘方法深度分析，运用于农业、金融、医疗等各个领域，以创造更大的价值。

三 大数据的处理流程

大数据的处理流程可以分为以下四个阶段。

第一，数据采集，即通过各种方法采集海量、专业、权威的数据；

第二，数据标引，把所采集的数据定义为多种属性，打上多个标签；

第三，云计算应用，对所标引的数据，进行分布式计算、内存计算、离线计算，产生出各种分析统计数据；

第四，大数据服务，将所分析统计的各种数据为特定群体提供数据服务。

第三节 云计算

云计算这个词率先在国外诞生。早在20世纪60年代麦卡锡（John McCarthy）就提出了把计算能力作为一种像水和电一样的公用事业提供给用户。美国亚马逊网上书店率先使用弹性计算云和简单储存服务为企业提供计算和储存服务。接着，以互联网搜索为核心产业的谷歌，在2006年提出"云计算"概念。全球各大IT龙头相继推出云计算产品。而这一切，都表明世界各大企业正在积极应用云计算技术。在经历一系列的概念炒作后，云计算开始从概念逐步走向行业应用，并且走进新闻出版业。

一 云计算的概念

云计算是一种基于互联网以及其他网络,通过虚拟化方式共享IT资源的新型计算模式。其核心思想是通过网络统一管理和调度计算、存储、网络、软件等资源,实现资源整合与配置优化,以服务方式满足不同用户随时获取并扩展、按需使用并付费,最大限度地降低使用成本。

云计算的内容主要包括基础架构即服务(IaaS)、数据存储即服务(DaaS)、平台即服务(PaaS)、软件即服务(SaaS)等内容。

SaaS。基于云平台开发的各类应用服务以应用程序的形式呈现给用户。用户不需要管理云计算所涉及的服务器、操作系统和存储设备等基础设施,也不需要在本地安装应用程序,只需要通过简单的客户端就可以使用服务。

PaaS。供应商为用户提供各种程序开发工具,用户不需要管理云计算所涉及的服务器、操作系统和存储设备等基础设施,但可以在基础设施上部署应用程序。这种服务方式旨在为开发者提供一个平台来开发各种云应用软件,把开发平台作为一种服务提供给用户。

IaaS。用户使用处理、存储、网络以及各种基础运算资源,部署和执行操作系统或应用程序等各种软件。用户不能管理底层的云计算基础设施,而是以此为基础部署和运行任意软件,包括操作系统、应用程序和网络组件等。[①]

二 云计算的特点

云计算技术有以下特点。

---

① 黄肖俊、吕肖庆.数字出版与数字图书馆[M].北京:电子工业出版社,2013: 201—202.

（一）资源池

计算资源汇聚在一起，通过多租户模式服务多个消费者。在物理上，资源以分布式的共享方式存在，但最终在逻辑上以单一整体的形式呈现给用户。

（二）按需、自助

用户可以根据自身实际需求，通过网络方便地进行计算能力的申请、配置和调用，服务商可以及时进行资源的分配和回收。

（三）快速、弹性

服务商的计算能力能够快速而弹性地实现供应。服务商可以根据访问用户的多少，增减相应的 IT 资源（包括 CPU、存储、带宽和软件应用等），使得 IT 资源的规模可以动态伸缩，满足应用和用户规模变化的需要。

（四）广泛的网络访问

使用者不需要部署相关的复杂软硬件基础设施和应用软件，直接通过互联网或企业内部网访问即可获取云中的计算资源。

（五）可度量的服务

云服务系统可以根据服务类型提供相应的计量方式，如根据用户使用云资源的时间长短和资源的多少进行服务收费。

（六）安全

加强资源和数据的安全性。云计算系统中可以为用户提供防火墙，用户也可以自建更多的防火墙。

第四节 物联网

物联网（Internet of Things，缩写 IOT）是继计算机、互联网和 IT 技术之后的新一轮信息产业浪潮的核心领域。一般来讲，人们认为物联网是一个基于互联网和传统电信网络等信息载体，让所有独立的普通物理对象，即我们说的物品之间实现互联互通的网络。物联网是物物相连的网络，包含两层意思：一是物联网的核心和基础仍然是互联网，是在互联网基础上延伸和扩展的网络；二是其用户端延伸和扩展到了任何物品与物品之间，进行信息交换和通信。

一 物联网的概念

物联网（The Internet of Things）的概念最早由美国麻省理工大学工学院在 1999 年提出。根据国际电信联盟（ITU）的定义，物联网主要解决物品与物品（Thing to Thing，T2T），人与物品（Human to Thing，H2T），人与人（Human to Human，H2H）之间的互连。简单来说，物联网就是物物相连的互联网。通过各种信息传感设备，实时采集任何需要监控、连接、互动的物体或过程等各种需要的信息，与互联网结合形成的一个巨大网络。

二 物联网的关键技术

在物联网应用中有以下三项关键技术。

第一，传感器技术。这也是计算机应用中的关键技术。大家都知道，到目前为止绝大部分计算机处理的都是数字信号。自从有计算机以来就需要传感器把模拟信号转换成数字信号计算机才能处理。

第二，RFID 标签。也是一种传感器技术，RFID 技术是融合了无线射频技术和嵌入式技术为一体的综合技术，RFID 在自动识别、物品物流管理有着广阔的应用前景。

第三，嵌入式系统技术。是综合了计算机软硬件、传感器技术、集成电路技术、电子应用技术为一体的复杂技术。经过几十年的演变，以嵌入式系统为特征的智能终端产品随处可见，小到人们身边的 MP3，大到航天航空的卫星系统。

第五节 语义分析技术

随着社会的发展，指数级增长的信息资源满足了人们对信息量的需求，但爆炸的信息资源也造成信息过载，人们越难获取有用的知识资源。作为人工智能的一种方法，语义分析技术为人类大规模处理语言信息，获取有用知识资源提供了可能。

一 语义分析技术的概念

语义分析技术是让计算机能正确理解自然语言各组成部分（如词、词组、句子、段落、篇章）的意义。广义的语义分析含义广泛，通常是指将输入信息或数据进行分析、理解、再加工并为其他应用提供技术支撑的分析手段的统称。语义分析技术在不同的领域有着不同的内涵，但其本质是通过这些基础分析手段，捕获数据中内在的、与描述语言无关的意义。例如，在对于新闻报道的分析中，语义分析是指如何从自然语言描述的新闻文本中获得新闻事件的各个要素（时间、地点、人物、事件经过等）。而在学术文献资源管理中，语义分析技术则可能包括学术术语的发现、学科体系的构建、学术热点发现等。

二 语义网

语义网是对未来网络的一个设想，简单地说，语义网是一种智能网络，它不但能够理解词语和概念，而且还能够理解它们之间的逻辑关系，可以使交流变得更有效率和价值。

语义网的核心是：通过给万维网上的文档添加能够被计算机所理解的语义"元数据"，从而使整个互联网成为一个通用的信息交换媒介。

语义网与普通万维网的差异主要有以下几点。

1. 面向的对象不同，万维网面向的对象主要是"人"，而语义网面向的对象则主要是"机器"。

2. 信息组织方式不同，万维网在组织信息资源时主要以"人"为中心，按照人们的思维习惯和方便性组织网络信息资源，语义网在组织信息资源时则必须兼顾计算机对文本内容的"理解"以及它们之间的相互交流和沟通。

3. 侧重点不同，万维网侧重于信息的显示格式和样式，而不关心所要显示的内容，而语义网则更加侧重于信息的语义内容，对具有特定意义的文本必须进行一定的标注或解释。

4. 主要任务不同，万维网主要是供人阅读、交流和使用的，其主要任务就是信息发布与获取，通过在网络上发布或获取信息来达到共享和交流的目的，而语义网的主要任务则是计算机之间的相互交流和共享，从而使计算机可以代替人们完成一部分工作，使网络应用更加智能化、自动化和人性化。

5. 工作方式不同，万维网主要面向"人"，因此，其大部分工作都是由人来完成的，包括信息的收集、检索、整理、排序和分析等等，而语义网通过加入一些可以被计算机"理解"的语义信息，则可以把人从上述各类烦琐的工作中解脱出来，利用"智能代理"帮助完成上述的大部分工作。

第六节　3D 打印技术

在过去的几年中，3D 打印业界进入了高度活跃期，与 3D 打印相关的新闻资讯频频出现在公众视野中，越来越多的中国民众开始了解 3D 打印，3D 打印技术在欧美发达国家的应用已经相当普遍；而在我国，却仍然是一个新鲜事物。3D 打印与新闻出版业的结合，也是我们在十三五时期所应该重点思考的一个问题。

一　3D 打印技术的概念

3D 打印是快速成型技术的一种，它是一种以数字模型文件为基础，运用粉末状金属或塑料等可粘合材料，通过逐层打印的方式来构造物体的技术。3D 打印通常采用数字技术材料打印机来实现。

3D 打印技术出现在 20 世纪 90 年代中期，它与普通打印工作原理基本相同，只是打印材料有些不同，普通打印机的打印材料是墨水和纸张，而 3D 打印机内装有金属、陶瓷、塑料、砂等不同的"打印材料"，是实实在在的原材料，打印机与电脑连接后，通过电脑控制可以把"打印材料"一层层叠加起来，最终把计算机上的蓝图变成实物。通俗地说，3D 打印机是可以"打印"出真实的 3D 物体的一种设备。

二 3D 打印的过程和分辨率

3D 打印的过程由三个环节组成,分别是三维设计、切片处理和完成打印。

三维设计是指先通过计算机建模软件建模,再将建成的三维模型"分区"成逐层的截面,即切片,从而指导打印机逐层打印。切片处理是指打印机通过读取文件中的横截面信息,用液体状、粉状或片状的材料将这些截面逐层地打印出来,再将各层截面以各种方式粘合起来从而制造出一个实体。

在介绍了大数据、云计算、物联网、语义分析和 3D 打印等高新技术之后,下面以案例的形式来梳理一下出版社的技术路线问题。

第八章

数字出版项目申报与实施

导语

近年来,在数字出版领域,中宣部、财政部和国家新闻出版广电总局等有关主管部门给予了大量的财政项目和政策支持。因此,财政项目的策划、申报、实施和验收也构成了新常态下数字出版从业者主要工作内容之一。

以项目政策的来源和归口为分类标准,数字出版项目主要可以分为新闻出版改革发展项目库项目、"原动力"中国原创动漫出版扶持计划项目、文化产业发展专项资金项目和国有资本经营预算金项目等,其中前两者属于国家新闻出版广电总局发布政策和组织评审,后两者由财政部发布政策和组织评审。据不完全统计,新闻出版业每年从文化产业发展专项资金、国有资本经营预算金等项目中所获得的支持比例高度30%以上。

这些财政项目应该如何申报?项目书的撰写在形式上和内容上有哪些技巧?项目审批后实施过程中有哪些注意要点?项目成果转化的难题何在?本章试图回答和呼应上述问题。

第一节 数字出版项目类型

就数字出版的项目类型而言，除了财政部、国家新闻出版广电总局所发布的项目外，还包括教育部、科技部等有关部门所管辖的项目，但是就数字出版部门、公司所申报、实施的主要项目而言，主要包括新闻出版改革发展项目库项目、"原动力"中国原创动漫出版扶持计划项目、文化产业发展专项资金项目和国有资本经营预算金项。

一 文化产业发展专项资金

为贯彻落实中央关于文化改革发展的战略部署，加快推动文化产业成为国民经济支柱性产业，财政部每年会发布当年度的文化产业发展专项资金的通知。文化产业发展专项资金（下面简称"文产资金"）是中央层面支持文化产业发展的唯一一笔专项资金，由财政部文资办每年进行发布、评审、公示和公布。

文化产业是以生产和提供精神产品为主要活动，以满足人们的文化需要作为目标，是指文化意义本身的创作与销售，狭义上包括文学艺术创作、音乐创作、摄影、舞蹈、工业设计与建筑设计。根据国家统计局发布的《文化及相关产业分类 2012》的分类标准，我国的文化产业及其相关产业主要分为 10 大类：1. 新闻出版发行服务；2. 广播电视电影服务；3. 文化艺术服务；4. 文化信息传输服务；5. 文化创意和设计服务；6. 文化休闲娱乐服务；7. 工艺美术品的生产；8. 文化产品生产的辅助生产；9. 文化用品的生产；10. 文化专用设备的生产。通过审阅历年的文产资金的通知文件可以看出，上述文化产业类型就是每年的文产资金所主要支持的范围。

（一）2014—2015年度文产资金支持方向及其变化

2015年度文产通知的支持方向为八个方面：1.巩固文化金融扶持计划。2.继续扶持实体书店发展。3.开展新闻出版业数字化转型升级。4.加快推动影视产业发展。5.促进文化创意和设计服务与相关产业融合。6.支持特色文化产业发展。7.推动对外文化贸易发展。8.推动传统媒体和新兴媒体融合发展。

2014年，文产通知的支持方向为九个方面：1.继续支持推进文化体制改革、培育骨干文化企业、构建现代文化产业体系、促进金融资本和文化资源对接、推进文化科技创新和文化传播体系建设、推动文化企业"走出去"六大方向。2.巩固文化金融扶持计划。3.扩大实体书店扶持试点范围。4.实施环保印刷设备升级改造工程。5.开展新闻出版业数字化转型升级。6.推动电影产业发展。7.促进文化创意和设计服务与相关产业融合。8.加快特色文化产业发展。9.推动对外文化贸易发展。

通过2014、2015年文化产业专项资金支持方向的对比，我们可以看出，2015年文产支持方向相较于2014年度有以下"删""调""增"三个特点。

第一，"删"——取消了第一条关于继续支持文化体制改革、培育骨干文化企业等六大方向的提法。

第二，"调"——将"环保印刷设备升级改造"调整到"新闻出版业数字化转型升级"的条文里，不再作为单独的一条加以重点强调。

第三，"增"——增加了关于媒体融合发展的支持方向。推动传统媒体和新兴媒体融合发展。支持传统媒体运用已有技术成果，开展全媒体、大数据应用、视听新媒体、音视频集成播控等平台建设；支持传统媒体发挥内容资源优势，创新文化产品和服务，培育核心竞争力；支持传统媒体与新兴媒体在内容、渠道、平台、经营、管理等方面的深度融合，拓展传播渠道与影响力。

针对上述支持方向的变化，出版机构要适度调整好自己的申报方向，例如，2015年度申报媒体融合发展方向的项目，如果在形式要件、实体要件都符合优秀项目的标准，那么其获批的可能性会更大，同时，其获批的资金支持量相应也会更大；相反，如果还在印刷环保领域重点申报项目的，可能会受到文产项目"优中选优"的限制，获批的可能性较小，或者获批的资金量相对较少。

从2015年文产项目公示的800多个项目来看，仅仅申报媒体融合领域的"大数据"相关的项目就获批了17个，包括"大数据应用模式下新华书店数字化转型升级改造工程、涉台影音大数据及云服务共享平台、审计数字出版大数据应用知识库建设项目、影视文化内容制作行业的大数据决策辅助平台、昌荣ATD大数据广告服务平台（昌荣ATD广告营销智能化平台）、基于消费行为大数据的广告精准投放系统、基于云技术的全平台化游戏大数据分析系统、福建省有线电视大数据应用中心项目、中国地质专业资源知识服务大数据平台"等。仔细分析可以看出，这些项目分布于新闻出版、广播电视、游戏广告等各个领域，都特色鲜明地体现了大数据对于文化产业各个领域的决策辅助、数据分析等价值和作用。

（二）2014—2015年度文产资金支持情况概要

2014年，财政部下达文化产业发展专项资金50亿元，比2013年增加4.2%，共支持项目800个（其中中央191个，地方609个），与2013年基本持平。据财政部文资办相关人士介绍，这是为贯彻落实中央关于文化改革发展的战略部署，也是加快推动文化产业成为国民经济支柱性产业的重要举措。

2014年，专项资金管理工作有三个突出特点：一是充分借助行业主管部门力量。二是积极发挥专家评审作用。在中宣部、文化部、国家新闻出版广电总局、商务部等推荐的基础上，大幅扩大专家库规模，专家库总人数由54人增加至152人，涵盖专业领域更广，人员结构更合理，特别是新增了大量金融领域、新兴文化产业领域的专家，以适应专项资金申报项目日趋复杂化、多样化的需要，同时也确保了项目评审的公平公正。三是全面引入社会监督机制。社会监督力量，是符合新《预算法》精神的有益尝试。[1]

2015年9月底，财政部下达2015年度文化产业发展专项资金50亿元，支持项目850个，较2014年增长6.25%。为使专项资金分配更加科学、合理、规范，2015年重点做了以下改进：一是继续优化资金投向；二是积极创新管理模式；三是全面引入第三方监督机制。截至2015年年底，文化产业发展专项资金已累计安排242亿元，支持项目4100多个，有力地支持了文化体制改革和文化产业发展，对推动全国文化领域结构调整、合理配置文化资源、优化产业发展整体布局发挥了重要作用。[2]

■ 二 国有资本经营预算金

国有资本经营预算（以下简称"国资预算"），是国家以所有者身份对国有资本实行存量调整和增量分配而发生的各项收支预算，是政府预算的重要组成部分。在文化产业领域，财政部文资办面向100多家中央文化企业，每年定期发布关于申报国有经营预算金项目的通知，并组织答辩、专家评审，最终确定入选的项目和支持的比例。

（一）2013~2015年度国有资本经营预算金项目重点支持方向

除了支持一般性项目以外，2013~2015年，财政部文资办在国资预算

---

[1] 财政部.2014年度文化产业发展专项资金达50亿元［EB/OL］.新华财经，http://news.xinhuanet.com/fortune/2014-11/15/c_127214187.htm，2015-10-4.

[2] 财政部下达50亿文化产业发展资金比上年增4.2%［EB/OL］.网易财经·宏观新闻，http://money.163.com/15/0930/15/B4P6H18B00252G50.html，2015-10-1.

项目中专门确定了为期三年的重点支持领域,按照"层层落实、压茬推进、扶优扶强"的原则,连续三年分别就数字化转型升级、特色资源库、数字内容运营平台三个领域给予了符合条件的出版机构以重点支持。

2013年,所启动的央企数字化转型升级项目,主要解决了中央文化企业的数字化软硬件配置问题,为符合条件的出版单位配置了转型升级的相关硬件,同时在数字化加工软件、内容资源管理系统、协同编辑软件和内容发布平台等软件领域给予了资金支持。通过项目开展,从生产流程改造和产品表现形式两个方面推动全面、完整的数字化转型升级。项目实现了预期的两大目标:一是对传统的出版流程进行数字化改造的软件及系统,推动出版流程的完整性建设;二是对多种属性的内容资源进行关联、复合应用的软件及系统,推动出版产品表现形式的完整性建设。①

2014年,所启动的中央文化企业特色资源库项目是在央企技改项目的基础上,致力于传统出版企业实现存量资源转化、在制资源建设的增强资源发掘三项任务,通过资源建设,推动出版社实现特定行业、特定领域的资源库、产品库的建立和健全。通过特色资源库项目,传统出版单位实现了包含文字、图片、视听、游戏、动漫等全部知识素材在内的全媒体资源库的建立和完善,为市场化运营和规模化发展奠定了扎实的内容基础。

2015年,所启动的数字内容运营平台项目是在技改项目、资源库项目的基础上,财政部文资办再次发力推动出版社完成数字出版市场化"最后一公里"的任务。数字内容运营平台项目主要从数字产品和运营平台两个维度,支持传统出版机构建设特定行业领域的数字图书馆、专业数据库、知识库等代表性的数字产品;同时重点支持出版机构就特定行业开展行业级的数字运营平台建设,支持出版社将大数据、云计算等各项技术应用于数字产品运营的精准投送、精准营销、决策辅助等环节。

---

① 总局发文助推文化央企数字化转型升级[EB/OL]. 财政部网站, http://wzb.mof.gov.cn/pdlb/mtxx/201311/t20131106_1007841.html, 2015-10-4.

（二）2014年度国有资本经营预算金项目支持情况概要

2014年底，中央财政下达2014年中央文化企业国有资本经营预算资金10亿元，共支持72家由财政部代表国务院履行出资人职责的中央文化企业实施的118个项目。资金重点支持三个方向：一是支持中央文化企业兼并重组；二是支持中央文化企业开展转型升级、数字资源库、文化与科技融合等项目建设；三是支持具有竞争优势、品牌优势和经营管理能力的中央文化企业开展文化走出去业务。2011年至2014年，中央财政已累计安排国有资本经营预算资金30.6亿元，切实发挥了财政资金的引导和撬动作用，有力扶持和推动了中央文化企业的转型升级、融合发展和文化走出去。①

三 新闻出版改革发展项目库

为深入贯彻落实中央、国务院推动文化产业发展相关政策文件精神，有效实施项目带动战略，推动新闻出版业大发展大繁荣，国家新闻出版广电总局已连续多年开展了新闻出版改革发展项目库的申报和评审工作。新闻出版改革发展项目库是各个出版社关于新闻出版业改革和发展最新思路、最新规划、最新布局的集中体现，在整体上反映了我国新闻出版业发展的最新趋势和下一步的发展走向。

2014年，度新闻出版改革发展项目库最终确定入库项目323个。截至2013年年底，约有超过1/3的入库项目获得中央和地方各类资金资助。除获得中央和地方的文化产业发展专项资金外，还得到中央文化企业国有资本经营预算资金、宣传文化发展专项资金、国家出版基金、走出去专项资金、民族文字出版专项资金、东风工程等多方面、多渠道的资助和支

---

① 中央财政安排10亿支持72家中央文化企业发展［EB/OL］．中国证券网，http://news.cnstock.com/news/sns_bwkx/201412/3278810.htm，2015-10-1.

持。这些项目的实施大力推动了新闻出版业从传统出版向数字化转型,从传统印刷向绿色印刷、数字印刷转型,从传统的内容提供逐步向知识服务转型。①

在数字出版层面,近几年,新闻出版改革发展项目库为文化产业发展专项资金、国资预算金提供了大量的优质项目,改革项目库入选的重点项目获批文产资金、国资预算金项目的可能性大大提高。一方面,体现了新闻出版改革项目库本身所选择的项目具备很高的质量,代表着新闻出版业转型升级的最新探索,代表着出版融合发展的最新尝试,同时也如实反映了各新闻出版单位的业务现状和规划。另一方面,体现出政府主管部门在新闻出版业调控方面的良性衔接与互动,共同推动出版业,尤其是数字出版向着规模化、产业化、融合化的方向发展和迈进。

第二节 财政项目申报技巧揭示

数字出版项目的申报已经成为数字出版人的主要工作之一,一旦相关文件的通知下发后,数字出版部门或者公司就开始了为期一两个月的项目撰写工作。笔者认为,出版机构所申报的财政项目要根据企业自身的发展战略,充分考虑市场的实际状况,逐年申报以形成项目体系,在内容、技术、运营等各方面借助财政资金的支持实现全方位、立体化、多层次的转型升级,而不能仅仅是等到文件通知下发后再"临时抱佛脚"。

---

① 国家新闻出版广电总局.323个项目入选2014年度新闻出版改革发展项目库[EB/OL]. 新闻资讯,http://www.gapp.gov.cn/news/1663/265858.shtml,2015-10-4.

一 系统策划，统筹部署

数字出版项目的申报要遵循"系统策划、统筹部署"的原则，并且各个项目之间要建立起鲜明的逻辑关系，要呈现出良性互动、梯次推进、目标一致的特点；不能东一个项目、西一个项目，项目之间不能杂乱无章，不能没有交集。总体而言，出版机构项目申报的统筹性要参考以下几个方面的要素。

（一）行业发展趋势

申报数字出版项目首先要确保所申报的项目符合行业发展趋势，符合互联网时代、移动互联时代的传播规律。如前所述，数字出版的发展经历了数字化、碎片化和体系化三个发展阶段。按照这三个阶段的理论，在2010年左右，出版单位申报数字图书馆平台、数字出版中心平台类似的项目获批的可能性较大，因为那时各出版社数字出版处于起步阶段，需要最基础、最初级阶段的项目来助力发展；到2014年，如果出版社还申报数字图书馆、中心平台类似的项目则被否决的可能性较大，因为数字出版已经步入了碎片化的发展阶段，专业性的数据库、图片库、数字视听库等类似项目才是支持的方向和重点；而在2015、2016年，步入体系化发展阶段的数字出版业，出版单位则需要考虑构建以知识体系为核心的项目、以大数据、云计算等技术为支撑的项目，确保所申报的项目与融合发展的时代趋势相一致，而不是落后于时代趋势申报相关的项目。

（二）出版社发展规划

现实工作中，存在着"为报项目而报项目"的心态和做法，这种做法不值得提倡，也不会得到财政资金的支持。申报项目要从出版社的实际情况出发，与出版社特定时期内的发展规划相一致，不能够紧跟潮流而忽略了出版社的发展目标和发展阶段。例如，法律出版社在2012~2014年，围绕着中国法律数据中心建设，先后申报了数字化转型升级、中国法律数据中心知识库建设、中国法律数据中心分销平台建设等一系列项目；围绕着法律知识服务的开展，在互联网知识服务领域申报了综合型法律知识服务平台、中国法律英文知识服务平台项目，在移动互联网领域申报了手机律师项目。总体来看，法律社所申报的项目，中心明确、层次鲜明、角度各异，但是都是按照产品、技术、营销的产业链环节来加以配置，最终服务于中国法律数据中心和中国法律知识服务这两个最高目标来开展。

（三）产业链环节

数字出版项目的申报还要服务于数字出版产业链的建立、健全、贯穿和畅通，每一个项目都要着力于解决数字出版产业链某一环节的主要问题，通过几个项目要能够实现数字出版从资源建设、技术供应、产品研发到市场运营的全流程目标。在产业链贯通方面，2013~2015年连续三年的国资预算项目就是个很好的例证：2013年，国资预算重点支持技术改造，解决出版社数字出版的软硬件配备问题；2014年重点支持特色资源库建设，解决出版社数字出版的资源建设和产品研发问题；2015年重点支持数字内容运营平台，解决出版社数字出版的市场营销和销售问题。

二 研究文件，吃透精神

在确保所申报的项目属于系统策划、统筹安排的情况下，便步入了财政项目撰写、申报的实质性工作阶段。在这一阶段，需要重点吃透所发布的文件精神，确保项目书与文件的支持方向相一致，确保项目书不能出现关键性细节错误，确保项目申报过程要牢牢把握住时间节点，不致出现逾期申报的悲剧性后果。

（一）把握支持方向

无论是文化产业发展专项资金项目，还是国有资本经营预算金项目，都会在文件通知里列出年度重点支持方向。这些重点支持方向可谓惜墨如金，每一句话甚至每一个词都会成为申报企业申报项目的线索和要点。仅以 2015 年文化产业发展专项资金的第八个支持方向加以分析。

> 推动传统媒体和新兴媒体融合发展。支持传统媒体运用已有技术成果，开展全媒体、大数据应用、视听新媒体、音视频集成播控等平台建设；支持传统媒体发挥内容资源优势，创新文化产品和服务，培育核心竞争力；支持传统媒体与新兴媒体在内容、渠道、平台、经营、管理等方面的深度融合，拓展传播渠道与影响力。

这短短的一段话便揭示出多层次含义：首先，媒体融合发展上升到国家战略以后，必然会得到各个方面政策资金的重点支持，2015 年文产资金便是支持媒体融合的政策体现之一。并且，作为八个支持方向之一，媒体融合的支持资金总量相对而言会偏高。其次，对申报企业而言，该段文字提示出了为数众多的申报选择，包括全媒体平台、大数据应用平台、视听新媒体平台、音视频集成播控平台等；同时包括支持创新文化产品、创新文化服务；还包括支持内容融合、渠道融合、平台融合、经营融合、管理融合等方面文产项目。最后，对申报企业而言，该支持方向要求申报企业要运用已有的技术成果，要发挥内容资源优势，要培育核心竞争力，拓展传播渠道和影响力，这些内容都需要在项目书中得以体现。

（二）关键细节不犯错

在财政项目的申报过程中，许多出版社的项目没有成功申报，其原因不在于项目本身不行，而在于忽略了许多关键性的细节，进而导致该项目的夭折。这些细节大致如下。

第一，国资预算项目，所申报的资金额度超过项目额度的30%。国资预算项目的配比是财政资金/自筹资金≤3/7，这是一条硬性规定，如果项目书出现申请财政资金额度超过项目总投入的30%，则该项目在形式审查环节即被淘汰。

第二，文产资金项目，企业申请项目补助的，原则上只能申报一个项目，申请金额一般不超过企业上年末经审计净资产额的30%；企业集团最多可同时申报两个项目，合计申请金额不得超过企业集团上年末经审计合并净资产或母公司净资产的20%。一旦超过上述30%、20%的限制，则该项目同样在形式审查环节被淘汰。这种限制对于中小型出版机构而言，尤其需要注意，不能为了贪多求大，而忽略了企业自身的项目承担能力。

第三，文产资金项目，项目的初审工作一定要认真开展，并且要初具项目初审报告。项目初审报告要加盖主管部门的公章，而且必须是主管部门的公章，不能是主管部门内设机构公章。

第四，在规定的时间内，同时完成纸质文件的申报和网络填报工作。有的出版单位只关注到纸质文件申报工作，而忽略了网络填报工作的按时完成，这种情况尤其需要注意。

（三）紧扣时间节点

在数字出版项目申报中，因为没能把握住时间节点，而导致项目没能申报成功的案例举不胜举，年年都有发生。这种情况的出现，只能用遗憾来形容。具体来讲，包括几种情况：第一，到了规定的时间，出版机构没能及时将项目书报送到主管部门，进而没能加盖公章，无法按时申报；第二，出版机构已经将项目书及时报送至主管部门，但是没有继续跟踪盖章的环节和程序，而到放任流程自行前进，结果发现到了截止日期，主管部门的公章仍然没有加盖完毕，也无法按时申报；第三，出版机构没有认真研读文件，本该加盖主管部门公章，却加盖了主管部门内设机构的公章，如计财司、宣传司等司局公章，也不符合文件要求，无法进行申报。

三 认真实施，及时结项

在出版机构中，相当一部分出版社存在着"重申报，轻实施"的情形：即出版社非常重要项目的申报工作，每年的项目都认真组织申报，积极争取资金支持；而一旦资金下拨，却迟迟不实施，甚至资金下拨一两年后，项目尚未进入实施阶段。如果存在这种情况，出版社再次申请项目支持时，将会受到严重影响。

在《新闻出版改革发展项目库2016年度项目申报指南》文件中，明确规定了几种情形不得再次申报新闻出版改革发展项目。

1. 中途退出尚在进行的入库项目的单位；

2. 承担的入库项目中存在2年内没有启动或超过完成时限3年尚未结项的单位；

3. 在入库项目调查中发现重大问题的单位；

4. 因违规被取消申报资格和其他不能保证履行规定义务的单位。

估计在将来的文产资金项目、国资预算项目文件中，也会明文规定企业申报项目的禁止性规定，以便督促各出版机构认真实施项目，确保项目申报的科学性、规范性和严肃性。

四 优秀项目计划书的要件构成

财政项目的入选一定是按照"优中选优"的原则，所入选的项目大多具备示范性、创新性、可操作性、市场前景广阔和产业化可能性大等特点。从申报企业的角度来讲，优秀的项目计划书一定符合形式、实体两方面的若干要件。

（一）实体要件

实体要件，是指项目计划书所反映的项目本身必须具备若干优秀要素，这些要素能够打动专家，能够打动财政部的领导，进而能够入选当年度的财政项目。

第一，项目必须具有示范性。项目要能够发挥引导示范效果，起到以小带大、以点带面的作用，项目能够成为行业标杆，项目能够充分挖掘行业应用价值，为所属行业发展做出贡献，能够直接或间接的促进行业发展。

第二，项目必须具有可行性。项目的目标设定必须科学合理，与企业自身的项目承担能力相适应。项目必须具备资源、人才、标准、资金等方面的基础，这些基础能够足以支撑项目的开展。项目在内容、技术、渠道等各方面都必须是可行的，具有项目实施的现实可能性。

第三，项目必须具有创新性。项目的创新性可以体现在资源整合的创新、产品研发的创新、高新技术的应用、盈利模式的新颖等各个方面，只有具有开创性的项目才有入选的可能。

第四，项目必须具备良好的市场前景。无论文产项目，还是国资项目，其所追求的都是数字出版的产业化，公益性项目不是财政项目支持的重点和主流。因此，出版社所申报的项目一定要具备清晰的盈利模式，要能够切实为出版单位带来规模化的盈利和收入，要能够占有广阔的目标用户市场，真正将项目成果转化为促进转型、推动升级的文化生产力。

（二）形式要件

在形式要件方面，出版单位所申报的项目计划书，需要具备以下几个方面特点。

首先，项目概况部分一定要凝练和精准，能够用最精准的语言准确揭示项目的内容、目标、创新性和可行性。

其次，项目主体部分要采取图文并茂的方式，文字表述要清晰，关键部分要用图表加以说明，例如项目的整体框架图、项目的应用场景图均需要借助图表加以表达。

最后，项目的资金测算部分一定要符合市场平均报价，或者是符合现有的行业价格标准体系。

第三节 财政项目实施要点提醒

在参加了为数众多的出版社项目评审之后，在实施、主持验收了一些项目之后，笔者发现出版社在项目的实施过程中还有一些需要完善的地方，还有一些需要特别注意之处。

一 确保专款专用，保证项目质量

获批的数字出版项目，无论是文产项目还是国资预算项目，所获得的财政资金，都必须如数用在项目本身，用在项目的资源建设、技术购置、产品研发或者是渠道构建等方面，确保项目的专款专用，确保项目能够保质保量完成。

曾经有的出版社由于项目开展不及时，便将项目的整体资金拿去做理财；有的出版社将用于项目建设的资金，用于补贴纸质书出版；也有的出版社按照"大项目、小成果"的方式操作项目，在项目的实施过程中偷工减料等。这些做法都违反了项目的专款专用原则，一旦被发现，轻则进入财政项目黑名单，再也难以获批相关项目；重则触犯法律规定，要承担相应的法律责任。

二 提高实施效率，按时进行验收

这些年，出版社所申报的项目之中，只有2013年度的50多家央企数字化转型升级项目做到了按期结项，其他项目多少都有延期的现象。央企数字化转型升级项目，由国家新闻出版广电总局数字出版司负责主持标准的统一制定，统筹把握六项软件的统一安装和部署，最终在2013年底、2014年初基本实现了所有出版单位的项目验收工作。

一般来讲，项目的拖延实施由几个方面原因造成：有的出版单位，一旦财政项目批复，领导层便想着将项目资金用作其他用途，不是完全按照项目预期目标去实施。有的出版单位，本身不具备实施项目的人力、财力和物力资源，因此，项目获批后一两年内迟迟开展不了。还有的出版单位，项目获批后，会考虑想办法将项目资金向关联企业、控股子公司转移等。这些情况都会导致项目的延期，甚至延迟数年不得结项。

三 组建项目团队，引进监理机制

要保证财政项目的按期实施、如期验收，最重要的莫过于组建合格的项目团队，在项目领导小组的统一安排下，分别组建项目资源建设组、项目产品开发组、项目技术实施组和项目市场运营组。各项目小组需要通力配合，保证项目实施的每个环节都按照项目实施规划进行，每个环节都保质保量，则项目的实施才会按时完工。

同时，鉴于出版单位在项目实施过程中，在软硬件实施方面存在着信息不对称的情况，实践中有的出版社已经启动项目监理或者项目监督机制。实施主体单位开出一定的费用，聘请第三方技术企业，负责项目实施过程的监督，以确保所采购的硬件符合标准，所加工的数据资源符合系统要求，所研发的技术系统能够满足出版单位的实际应用。

（四）程序公开公正，实体符合预期

项目实施过程最重要的原则莫过于确保项目实施程序的公平、公开和公正，确保项目主体工作能够完全符合项目预期目标，确保项目不出现偷工减料的现象。

具体而言，在项目实施程序中要做到以下几方面工作以确保项目公正。

第一，项目的实施要坚持公开招投标程序，而不能采取邀标程序。数字出版项目资金均属于财政资金，财政资金的使用以公开招标为原则，以邀标为例外，尤其是涉及50万元以上金额的分标段，更需要严格按照招投标程序进行。然而，在现实情况中，有的出版单位因为内部情况导致项目一再延期，为了尽快结项，便铤而走险，对于超过50万元以上的工程，直接采取邀请招投标的方法来加以实施；也有的出版单位，为了规避公开招投标导致的不确定性出现，同样采取邀请招投标的方式来实施大额项目。

第二，项目的实施要处理好关联关系。许多出版单位都有关于数字出版或者信息技术方面的子公司，这些子公司的经营状况往往不是很好。一旦获批了财政项目，出版单位内部便会有人想着如何把财政资金变相转移到子公司去，于是结合邀请招投标的手段，让内部公司中标，甚至有的出版单位未经任何程序，直接将财政项目资金划拨到子公司，安排子公司从事项目的相关工作。笔者看来，即便对于出版社控股的子公司，也要严格按照招投标的程序，进行公开招投标，由第三方面专家进行公正客观评审。在经过评审之后，遵循专家组的意见，由专家组确定该子公司是否能够中标；而不能贸然采用邀标的手段刻意安排关联公司中标，更不能未经任何程序直接将项目交由关联企业实施。

在项目实体要件方面，一定要确保项目质量，严格按照项目计划书所

确定的资源建设的数量、技术应用的状况、硬件购置的规模、产品研发的总量、渠道构建的效果来加以实施项目，不能够因为项目批复资金较少而对项目偷工减料，缩减项目目标，也不能挤占、挪用项目资金，而使得项目无法保质保量完成。

五 及时进行验收，加快成果转化

平心而论，目前所验收的各出版单位的数字出版项目，其预期的社会效益和经济效益的实现情况不容乐观。有的出版社项目验收工作开展得非常漂亮，验收文件多达数百万字，财务、业务、技术等各环节的项目档案非常齐全，验收程序非常正规，验收的社会影响力很大，但是，项目验收过后，该项目便如泥牛入海，再无踪影。

我们不能为了验收而验收，项目验收后，要继续开展对项目的评估工作：项目申报之初所制定的项目经济效益如何？社会效益如何？在项目实施完毕后几年内实现项目盈亏持平？几年内完成项目生产目标？如果以这样的标准来评估我们的项目，以经济效益、产业化指标来验收我们的项目，估计能够通过验收的出版企业寥寥无几。

无论如何，项目验收不是作秀，一定要注重项目的成果转化，我们所实施和验收的每个财政项目，最终都要转化为生产力，转化为出版社新的经济增长点，只有这样，才能够充分体现财政资金的示范、杠杆和撬动作用。

最后，建议主管部门在项目策划、申报、实施、验收、审计环节之后，要再增设项目后期评估环节。项目评估主要是核查项目验收之后，是否真正实现了预期的效益目标，是否真正如项目计划书所言，逐年实现了规定的经营收入指标，是否实现了规划的社会效益目标。

案例3：走出去项目——中国法律英文服务支持系统

1. 项目内容

中国法律英文服务支持系统项目是法律出版社结合自身的专业优势和数字化基础，在新闻出版层面上对党的十八大提出"完善中国特色社会主义法律体系"的思考和回应，是法律出版社在数字化转型过程中贯彻落实新闻出版"走出去"方针的重要抓手和创新举措。

项目提供中英文双语阅读服务和双语朗读服务，在国内外第一次以英语、汉语双语种整合了我国"一国两制三法系三法域"的法律文件资源共计1.5万件，100多万条数据，约2亿字信息量（中英文合计）。其中包含中国特色社会主义法律体系的239部法律、706部行政法规、8600部地方性法规，收录香港特区判例法系819部法律和澳门特区大陆法系800部主要法律，同时收录典型法律文书、法律判例共计约4000件，涵盖了我国社会主义法系、判例法系和大陆法系的法律文件精髓和特色。

项目通过全媒体运营服务系统，借助英国出版科技集团的全球性数字图书馆采购平台和全球机构服务营销平台，面向全世界170多个国家的100多万个人用户和2.5万家机构用户进行推广和服务，面向外国驻华使领馆、外资企业和有关国家机关开放。

2. 项目可行性和必要性

中国法律英文服务支持系统研发的必要性在于：第一，中国法律体系本土资源整合缺位；第二，国内外对于中国法律英文服务需求呈现刚性增长趋势；第三，该项目也是专业性出版社实施"走出去"战略的重要尝试和举措；第四，项目的顺利实施，有利于将中国法律体系传播至世界，有利于中国"依法治国"的基本方略为世界所认知和理解，也有利于提高中国出版企业的国际社会效益和国际经济效益。

中国法律英文服务支持系统项目的可行性在于：第一，本项目已经获批为我国新闻出版改革发展项目库2013年度入库项目；第二，法律出版社已经将我国300多部法律翻译成英文，获得了国家有关部委的高度认可；第三，本项目采取了互动出版、交互翻译、协同编辑等一系列先进的数字出版技术；

第四，项目产品与英国出版科技集团全球数字图书馆平台（ingentaconnect）、机构市场营销服务（PCG）等系统实现对接，可以确保具有较高的社会效益和经济效益。

3. 项目实施条件

在队伍方面，法律出版社领导班子具备丰富的国家项目实施经验，拥有一支职业化、专业化、年轻化的数字出版队伍，在传统出版单位转型示范评比中得到了业界较高评价，法律社所研发的"法律文库"项目被中国第五届数字出版博览会推介为年度最佳作品。

在内容方面，法律出版社已经聘请国内顶尖法律英文教授，翻译了数百部英文法律，并获得了相关部委的高度认可。

在技术方面，法律出版社已经与国内顶尖技术公司就机器翻译、交互翻译课题进行了一定程度的研发。

在渠道方面，法律出版社已经与英国出版科技集团达成战略合作意向，正在引进的多平台出版管理系统、全球数字图书馆采购平台将有助于本项目的后期实施。

4. 项目实施阶段

本项目总体工作目标通过三个阶段来加以完成：第一阶段主要负责内容与系统功能的需求调研、材料收集以及研发环境的搭建。第二阶段主要负责确定主持翻译、审核的法律英语教授，对技术提供方第一阶段小规模翻译成果进行审核与验收，确定翻译的标准、差错率统计以及改进方案，进行主体内容的翻译和校验。第三阶段主要负责项目测试和试运营，实现项目内容与全球性数字图书馆采购平台的对接，向国内外个人和机构用户提供服务。

5. 主要结论

项目提供中英文双语阅读和朗读服务，首次整合了我国"一国两制三法系三法域"的核心法律文献资源，是专业性出版社"走出去"的重要举措和尝试，在内容、技术、渠道和团队等方面均具备较高的可行性，具有较高的经济效益和社会效益。

第九章
数字出版人才布局

导语

　　数字出版主管部门的某位负责人曾经讲过：数字出版目前是一个英雄时代，一两个关键性的人物，可以带动一个企业的数字出版走向发展和振兴。不得不说，就学科领域而言，数字出版是一个新兴学科，数字出版实务的发展，对复合型人才提出了更高要求，进而驱动了数字出版学科的兴起与壮大，使得数字出版渐成"显学"之态势。截至2013年年底，北京印刷学院、武汉大学、中南大学等五所高校先后开设数字出版专业。[①]

　　数字出版的人才建设，是当下数字出版产业发展的重中之重，经过数年的发展，数字出版界已经培养出了一批在政府项目、产品研发、市场运营等方面均可独当一面的部门主任，形成了骨干人才驱动发展的态势；但是，数字出版主任再往下的序列中，内容人才、技术人才、销售人才的脱颖而出尚需时日，还需要加快培养和建设。

　　就单体出版社来讲，当内部的体制机制不能留住相应的人才时，便会出现人才外流的情况；而就数字人才本人来讲，行业内外的人才需求非常旺盛，许多出版社"不拘一格降人才"，对于引进的数字出版人才采取协议工资、破格提拔等多种方式，以求带动本社的数字出版业务发展，同时，互联网企业对出版单位内部的优秀内容人才也虎视眈眈，不失时机的进行人才发现和挖掘。

　　从政府主管部门的角度来看，北京市新闻出版广电局已经启动了数字编辑职称考试的相关工作，对于数字出版设置了数字出版内容编辑、技术编辑和运维编辑三个方面的职称序列，同时拟开设初级、中级和高级职称考试和评审。不得不说，加大对数字出版从业者的规范化和职业化管理已成为当务之急，并且主管部门已经有所行动。

　　从产学研一体化的角度来看，电子工业出版社、地质出版社已经先后启动了和高校的数字出版基地建设，一方面可引进高校卓越人才进企业，另一方面可选派优秀实务人才到高校交流。其中，地质出版社与南京大学共建的数字出版基地为期三年，拟在科研成果、论坛讲座、人才培养等多面展开合作。

---

① 廖文锋，张新新.数字出版发展三阶段论［J］.科技与出版，2015（7）：87-90.

第一节　数字出版人才流动现象综述

在人才流动方面，以出版社为视角来审视，2014~2015年发生了大批数字出版人才流动的现象，这种现象有几种类型。

第一，首批数字出版示范单位的数字出版主任纷纷转向非示范单位就职。

第二，示范单位的数字出版人才转向民营数字公司入职。

第三，非示范单位的数字出版主任到示范单位入职。

第四，非示范单位的数字出版主任相互交流。

第五，由民营企业、境外出版集团转向传统出版社入职。

应该说，这种人才流动是市场竞争的产物，也是人才成长规律的体现和反映。主观来看，当数字出版的行业人才成长到一定程度时，原有的体制机制不能再推动他们继续前进，他们便会考虑寻找更适合自己发展的新环境；客观来看，人才的流动有利于加速相关出版单位创新体制机制以便更好地留住人才、用好人才和为人才成长提供足够的发展空间，同时，人才的大规模流动有利于整体数字出版业的发展与繁荣。

值得我们反思的是，人才跳槽的原因是什么？不同出版单位的体制机制优劣高下何在？对出版单位在未来的数字出版发展与布局中有什么启示？

第二节　复合型人才概述

传统出版社发展数字出版业务，除了在市场准入资质、编辑理念更新方面需要努力以外，更需要解决数字人才队伍建设问题。数字出版队伍的建设，关系数字出版业务能否顺利开展，关系到数字出版能否产生应有的效益，关系到两种出版业态格局的重整与融合，进而最终关系到出版业的转型升级。

关于数字出版人才，近期发布的各个政府文件都会见到论述，目前所见的关于数字出版人才的定位、要求的政府文件中，最全面当属2015年4月新闻出版广电总局所发布的《关于推动传统出版和新兴出版融合发展的指导意见》。其第14条"强化人才队伍建设"明确指出：

"制定出版融合发展人才培养规划，支持出版单位与高校、研究机构和创新型企业联合开展出版融合发展人才培养，加大新兴出版内容生产人才、技术研发人才、资本运作人才和经营管理人才培养引进力度，进一步优化人才结构。

建立出版融合发展人才资源库。

鼓励出版传媒集团设立人才基金，鼓励出版单位加强领军人才和复合型人才队伍建设。

建立健全绩效考核体系，创新项目用人机制，探索出版融合发展条件下吸引人才、留住人才、用好人才的有效途径。"

笔者以为上述内容中所提到的人才都需具备复合型人才的特点和能力。所谓复合型人才，指的是对传统出版流程和数字技术及经营管理都比较熟悉或精通的人才。[1]

---

[1] 郝振省.2007—2008中国数字出版产业年度报告[M].北京：中国书籍出版社，2008.

第三节　数字出版人才类型

整体而言，数字出版人才队伍，大致包括领军人才、管理人才、内容人才、资本运作人才、技术人才和销售人才等。而这几类人才，都必须具备复合型特征，需要横跨传统出版与数字出版两大领域，既对传统出版熟悉，也对新技术、新产品、新的传播方式很了解。

一　数字出版领军人才

数字出版的领军人才，是引领整个行业发展、推动行业前进的关键性力量，对内能够充分整合传统出版资源、引进行业信息资源、协调出版社各部门、为出版社领导层布局数字出版出谋划策和提供智力支持；对外能够充分争取行业支持、把握政策方向、与主管部门沟通协调、推进行业人才体系建设和业务水平提高。

数字出版的领军人才在转型时期尤其难得，他们往往是充分汲取了传统出版的营养，而又自主学习和掌握了新技术、新业务、新业态的高素质、融合性的从业者。领军人才在数字产品研发、数字技术应用、数字人才布局、数字出版运营、行业智力支持等方面都精通或者掌握，他们往往既拥有丰富的数字出版理论知识，又富有足够的数字出版业务实践。

鉴于此，笔者联想到，我国目前的新闻出版人才评价体系需要进行创新，比如在中国出版政府奖、韬奋出版奖、全国出版行业领军人才等国家级奖项、行业级奖项等方面都要适当考虑数字出版从业者的因素，适度提高数字出版从业者的获奖比例，扩大数字出版从业者的获奖范围。

二 数字出版管理人才

数字出版的管理人才，是整个数字出版业务的掌舵者，必须站在协调两种出版关系的高度，立足国际、国内两个视野，统筹出版社内部传统与数字业务的大局，从出版社的未来、从编辑的职业规划角度来制定本社数字出版战略。这样，才能确保出版社的数字业务在健康、持续、稳定发展的轨道上前行，才能确保出版社在未来的竞争格局中立于不败之地，才能为社属员工的长期发展、执业规划开辟新的道路。

以地质出版社为例，社领导、中层领导具备前瞻而又务实的理念，在对待数字出版的问题上，不回避、不排斥，采取积极而又稳健的措施来应对出版业格局调整。地质出版社在2015年上半年短短的半年时间内，便在出版社领导层的统一决策和部署下，完成了数字出版分社的建制和初步发展，通过了数字出版公司——中地数媒科技文化公司的设立决议，为数字出版的后续发展奠定了扎实的人才基础和组织机构基础。

在数字出版的组织架构中，管理人才对应的是数字出版部的部门主任或者数字出版公司的总经理级别，需要对出版社数字出版的年度工作目标、季度工作目标负全责，需要统筹整个数字产品研发、数字技术应用和数字市场运营产业链全部环节。

三 数字出版内容人才

数字出版的内容人才，是出版社数字出版战略的执行者，是出版社数字出版职能的落实者，是具体数字出版业务的实施者，同样需要对一个出版社的产品结构较为熟悉，需要对本社的传统图书所可能产生的数字出版效益了然于胸，需要对市场上与数字图书相关的新技术、新产品进行一定的调研，并结合自身业务，对本社数字出版的具体开展提出合理、务实的建议。

在数字出版的组织架构中，骨干型的内容人才对应的是数字资源建设和数字产品研发的各部门主管，包括但不限于数字图书馆部主管、数据库部主管、网络出版部主管、手机阅读部主管、终端阅读出版部主管等。

四 数字出版技术人才

数字出版的技术人才，是整个数字出版业务的关键角色，技术的落后或者先进，将直接影响合作方的意向、影响数字产品的销售，进而影响数字业务的发展顺利与否。

技术人才，一方面，需要在计算机技术方面有较丰富的知识和实践经验，另一方面，需要熟识和掌握出版相关的专有技术，例如电子书的B2B、B2C技术。同时，该技术人才还需要具有稳定性特征，这样才能确保出版社网站建设、数据库建设和电子书建设的长久、稳步发展。最后，从行业的角度来看，技术人才的年龄不宜太高，国内外经验表明，一个优秀的技术人才的最佳发展期是30岁左右，处于这个年龄段的技术人才具有最多的开发灵感和研发创意。

数字出版的技术人才，在业务实践中一般对其能力的要求高过对学历的要求：不论其学历高低，只要能解决实际技术问题，便要不拘一格地聘用和使用。举例言之。

笔者从业过程中，曾经遭遇过法律数据库服务器崩溃的情况，当时聘请各路技术高手进行会诊和确定解决方案。最后，给出的答案都是服务器已瘫痪，无法重启，只有采用数据恢复、然后重建系统的办法才能解决。这样下来总共的费用预算大致为300万元，而笔者当时所接手的公司资金不容许采取这样方式解决问题。后来，专门邀请了惠普公司的硬件金牌工程师——小薛来处理。小薛用了3天的时间，把服务器的每一个部件都更换了一遍。到了最后一天下午，更换了一块服务器主板，终于整个服务器启动了，数据库得以恢复，最后只花费了8000元的维修费用。后来，小薛被引进到公司并聘为技术部主管。

五 数字出版销售人才

数字出版的销售人才，是最为难得的，他们业务开展的是否顺利，最终决定了数字出版是否有出路，他们承担着整个公司的主要营利任务。可以说，数字出版的销售工作，比传统图书的销售要更难开展。

首先，数字出版的销售工作，是一项全新的工作，没有现成的路可走，需要在艰难的信息消费市场中披荆斩棘杀出一条路。没有以往市场客户的积累，只能是通过每天一点一滴的努力，赢得客户，赢得市场，取得利润！从长远来讲，数字出版的销售人员，要在充分运用出版社品牌商誉的基础上，建立起一个庞大的、全新的、涵盖特定领域职业共同体在内的数字产品用户群。

其次，销售人员所负责的订单少则几万块钱，多则几十上百万。面对这样大的数额，任何一个单位都会慎重作出决定，这就需要数字出版的销售人员深刻认识本社数字产品的长处，将出版社数字产品的优势最大程度呈现，尽量回避或者化解本社数字产品的不足，以促成对方作出消费决策。

最后，数字出版的销售员工面对的客户都是特定行业、职业的消费决策人，对其社会交往技巧和业务开拓能力要求都非常高。一旦出言不慎，对方可能因为你一句话的青涩幼稚，而否定该笔订单。

因此，数字出版业务的销售员工，公司对其能力要求是多方面的：既要熟悉本社传统图书的优势，又要了解本社电子书的长处；既要说服对方接受法律社产品的内容优势，也要让对方了解本社产品的技术优势；既要以产品说话，也要充分运用自己的人脉资源；既要借助出版社的传统作者资源来实现销售，更要不断拓展新的客户、新的消费团体。

第四节 数字出版人才培养与保障机制

作为一个新兴产业，数字出版的壮大与崛起，最关键的是要有一批能干事、能干成事、能干大事的人才队伍，这只人才队伍要特别能吃苦、特别能战斗和特别能奉献。与此同时，政府主管部门、行业指导部门和出版企业自身要有保障人才队伍成长、留住人才队伍、用好人才队伍和激励人才队伍的相应体制和机制。

在国家层面，主管部门需要建立和健全数字出版人才的培训、调训、职称等规章制度和政策。如前所述，北京市新闻出版广电局已经启动了数字编辑职称考试工作，数字编辑包括数字新闻、数字出版、数字视听、数字游戏和数字动漫等个领域的从业者。在编辑类型上，数字编辑分为内容编辑、技术编辑和运维编辑；在职称序列上，分为初级编辑、中级编辑和高级编辑；就数字出版而言，包括数字出版内容编辑（初级、中级、高级）、数字出版技术编辑（初级、中级、高级）和数字出版运维编辑（初级、中级和高级）。北京市的数字编辑职称考试将于近期启动，其效力目前只局限于北京市地区，面向的范围不仅包括传统的国有出版社，还包括民营文化公司、网络技术公司等非公有制企业从业者。在北京市启动数字编辑职称考试之后，预计在明后年，江苏、四川、广东、重庆等地也将会纷纷启动本地区范围的数字编辑职称工作。

在行业层面，作为数字出版的行业指导机构，如中国音像与数字出版协会、中国新闻出版研究院等，也需要在各自的领域内为数字出版人才建设与培养献言建策，同时在人才激励、评估等方面积极布局。2015年7月，中国新闻出版研究院所举办的第六届中国数字出版博览会上，公布了"2014～2015年度数字出版新锐人物"奖项，首次为5位数字出版部主任颁发了新锐人物奖，这也是在行业层面第一次对数字出版部门主任进行评估和激励。建议，以后在中国出版政府奖、新闻出版领军人物等各种行业级奖项中适度提高一线数字出版骨干的获奖比例，以提高数字出版从业者的积极性，推动数字出版业向着更快、更高、更好的方向发展。

在企业层面，出版单位需要充分重视人才，以待遇保障体系、薪酬激励体系、专业性人才培养体系为核心，选拔培养人才，引进优秀人才，鼓励人才成长，创造出有利于人才发展的良好环境。在这方面，地质出版社专门出台了"五个一"社长奖励基，其中包括《人才培训基金》，即每年拿出100万元用于人才的培养和培训。符合条件的数字出版人才可申请到国内高校攻读硕士、博士，还可申请到国外进行业务培训，以尽快提高数字出版人才队伍的整体素质和职业水平。

案例4：地质出版社人才培训基金管理办法
地质出版社培训基金管理办法（试行）

第一章 总则

第一条 为建立和完善中国大地出版社、地质出版社（以下简称"出版社"）人才培养长效机制，培养适应我社发展需要的人才，形成更有凝聚力的企业文化，树立良好企业形象和产生更好的社会效益、经济效益，特制订本办法。

第二条 培训基金作为我社干部员工培训的专项基金，服务于我社整体培训工作的开展。

第三条 我社培训基金管理的指导思想是：服从并服务于出版社整体发展战略，在使用上突出出版行业职业教育特色，为全面提升我社核心竞争力和员工综合素质，提供有效的资金保障。

第四条 培训基金本着以下原则运营使用：

（一）坚持专款专用、定量管理的原则。培训基金应保证专款专用，结合出版社年度战略发展规划和各部门、各单位实际培训需求，提前制定年度培训基金使用计划，实行预算管理。

（二）坚持合理规划、务求实效的原则。培训基金的使用应根据我社改革发展需要和员工多样化培训需求，提前规划、合理安排年度使用方案，分层次、分类别地支持不同培训项目的开展，增强培训工作的针对性和实效性，确保培训质量。

（三）坚持突出重点、全面覆盖的原则。培训基金的使用应优先保障岗位培训等重点培训项目，在为生产服务的基础上，兼顾员工个人发展需求，为出版社业绩与员工能力素质共同提升，提供全面的资金支持。

（四）坚持多方监管、运转规范的原则。培训基金作为我社重点扶持培训工作的专项资金，应严格使用流程，使之符合相关财务制度。并在具体使用时，发动财务等相关部门共同监管，做到资金使用公开、规范。

第二章　基金来源及管理机构

第五条　培训基金自出版社上一年度经营利润中提取，实行预算管理、实报实销，原则上每年实际使用数额不超过 100 万。如遇特殊情况确需增加的，应报社长办公会另行研究决定。

第六条　成立培训基金管理委员会，负责培训基金的审核与管理等。主任由分管人事工作的社领导担任。

下设办公室，设在人力资源部。办公室主要职责是协助建立高效、规范的培训基金管理使用体系，承担年度培训计划建议、拟定、督办落实、汇总整理，培训档案管理，培训组织及培训项目的审查等工作。

第七条　成立监督委员会，由纪委、党群工作部（审计监察部）等组成，负责对培训基金计划、使用、报批等过程的监督管理，受理举报等。

第三章　基金管理

第八条　培训基金采取计划管理，当年需通过培训基金支持的各类培训，均应按计划、有组织地进行。年度培训基金使用支付计划，分为定期使用支付计划和不定期使用支付计划。

（一）定期使用支付计划是指各类经常性培训项目的基金使用支付计划。一般统一按年度编制。

每年十一月底前，各部门（分社）提出下个年度的定期培训需求计划和落实计划所需的资金数额，报人力资源部汇总整理。人力资源部依据国家及行业主管部门对各专业各岗位人员的要求，结合出版社业务工作实际，基于职业导向、能力核心、学用一致的出发点，于每年第一季度前，形成当年《培训基金年度使用方案》（见附件1），并报培训基金管理委员会审批。

培训基金管理委员会依据相关财务制度和出版社总体发展战略、人才战略，审核方案的可行性，并最终批准，于计划年度的第一季度正式下达执行。

《培训基金年度使用方案》一经批准，方案中所列各培训项目的组织部门或申请人，可于培训期间，在不突破方案所列培训预算的前提下，按照培训项目进展情况，到培训基金管理办公室预支。待取得发票后，予以多退少补、实报实销。

（二）不定期使用支付计划是指根据工作需要，各类临时安排的阶段性培训项目的基金使用支付计划。临时安排的培训项目申请培训基金，需填写《培训基金使用临时申请表》（见附件2）并至少提前两周报管理委员会审批备案。

不定期使用支付计划经培训基金管理委员会审批通过后，培训项目的组织部门或申请人，可于培训期间，在不突破方案所列培训预算的前提下，按照培训项目进展情况，到培训基金管理办公室预支。待取得发票后，予以多退少补、实报实销。

（三）凡列入基金使用支付计划的培训项目，无特殊情况应严格组织执行。确须调整的，应在保证不突破培训基金年度总量的基础上适当调整培训项目安排，并通过人力资源部，报基金管理委员会审批。

第九条　培训基金实行分项管理，培训基金支付的经常性培训项目主要分为上岗资格培训、应用培训和外出培训（含在职学历或学位教育、短期培训、公派出国进修和自费出国留学、全日制学历学位教育）。以上培训项目属常规性培训项目，应在制定培训基金的年度定期使用支付计划（《培训基金年度使用方案》）时予以统筹考虑，也可根据工作需要随时开展，列入不定期使用支付计划。

（一）上岗资格培训是受聘资质的考察性培训，其对象为新聘用到出版社的员工以及待岗员工。

上岗资格培训一般在新员工或待岗员工总数达10人及以上时，由人力资源部统一组织、集中培训。用人单位分散或新聘人数较少时，各用人单位可在人力资源部指导下自主组织培训。上岗资格培训结束后，由员工本人填写《上岗培训总结鉴定表》（附件3），并由培训组织部门负责签署意见。

上岗资格培训合格，是新员工或待岗员工上岗的必备资质条件。培训期间因特殊原因不能按期参训的人员，经人力资源部批准，可在下一期培训时补训。凡拒不参加培训（含补训），或培训中表现较差，或培训结束后经用人部门考核鉴定意见为不合格的人员，一律不予聘用，已聘用的应予办理解除劳动关系手续。

（二）应用培训是根据岗位特点和业务性质，以提高从业人员专业技能和业务水平为主要目的职业培训。

应用培训的科目和内容，根据培训对象岗位职责和业务要求，按照职能相近、学用一致的原则安排。

（三）外出培训是员工在出版社系统外接受社会教育培训的重要方式，主要包括在职学历或学位教育、短期培训、公派出国进修等。我社鼓励员工利用业余时间或在不影响工作的前提下，按照"专业对口、学以致用"的原则，开展各种形式的自我培训或学历学习。涉及到由出版社支付费用或占用工作时间的，按下列规定执行：

1. 在职学历或学位教育。

（1）凡由单位选派参加学历或学位教育的员工，在指定学校完成培训任务后，可凭毕业或学位证书、学习档案及学费发票到培训基金管理委员会审核后全额报销学费。

（2）凡个人申请参加各种在职学历或学位培训的（在出版社工作3年以上、表现优秀的员工方可提出学习申请），先由员工本人提出书面申请，填写《培训申请表》（附件4），经所在部门领导同意并推荐后，报培训基金管理委员会批准。审批通过后,员工应先签订培训协议,方可报名参加学习。

(3)参加在职学历教育或学位教育的员工,一般应利用业余时间学习(单位选派的除外)。在保证工作不受影响的情况下,部门主任也可根据员工本人申请、部门工作安排,酌情给予一定的听课、复习考试时间,但每年总计不得超过5天(视为公假)。

(4)凡个人申请参加在职学历或学位培训的,所学专业应与工作岗位一致,经批准后学习,学费先由员工个人垫付,在规定的学习期间内完成学业的,凭《培训申请表》及毕业或学位证书、学习档案、学费发票等,到培训基金管理委员会审核后报销部分学费,报销比例不超过学费总额的50%且报销额最高不超过3万元。

(5)凡由社里批准并由培训基金承担了培训费用的员工在毕业或取得学位后必须为出版社服务5年,特殊情况未满5年需调离的,应按未满期限之比例支付违约金。

(6)在本办法印发前已经批准参加学历学习的且仍在学习期内,学费报销按原规定执行。

2. 短期培训。员工拟申请参加脱产或半脱产与工作相关的短期培训班,需填写《培训申请表》,经所在部门领导同意后,报培训基金管理委员会批准,学费先由员工个人垫付,待培训完成后,凭相关发票实报实销。短期培训可申请培训基金支付的项目如下:

(1)各类职业资格、职称的考试评审费和有关主管部门组织的考前培训费。同一专业类别且同一级别的职业资格、职称相关考评、培训各项费用均只在取得相应职业资格、职称时统一报销一次,报销额最高不超过3000元,初中级最高不超过2000元。

(2)根据规定并经社内批准参加的,上级主管部门要求的岗位培训班(如国家新闻出版总局的社长、总编辑岗位培训,编辑室主任岗位培训等)均可凭相关票据予以实报实销。

3. 公派出国进修。出版社根据业务发展需要选派员工出国进修,名额从严掌握,提前在《培训基金年度使用方案》中统筹考虑。差旅费和学习费用先由个人垫付,待按期学成归国后,凭毕业证或学位证、学习档案、学费票据及选派文件，经培训基金管理委员会审核批准，由人力资源部负责与员工签订协议后，全额报销学费。

学习结束回国后至少为出版社服务10年，特殊情况未满5年需调离我社的，应全额退还单位在其学习期间支付的工资、差旅费和学习等费用，在5至10年期间调离出版社的，按未满期限之比例支付违约金。

第十条　培训基金档案管理，主要由《培训基金年度使用方案》、《培训基金使用临时申请表》、《培训申请表》及各类报销票据、取得的证书凭证、培训协议等组成，主要记载培训基金支付的各类培训、进修执行情况及基金使用情况。

培训基金管理委员会办公室工作人员根据职责分工，分别建立电子及纸质材料档案，每个培训项目支付完成后应将相关材料整理备案。

第四章　附则

第十一条　本办法也适用于我社的各部门、分社、中心、工作室等内设机构的正式在岗职工。

第十二条　下属企业可参照本办法执行。

第十三条　本办法未尽事宜由社长办公会议研究决定。

第十四条　本办法由我社培训基金管理委员负责解释。

第十五条　本办法自发布之日起实行。

第十章
数字出版物市场调研

导语

自2010年起,我国数字出版产业步入快速发展阶段;2013年,随着首批国家数字出版示范单位的评选与公布,70家报社、期刊社和出版社均在各自的领域探索开辟了转型升级的道路,纷纷推出各自具有代表性的数字出版物,这些数字出版物,按照产品形态不同,包括电子图书、互联网期刊、数字报纸、手机图书、网络优秀、网络动漫、网络音视频,等等。[①]

数字出版物的市场调研,是指运用科学的方法,遵循特定的程序,在搜集、分析、整理各种信息、情报和资料的基础上,对数字出版物市场进行调查和研究;通过调查和研究深度挖掘用户的消费需求,获知竞争对手的商业策略,形成自身的经营规划,进而减少市场运营风险,把握市场经营规律,提高数字出版企业的经济效益和社会效益。

对于数字出版企业而言,市场调研工作开展的好坏直接关系着能否有效挖掘用户需求,能否形成前瞻务实的产品经营策略,能否发现和抓住市场空白,能否顺利实现数字出版产品和服务的销售,进而实现企业的经济效益和社会效益。

本章将结合重点案例,选取数字图书馆、数据库产品、手机阅读出版物等典型性的数字出版物,分别从市场调研的意义、市场调研的类型、市场调研的程序和方法几个角度对数字出版物市场调研进行系统阐述和研究。

---

① 参见郝振省. 2012-2013中国数字出版产业年度报告[M]. 北京:中国书籍出版社,2013.

第一节 数字出版物市场调研的意义

"凡事预则立，不预则废"。市场调研工作，贯穿于数字出版产业链的各个环节，无论是资源建设、产品研发、市场营销和销售，还是衍生服务的开展，均需要围绕市场调研所得出的结论和报告进行。

具体而言，数字资源建设的形态、格式、标准需要借助于市场调查的结论；产品的表现形态、定价策略、安装部署方式，需要建立在市场研究的基础上；市场销售的商业模式的确定、营销方案的制定、付费方式的实现，需要与市场调研中的用户需求相吻合。

目前国内的出版社、民营企业和境外的传媒集团均对数字产品和服务的市场调研工作高度重视，通过市场调研，资本背景不同的数字出版企业，针对政府市场、企业市场和个人用户市场制定了前瞻而务实的营销策略和销售策略。

一 捕获用户需求，搜集用户数据

用户需求的获取，是数字出版产业链的第一环节，能够敏锐、准确地把握用户阅读需求、消费习惯，数字产品的销售工作就完成了一半。相对于传统出版的市场调研工作，数字出版的市场调研所捕获的用户需求更加具体，所搜集的用户数据更加精细。

（一）多角度捕获用户需求

数字出版物的市场调研，包括数字产品的调研和数字服务的调研，两种调研的目标在于更多角度、更大范围地挖掘用户需求，包括用户的产品阅读需求、价格定位需求和安装部署方式的需求等。

1. 产品需求

数字化、信息化时代的到来，推动着人们的阅读向着无纸化、环保化方向迈进，进而催生出大量的电子图书、数据库、手机书、网络动漫、网络游戏、网络音视频、MPR多媒体复合印刷读物等数字阅读产品。

在面对海量的资源形态、产品形态时，用户究竟需要什么样的产品？究竟迫切需要获取哪方面的精准知识？是需要海量集合性的产品还是需要单一碎片化的产品？是需要在互联网环境下实现阅读还是在移动互联环境下进行阅读？是通过计算机享受知识服务还是通过平板电脑、手机等享受知识服务？这些问题都是数字出版物市场调研工作需要进行一一解答。

数字出版的营销实践表明：

（1）B2C语境下的个人用户：个人用户对数字产品的需求往往是碎片化的、单一性的。个人用户会选择计算机进行数字产品阅读，但是更多的个人用户逐步倾向于平板电脑、电子书阅读器、移动手机进行资讯的获取、阅读的消费。

（2）B2B语境下的企业用户（也包括事业单位）：企业用户往往会对综合性的、资源海量性的数字产品进行集中采购，而后分发给企业成员所使用。所选择的数字产品或者是集中在特定专业、学科领域，或者是集中在特定职业、实务领域。获取知识的介质往往是计算机居多，往往通过互联网向企业成员进行知识分发和推广。

（3）B2G语境下的政府用户：随着国民经济各个行业信息化、科技化、数字化的趋势日新月异，政府机关采购数字产品和服务的比例呈现稳定上涨的趋势，政府机关客户所购置的数字产品多是特定领域、特定职业的，并且往往是通过政府内部局域网的方式进行安装和部署，向机关成员实现资讯的提供、知识的分发和信息的传递。

2. 价格需求

对任何行业的市场调研而言，目标用户的价格需求把握始终是调研的重中之重。通过把握消费者能够承受的价格底线，在此基础上形成合理的定价策略，是数字出版物实现销售的关键性因素。

相对于西方数字产品的价格而言，我国的数字出版物价格呈现出"畸低"的不正常状态。例如，美国的电子书价格和纸质图书价格相差无几，甚至是纸质图书价格的几倍，而我国在互联网销售的电子书价格普遍是纸质图书的 1/3，手机图书的价值只有纸质图书的 1/10。单一品种的数字出版物价格偏低，广大网民仍然习惯于免费阅读，数字环境下的盗版猖獗，是当下我国电子书 B2C 市场无法打开的三大因素，也是很多出版企业无法实现数字出版盈利的时代性因素。

3. 部署需求

数字出版物市场调研的另一个重要方面是产品/服务的安装部署方式。用户对数字出版物的部署需求，影响着甚至是决定着数字出版企业的产品研发。

一般情况而言，个人用户会选择广域网访问（互联网访问或者移动互联网访问）的方式来获取数字产品；企业用户、高校图书馆等事业单位用户会同时选择广域网访问、局域网访问的方式来实现数字产品的安装部署。而出于网络安全和信息安全的考量，政府机关用户绝大部分会采取内部局域网的方式对机关成员开发所购置的数字产品和服务。

数字出版企业往往会根据自身发展的实际情况，选择不同的部署方式和服务策略，从而形成了我国数字出版物市场的基本竞争格局：外国的传媒集团，如亚马逊、励德·艾斯维尔在我国主要以个人用户和企业用户为主要的数字出版市场；中国知网、方正阿帕比等民营企业主要以个人用户和高校图书馆为主要的数字出版市场；为数众多的国有出版社主要依靠自身的专业优势和行业背景，力图在个人市场和政府机关市场领域取得突破。

（二）全方位搜集用户数据

随着大数据技术的发展，大数据变革着人们的思维，变革着商业模式，也在变革着社会管理和企业管理。因此，以海量数据为标志、以预测为核心、以辅助决策为功能的大数据技术越来越引起各个行业的重视。

就新闻出版业而言，在大数据环境下，数字出版物的市场调研主要是通过各种各样的数字产品和服务平台，来全方位、立体化的搜集用户数据，包括内容数据、身份数据和交互数据。

1. 内容数据

内容数据：不仅包括网站所载图书、杂志、报纸等传统载体上的正文信息，相关标题、作者等的 meta 信息；还包括微博、微信和论坛等新型媒体上发布的内容。

2. 身份数据

用户数据：是指用户相对稳定的信息，主要包括年龄、职业、性别、喜好、兴趣等方面数据。

3. 交互数据

交互数据：是指用户与用户、用户与内容之间产生的互动信息，主要包括转发、评论、点赞、收藏等方面数据。

二 了解市场环境

数字出版物市场调研工作有利于数字出版从业者、数字出版企业更加全面地了解市场竞争情况，包括竞争对手的产品服务、经营策略、经营规划等，也包括市场上仍然存在需求空白，仍然存在的数字出版蓝海，还包括整个数字出版市场竞争的格局、态势及发展趋势。

（一）了解竞争格局

数字出版物市场目前的国内竞争基本格局是国有出版企业、民营文化企业和外国出版传媒集团各有千秋，分别在政府市场、企业市场、高校图书馆市场和个人用户市场进行激烈的市场竞争。

无论是国有出版企业还是民营文化公司，抑或外国出版传媒集团，要想打开国内的数字出版市场，在激烈的市场竞争中脱颖而出，都必须在全面调研竞争对手的产品、服务的基础上，以优质的产品为核心，以完善的服务为后盾，上升到行业、产业知识服务的高度，为用户提供点对点直供直联直销的数字出版物。

（二）熟悉竞争对手

"知己知彼，百战百胜"，充分、深入的市场调研工作还有利于数字出版企业全面的了解竞争对手的基本情况，进而制定出差异化的市场竞争策略，在数字出版市场中立足和发展。

数字出版物的市场调研，要围绕竞争对手的产品布局、渠道分布、盈利模式、人员结构、市场表现等方面展开，这样才能全面地获知竞争对手的基本情况，为自身进行数字出版物的研发和营销提供有益借鉴，以取得数字出版领域的跨越式发展。

（三）发现市场机会

数字出版物的市场调研，还能够帮助数字出版企业掌握现有市场的饱和度，解决市场准入时的信息部对称问题。优秀的市场调研员，能够通过对竞争对手的分析，对整个市场的研究，避免红海的激烈竞争，为企业制定和实行蓝海战略、探索差异化竞争策略、找寻并发现未知的市场商机奠定扎实的数据基础。

三 形成产品策略

在充分展开市场调查和研究的基础上，通过对整体数字出版市场环境的熟悉和分析，通过对竞争对手进行全面细致的掌握和研究，数字出版企业按照"人无我有""人有我优"的基本经营方针，可以分别在红海市场推进差异化竞争策略，在蓝海市场先发制人抢占市场制高点。

（一）红海战略与蓝海战略

数字出版物市场调研的直接目标是通过搜集资料和分析论证，判断和掌握数字出版企业拟研发的产品服务属于红海产品还是蓝海产品，进而为企业制定红海战略还是蓝海战略提供客观、第一手的资料和信息。

红海产品是指在已知市场空间、竞争激烈的主流产品，蓝海产品是指针对未开发市场所拟研发的产品。作为数字出版业产品典型代表的数字出版物，无论是电子图书、数据库，还是手机图书、网络文学都经历了一个由蓝海产品向红海产品过渡的阶段。所以，数字出版市场调研工作首先要搞清楚数字出版物属于红海范畴还是蓝海范畴；其次要研究分析得出结论企业自身拟研发的产品是否处于红海产品向蓝海产品过渡的阶段；最后，要根据产品所处竞争阶段的不同，制定和实施不同的红海战略抑或蓝海战略。

红海战略的核心在于不断提高产品竞争力，不断降低产品研发成本，不断推进产品的升级换代，只有这样才能够保持优势的市场竞争地位，不在市场竞争中被淘汰；蓝海战略的核心在于奉行差异化竞争策略，敏锐捕捉和及时发现市场空白，针对市场潜力巨大、目标用户群数量巨大的领域创新性地研发新产品、提供新服务，以填补数字出版物市场的空白，始终处于市场竞争的前瞻性地位。

（二）产品方向与产品升级

在对数字出版物市场进行调查和研究的基础上，结合市场调研报告和企业实际经营情况，数字出版企业能够明确自身的产品研发领域和产品更新换代的方向。

如上所述，经过调研，当企业发现自身拟研发的产品处于未知的市场空间时，该产品便属于蓝海产品；在此基础上，企业领导层需要具体细化产品的方向，如采取线上服务还是线下服务的方式，主要的目标客户是个人客户还是企业、政府客户,具体产品形态是电子图书、数据库产品、手机出版物、动漫游戏还是其他类型的数字出版物。

当企业发现自身拟研发的产品在市场中处于完全、充分的市场竞争格局时,在调研报告中便要提出企业产品改进的意见和建议,尽可能提出更新换代版的数字出版物。产品升级的方向可能是资源量更大、功能更加便捷、价格更加低廉,也可能是安装使用载体进行扩充。

(三)探索有效的盈利模式

数字出版的盈利模式是市场化操作的前提,是产业化发展的纽带。在商业模式的选取上,各个出版社大致有线上和线下两种模式。在具体的盈利模式开拓上,则更加丰富:有 B2C、B2B、B2G、B2B2C、O2O 等多种模式。无论何种模式,只要有利于提高数字产品的市场占有率,有利于提升数字出版的收入水平,就是合理的盈利模式。

数字出版物市场调研报告需要包含产品的盈利模式,该盈利模式需要具备前瞻性,能够满足企业较长时期的发展需要;需要具备务实性,能够满足企业日常经营的生存需要。

为数众多的盈利模式,就目前而言,其功能和定位大致有二:知识提供和知识服务。知识提供,是数字出版企业根据自身的行业资源优势,按照行业知识分类法,为用户读者提供优质的数字化内容。知识服务,是数字出版企业根据用户的需求,按照个性化和定制化的目标,为目标用户提供量身定做的知识产品和服务。

1. 知识提供

B2C 盈利模式主要适用于和重点合作商的合作,该第三方运营商必须具备足够多的个人用户,能够提供强大的个人消费渠道,进而为出版社的数字产品提供优质的消费渠道。

目前,盛大文学、中文在线等民营企业、数百家国有出版社与中国移动手机阅读基地、中国移动电信手机阅读基地、亚马逊等第三方平台合作。在数字出版初期，B2C 起到了有效提高收入、增加用户的效果。

B2B 模式是目前各个数字出版企业应用最广泛的商业模式，能够起到短平快见效的效果，也是构建自主销售渠道的最快捷方式，主要适用于高校、出版社等机构用户。

B2G 模式（Business to Government）是部分中央级出版社目前盈利模式的支柱，主要是与行政机关、司法机关等国家机关进行合作，将所研发的数字产品向国家机关进行推送和销售。

2. 知识服务

B2B2C 模式，是在上述 B2B 、B2C 的基础上，结合行业服务功能，通过向某一固定系统的成员按月收取信息费的方式，向系统成员提供资讯、知识服务，资讯服务的提供放置于用户方，进而增强了服务的针对性，提高了互动性，而非单纯的知识推送。

（四）推行合理的定价策略

数字出版物的市场调研必需要包含对数字出版物定价的调查和研究，定价策略选择的成败直接关系到商业模式是否成功，关系到消费者是否为数字产品埋单，关系到数字出版物的营销和销售目标能否成功实现。

1. 遵从行业现状

鉴于目前我国广大网民习惯于免费阅读、数字出版物盗版猖獗、数字出版物整体市场定价偏低的现状，数字出版企业所确定的产品定价不宜过高，短期内我们不能达到西方国家数字产品定价和纸质产品相近甚至是高于纸质产品定价的水平。就电子图书而言，目前的行业现状是国内电子书价格普遍是纸质图书的 1/3、手机图书价格普遍是纸质图书的 1/10。

2. 符合消费者购买力

消费者的购买能力、心理承受能力是数字产品定价策略的首要考虑因素。目前我国个人用户用于数字产品的消费相对较低，而企业用户和政府机关用户恰恰呈现出较强的购买力，并且企业和政府机关购买数字产品、数字知识服务的经费比例呈现出逐年上涨的趋势。所以,数字出版企业不妨将产品策略、渠道营销和推广的重点放在机构客户领域,这样能够在近期内实现企业的盈亏平衡。

四 推动市场营销

数字出版物的市场营销,按照产品研发的时间点不同,分为前期营销、中期营销和后期营销。而一项优秀的数字出版物市场调研活动,其本身也是一项数字出版物前期营销的过程。

(一)捕获用户信息以推动营销进程

数字出版物的市场调研,往往获得了大量的关于用户的联系方式例如博客微博、微信、邮件等具有身份属性的信息,同时对目标用户的消费价格预期、阅读介质媒体、阅读偏好习惯等数据也进行了统计和分析。这些信息和数据往往是数字出版物中期营销和后期营销的关键性资料,也为中期营销和后期营销大大提高了效率,缩短了整个营销进程的时间周期。

(二)收集市场信息以降低销售风险

数字出版物的市场调研,通过搜集大量有关市场竞争格局、竞争对手情况和市场机会的信息和数据,能够为数字出版企业制定红海或者蓝海战略提供决策辅助,能够协助企业制定与竞争对手大相径庭的差异化竞争策略,能够帮助企业领导层及时发现市场空白,进而为开辟全新的、未知的市场空间做好铺垫。

(三)形成产品意见以保障销售实现

数字出版的市场调研,有利于企业创新性研发新产品,以占领数字出版新市场,有助于企业对原有产品进行升级换代,加快企业转型升级的步伐，同时，能够协助企业制定出最满足消费者需要的产品价格，帮助企业选择最合理、最前瞻的盈利模式，进而保障销售过程的最终实现。

第二节 数字出版物市场调研的类型

　　数字出版物市场调研的类型，涵盖了几乎所有的数字出版产品和服务的市场调研，包括电子图书、数据库产品、手机图书、网络出版物、终端阅读产品、动漫游戏产品、网络音视频产品等。

　　数字出版物市场调研有其共性规律，也有个性特点，不同的数字出版物所呈现出来的调研重点、调研群体、调研方向、调研方式方法均有一定的差异性。这里仅选取几种具有代表性、典型性的数字出版物加以细致分析。

一 数字图书馆市场调研

　　数字图书馆，或曰电子图书馆，是指依托一定的数字资源平台，按照特定专业或者特定领域，对海量的电子图书进行汇聚而形成的集合性数字出版产品。数字图书馆是目前数字出版业中最具典型性、最具代表性的数字出版物。

　　数字图书馆的主要特征如下。

　　第一，依托特定的数字资源平台。第二，按照特定专业或者特定领域建立。第三，汇聚海量电子图书。第四，数字图书馆属于综合性数字出版物。

　　数字图书馆的构成要素是电子图书，电子图书或曰数字图书，顾名思义，就是以数字化、信息化的载体作为内容展现形态的"图书"，它不再像纸质图书那样需要依托于纸张作为载体，而是以互联网为载体，以计算机、平板电脑、电子阅读器等为输出终端。

(一) 原创型电子书和转化型电子书

根据 2013 年度中央文化企业数字化转型升级项目标准——《数字出版业务流程标准》的规定，电子书包括原创型电子书和转化型电子书。

原创型电子书，是指不依托于传统出版，直接采用电子书加工制作流程生产的电子书。其特征是：电子书的生产与纸质图书生产过程同步化，或者电子书的生产先于纸质图书的生产。

转化型电子书，是指依托于传统出版，在纸质图书的基础上加以转化而产生的电子书。其特征是：电子书的生产过程明显滞后于纸质图书，电子书是在纸质图书源文件的基础上加以转化而产生的，或者是对纸质图书进行扫描、识别、加工、制作而产生。

目前，国内的传统出版单位所经营的数字图书馆主要是以转化型电子书作为核心产品单元，而类似盛大文学、中文在线这样的民营企业则是以原创型电子书作为核心产品单元。

(二) 数字图书馆市场调研的重点

数字图书馆的市场调研，需要围绕以下几个方面重点展开。

第一，目标用户群体。首先需要确定目标用户群体的性质，属于政府机关，还是企业客户，抑或是高校图书馆、公立图书馆、科研院所等事业单位客户；其次需要估算目标群体的规模，也就是用户群体数量，这直接关系到数字图书馆未来的市场收入规模和盈利大小。

第二，同类竞争对手。目前国内数字图书馆供应商数量庞大，能够供应的数字图书也是海量级别的，在这种情况下，市场调研的第一要务是准确定位真正的竞争对手是哪一家或者哪几家，要清晰明了竞争对手的市场占有率高低，要分析研究如何贯彻落实差异化竞争策略，尽量避免与竞争对手的红海竞争。

第三，产品战略和定价策略。在数字图书馆这个红海市场，当竞争对手为数众多、产品规模相当庞大、市场占有率较高的时候，如何把产品做精做细、提供更加优质便捷的知识服务便成为赢得客户的重点；同时，能否有效地降低成本，以低于竞争对手的合理定价来提高市场占有率，让消费者以最高的性价比获取同样的数字服务，这些也是市场调研不可或缺的组成部分。

第四，合理的服务方式。前述目标用户群体的确定、竞争对手的实力评估中都包含了对自己采用何种服务方式的逻辑基础。性质不同的用户群体，所需要的安装部署方式是不一样的，政府客户往往接受多层级内部局域网安装部署的方式，甚至要保密资质、网络安全方面的要求。企业客户能够同时采用互联网访问和局域网安装的方式。图书馆等事业单位客户往往会针对自身成员，以局域网的方式进行安装和部署数字图书馆。

● 二 数据库市场调研

数据库产品，是指按照特定专业或者学科，汇集海量条目数据，为个人用户或者机构用户提供知识服务的数字出版物。数据库产品和数字图书馆一样，是目前数字出版业态的主流、典型的数字出版物。

（一）数据库的产品特征

数据库产品的主要特征如下。

第一，以条目数据为产品构成基本单元。第二，以海量资源聚集为主要表现形态。第三，以强大的查询检索功能为技术支撑。第四，数据来源途径多样化，市场准入门槛相对较低。

（二）数据库产品市场调研的重点

目前，国内外著名的数据库产品供应商有：国内的北大法宝、北大法意、中国知网，国外的汤森路透、励德·艾斯维尔等。这些数据库产品供应商的产品布局较早、市场占有率较高，同时在不断提升自身的产品质量和产品规模，力图长期保持数据库服务市场的优势竞争地位。在这种情况下，数据库产品市场调研的重点主要有以下几个方面。

第一，竞争对手实力评估。竞争对手的实力包括资金实力、产品实力、技术实力、渠道实力、人力资源实力等，任何一个试图进入特定领域的数据库产品供应商，都要考虑同领域竞争对手的上述实力。在经过调查和研究后，全面评估竞争对手的综合实力，再分析和判断自身是否要进入该领域的数据库产品市场。

第二，数据库产品的核心竞争力。竞争对手的数据库产品之所以拥有较高的市场占有率，是因为其数据库产品拥有别人无法望其项背的核心竞争力。产品的核心竞争力可能是资源的权威性、资源的独家性、资源的海量聚集效应、资源的更新及时性等，也可能是拥有特殊的分销和发售渠道，该渠道其他供应商无法轻易进入。

第三，差异化竞争策略与蓝海战略。在确定了竞争对手的综合实力和产品核心竞争力之后，市场调研报告的重点便是在红海领域提出差异化的竞争策略，在未知市场空间提出蓝海战略。

从差异化竞争的角度来看，国有出版企业往往因其拥有数千种乃至数万种图书，而具备了民营企业、境外企业所无法提供的特殊资源，这些图书在经过作者授权、资源碎片化、知识体系标引等环节后，便成为了出版社所独家拥有的核心数据。

从蓝海战略的角度看，目前我国信息服务市场所提供的数据库产品大部分是"靠量取胜"而非"靠质取胜"，现有供应商的主要优势在于海量资源聚集效应，规模越大，产品销售越容易实现。新生数据库供应商需要立足前瞻性的战略定位，从特定领域的知识元、知识体系、知识图谱建构的角度来重新研发和升级数据库产品，以互联网知识服务和移动互联网知识服务作为企业发展目标，这样的企业才能够重新开辟数据库市场的新天地。

三 手机出版物市场调研

手机出版是以手机为载体的数字出版形态，广义上包含手机铃声、彩信、彩铃、图片、动漫、手机游戏、手机图书杂志等；狭义的手机出版物仅指手机图书、杂志等。

具体来说，所谓手机出版，就是以手机为载体的出版形态，是指手机出版服务提供者使用文字、图片、音频、视频等表现形式，将自己创作或他人创作的作品经过选择和编辑加工制作成数字化出版物，通过无线网络、有线互联网络或内嵌在手机载体上，供用户利用手机或类似的移动终端阅读、使用或者下载的传播行为。

（一）手机出版物的主要特征

手机出版物的主要特点如下。

第一，移动性、便携性。第二，节省成本，零库存，传播范围广。第三，价格低廉，付费便捷。第四，互动性强，更新速度快，信息容量灵活。大量的手机出版物以碎片化、片段化的形式出现，例如，中国移动手机阅读基地上最畅销的图书往往是以连载的形式出现的原创性网络文学，比如《斗破苍穹》《斗罗大陆》等。

（二）手机出版物市场调研的重点

鉴于手机彩铃、手机音乐、手机游戏等广义的手机出版物的产业链较为复杂，这里仅选取传统出版业态紧密关联的手机图书、手机杂志等手机阅读类产品的市场调研作为介绍重点。

第一，用户规模统计。手机图书和杂志的潜在用户数量是市场调研的重要任务，直接关系着手机出版能否盈利和盈利规模的大小。由于手机阅读用户呈现出"低学历、低消费、低收入"的"三低"特点，所以手机阅读用户群集中于农民工、青少年、高校学生等群体，一般来讲，针对这些群体定向推送的内容资源往往会取得较好的经济效益和社会效益。

第二，移动互联规律把握。手机出版和互联网出版的特点具有较大的差异性，首先，手机阅读类产品的信息量不宜过大，篇幅不宜过长；其次，手机阅读类产品的风格应当以轻松、愉悦、休闲的题材为主，适宜浅阅读的作品往往更受读者欢迎；最后，手机阅读类产品的定价相对更加低廉，手机图书的定价一般是纸质图书定价的1/10，而互联网上电子书的定价却往往是纸质图书的1/3。把握了这些规律，所作出的调研报告会更加科学、更加合理，为企业进军手机出版领域提供可靠的资料和数据。

第三，市场营销手段运用。传统出版编辑在互联网方面从事电子书、数据库产品的开发和营销，往往会较快的完成自身角色的转换，胜任工作的可能性较大；而对于移动互联领域的产品研发和市场营销却会显得捉襟见肘，因为在移动出版领域，一方面传统出版单位甚至是网络文学公司，他们的话语权不够重，很难就新产品推荐、新品上榜等事宜和手机阅读基地进行平等的洽谈和协商；另一方面，网络文学公司和出版社，尤其是传统出版社，对手机阅读的营销手段、营销方式、营销法则非常生疏，不像在传统出版领域那样驾轻就熟。所以，通过什么样的渠道，采取直销、分销还是委托第三方营销，运用什么样的营销手段便成为手机阅读调研的重点任务之一。

第四，产品业态创新考量。2009~2012年，传统出版社的数字出版部门往往会通过简单的版权许可使用的方式，把图书的数字版权授予移动、电信手机阅读基地，每月换取几万、几十万不等的市场收入，彼时的手机出版可等同于出卖版权。2012年以后，阅读基地的整体收入规模呈现高增长的态势，但是作为内容提供商的出版社却收入不断下降，这种现状迫使着出版企业重新思考手机出版的产品形态和业态创新。至此，手机阅读的盈利模式由 B2C 一统天下的局面逐步过渡为 B2C 和 B2B、B2G 齐头并进；手机出版物的产品形态由单一的手机书、手机杂志逐步向着移动办公学习平台、移动行业应用知识服务平台等产品领域升级换代；而阅读基地除了和数字出版企业签订传统的内容合作为主的协议以外，还就行业渠道建设逐步和内容供应商，尤其是专业出版社陆续展开合作。

四 网络出版物市场调研

网络出版物是指拥有互联网出版许可资质的企业，根据互联网和移动互联网数字传播的规律，组织专业的人员创作的仅在互联网和移动互联网上进行销售的数字出版物。

（一）网络出版物的主要特征

国家新闻出版广电总局设有专门的互联网出版管理部门，每年还对授予互联网出版许可证的出版企业进行年度核验，由此可见网络出版业务在我国数字出版的版图中占有重要的一席之地。

网络出版业务的繁荣与发展，也培养了一大批在网络上异常活跃、声名鹊起的网络作家。当下我国网络出版作品丰富的、网络出版业务盈利颇丰的企业集中于盛大文学、中文在线等网络文学公司，而传统的国有出版社却鲜有在网络出版领域有所建树的。当然，也有部分出版社组建了专门的网络出版部，以出版原创性的网络文学作为主要业务，以在互联网和移动互联网上销售作为盈利途径。

简单地说，网络出版物的特征如下。

第一，网络出版物的生产者需要具备互联网出版许可资质。第二，网络出版物需要组织专业的人员进行创作。第三，网络出版物主要是通过互联网和移动互联网进行传播和销售。

(二)网络出版物市场调研的重点工作

网络出版物市场调研的重点工作主要有以下几个方面。

第一,总结流行主题。网络出版物的时效性非常强,往往在特定时间段内会流行特定题材,促进了网络文学的繁荣与发展,同时也成就了一大批年轻的网络作家。所以,网络出版物市场调研的重中之重便是及时总结和发现当时乃至未来一段时间可能畅销的作品主题和题材。

第二,挖掘网络作家。网络出版物市场调研的另一项重要使命是挖掘网络作家,既包括已经成名的网络作家,更包括发现并培养可能成为著名作家的网络新写手。这一点,网络文学公司有着成功的市场实践,每个大的网络文学公司都有几个网络作家作为当家花旦,同时还经营着庞大的网络新作家队伍。

第三,掌握营销渠道。网络出版物的市场营销非常重要,如何在互联网、移动互联网运用科学合理的营销手段,投入经济实惠的营销成本,抓住恰到好处的营销时机,是网络出版物市场调研的另一项重要任务。

五 终端阅读出版物市场调研

2011年,国内数字出版界盛行的五大运营模式有:"汉王模式""方正模式""移动模式""上海世纪模式"和"盛大模式"。这五大模式中有两种模式是将阅读器作为发展战略的重要组成部分——汉王阅读器和上海世纪辞书阅读器。数字出版发展至今,仍有许多出版社、技术公司在推广终端阅读出版物,如人民军医出版社的"军医掌上图书馆"、当当网的"多看阅读器"。由此可见,终端阅读出版物也是数字出版物的一种重要产品形态。

(一)终端阅读出版物的主要特征

终端阅读出版物,是指以存储设备、电子阅读器等为载体,以特定领域的电子图书、条目数据等为内容，通过在线或者离线的方式为用户提供知识服务的数字出版产品。

终端阅读出版物的主要特征表现在两方面。

第一，依托有形的载体。终端阅读出版物需要依托看得见的载体，这种载体包括U盘、软磁盘、硬磁盘、光盘等存储设备，也包括电子阅读器、平板电脑等可视化的载体。

第二，采用离线或者在线的知识提供模式。从知识服务提供的角度来看，终端阅读出版物包括两种：一种是采取在线方式，借助电子阅读器或者平板电脑，向数字知识平台下载、购置所需的电子图书、条目数据等产品；另一种是离线的方式，将电子图书、数据库等事先预装在U盘、平板电脑等载体中，供用户长久甚至是终身使用。

（二）终端阅读出版物市场调研重点

终端阅读出版物市场调研的重点任务有以下几个方面。

第一，合理的产品定价策略。终端阅读出版物的成本包括硬件成本和内容资源成本，硬件成本往往会占据整个产品定价的相当大的比例，此时如何给内容资源定价便成为市场调研重点要予以解答的问题。

第二，可行的商业模式。终端阅读出版物的商业模式相对单一，和传统出版领域出售图书的模式相近，但是因为涉及硬件的高成本，产品供应商必须要考虑是采取接受预订的模式，还是采取自身先行制作加工之后再向市场销售的模式，实践证明"接受预订"的模式商业风险较低，营销成功率较高。

第三，与业务相匹配的人力资源配置。终端阅读出版物是按照计件销售、计件盈利的方式进行推广和销售，这种营销模式往往需要投入大量的人力、物力，需要有相当规模的人力资源作为业务支撑，因此，市场调研的内容必需要回应人力资源配置的问题。

第三节 数字出版物市场调研的程序

数字出版物的市场调研,大致要经过必要性论证、确定目标、设计方案、制定计划、组织调研、分析和整理资料和形成调研报告七个阶段,其中每一个阶段都是下一阶段的工作基础,也是上一阶段的工作延续。

一 论证调研必要性

之所以进行数字出版物的市场调研,是因为在特定领域出现了特定的问题,需要用市场调查和研究的方法来提供决策参考,以解决市场经营中的问题,更好地实现数字出版物的营销和销售。一般来讲,数字出版物市场调研必要性主要由以下几个方面的问题引起。

(一)宏观政策环境发生变化

数字出版是出版业态创新的产物,是信息技术、通信技术作用于出版业的客观结果,是出版业发展的未来和方向。作为一个新生产业,政府主管部门高度重视和大力扶持数字出版业,近几年先后出台了一系列支持和鼓励数字出版发展的宏观调控政策。当宏观调控政策出现明显变化的时候,作为市场细胞的企业需要及时进行市场调研,分析和研究政策变化,自觉用好各项有力政策,积极争取财政项目资金,以促进自身的产品升级和营销调整。

目前,我国数字出版产业中,政府主要起着引导、扶持和有效干预的作用:在引导方面,国家主管部门引导出版企业树立正确的数字出版方向,主导数字出版行业规则、规章制度的建立,推动传统出版单位的业态升级和转型；在扶持方面，主要是通过示范评比、人才调训、项目建设等方面，为出版单位提供资金和政策方面的各项支持；在有效干预方面，有关主管部门主要致力于维护健康的数字出版市场秩序，确保国有资产的保值增值，维持数字出版市场的整体供需平衡。

从长远来看，在数字出版产业中，市场起着最终的决定性作用。国家有关主管部门在职权职责范围内，在特定的历史阶段，给予数字出版业资金、政策等方方面面的支持和鼓励，主要是为了培养传统出版单位和新媒体企业具备复合出版业态下的综合竞争力甚至是海外竞争力。

无论是作为数字出版主体的传统出版单位，还是作为数字出版新锐力量的新媒体公司，都应该保持清醒的头脑，抓住国家大力推动文化产业大发展、大繁荣的有利契机，自觉用好各项政策资金支持，充分发挥市场主体的主观能动性：全面引入和推行数字化的技术、流程，生产出数字化的产品和服务，建立起数字化的渠道网络，使得我国数字出版企业能够在国内外激烈的市场竞争中脱颖而出，成长为能够适应现代复合出版业态竞争格局下的领军企业和行业领跑者。

综上所述，自2012年以来的以鼓励和扶持为主的宏观政策层出不穷，构成了数字出版企业进行市场调研的第一个必要性。

（二）市场整体环境竞争激烈

十八届三中全会首次提出市场在资源配置中起决定性作用，进而改变了近20年来的市场在资源配置中起基础性作用的提法。市场的决定性作用，给正在形成和不断发展的数字出版市场起到了重要的提醒作用：作为市场主体，必须充分发挥自身在数字出版业态中决定性作用，尽早适应和融入到真正意义上的市场竞争中去，甚至是走出国门，与国外的数字出版商进行竞争，不断培育和发展自身的用户市场，在完善的产品供给、先进的技术布局和有实际掌控力的渠道建设方面真正成长和成熟起来。作为主管部门的新闻出版广电总局数字出版司，将"数字出版处"更名为"产业推进处",这也释放了一个强烈的信号:主管部门将会在促进数字出版产业化、规模化、市场化方面加强工作,指导和督促出版单位参加、融入到市场竞争中去。

1. 国外竞争的强烈态势

客观地说,我国的数字出版市场存在着三股主要的竞争力量:传统出版企业、新兴民营企业和境外出版传媒公司。强调市场的决定性地位,以市场需求为导向、面向市场研发数字图书、数据库等产品,宏观的战略意义在于应对来自国际方面的数字出版商挑战。我国的数字出版消费市场潜力是巨大的,正因为这一点,国外的出版商纷纷以各种形式、以各种产品入驻中国。如 West Law、Lexis Nexis 等出版商纷纷在中国推广自己的数据库产品,涉及医疗、商业、法律等各个行业。亚马逊数字业务在中国已经开启,在短短的时间内形成了与国内网店竞争的态势,且配合其 kindle 等硬件产品,显示出了强劲的竞争力。

如果我们的出版单位,连国内市场都保不住,连自己的"一亩三分地"都种不出庄稼来,还谈何"走出去"?所以,深入研究用户的需求特点和规律,研发适销对路的数字产品,提供"私人订制"班的市场服务,才能一方面抓住国内市场,另一方面进军国际市场,把中国的数字化产品和服务推向国际社会。

2. 传统出版单位与新兴企业的竞争格局

关于数字出版的发展方式,长期以来有两种说法:第一,依托于传统出版单位,促使其实现技术升级、产品创新,进而达到全行业的业态创新;第二,"腾笼换鸟",由新兴的技术公司、新兴的市场主体取而代之。无疑,从目前主管部门的产业政策来看,首先还是主要支持传统出版单位尽快实现产业升级和业态更新。

客观地说,为数众多的新兴企业在数字出版领域确实正在或者已经取得了相当不错的社会效益和经济效益。他们并没有出版单位的行业渠道优势、品牌价值优势,也没有政府主管部门的资金政策扶持,但是他们却在数字出版的若干领域取得了突飞猛进的突破。

在数字出版容易脱颖而出的法律出版领域，国内的技术企业，如北大法宝、北大法意、中国知网、方正阿帕比等，均在政法院校、公检法司律等行业系统内开拓了非常广阔的市场渠道，他们的数据库较之出版社而言，还是有着内容、技术、功能等多方面的优势。他们并没有政府资金和政策的支持，没有行业渠道的先天性优势，但是，他们却在数字出版领域开辟了一片新天地。

总而言之，境外出版传媒集团依靠雄厚的资金实力，强势来袭我国数字出版产业，国内新兴网络技术公司纷纷涉足数字出版领域，并且已经在市场竞争中占有一席之地。传统出版单位借助新闻出版广电总局、财政部的政策资金支持，试图展示后发制人的实力。这样的竞争态势，决定了每一个数字出版企业在进行产品研发、技术开发和市场营销的时候，都需要认真进行市场调研，弄清市场竞争格局，这样才能做到有的放矢，规避市场经营风险，提高市场经营成功概率。

（三）企业市场经营遇到阻力

数字出版物市场调研的直接必要性在于企业的市场经营活动出现了困难，遇到了阻力。这种阻力可能是企业所拥有的数字资源规模不大，质量不高，难以满足产品研发的需要，可能是数字产品研发不对路，不能有效满足用户的消费需求，也可能是企业市场营销和销售局面打不开，难以在激烈的市场竞争中脱颖而出。正是上述种种企业经营实际中所遇到的障碍，促使企业积极进行市场调研活动，以便更好地建设资源、改进产品和提高销售额。

二 确定调研目标

明确的目标是数字出版物市场调研发起的初衷，也是最终要达到的调研目的。从数字出版产业链的角度来看，数字出版物市场调研的目标主要是涵盖资源、产品、技术、销售四个环节，为数字出版产业链的贯通做准备，具体来讲包括以下四个方面。

（一）强化资源建设

经过市场调研，在对国内外数字出版企业综合调研的基础上，要确定自身的数字资源建设方式，为下一步数字出版物研发做好铺垫。一般来讲，数字资源建设途径主要有三种。

第一，存量资源数字化转换。存量资源数字化转换主要适用于具备专有出版权的传统出版社、报社、杂志社。我国的出版社社龄分别从二十多到六十多不等，在数十年的发展过程中，出版社积累了数千到数万种数量不同的纸质图书，这些纸质图书的数字化加工与转换是出版社数字出版资源建设的重要任务与使命，也是传统出版社独家具备的数字资源优势。

第二，在制资源数字化加工。在制资源数字化加工同时适用于出版单位、民营企业和境外企业：对新闻出版单位而言，在制资源数字化主要是指日常生产经营过程中的纸质图书数字化、报纸期刊数字化。对民营企业而言，在制资源数字化是指通过网络抓取、政府合作所获得的公共信息资源。对境外企业而言，主要是指通过互联网所获取的我国医药、法律、税务等过国民经济各个行业的数据和资源。

第三，增量资源购置与扩充。增量资源的购置与扩充，同样适用于三种类型的数字出版企业：新闻出版单位可以通过版权置换、版权购置的方式来获取图书、期刊、报纸、条目数据的增量资源，民营企业和境外企业同样可以选择彼此合作、与新闻出版单位合作、与数据拥有者合作的方式来开展增量资源建设工作。

资源数字化加工和制作，是数字出版物市场调研的目标之一，同时也为数字出版企业进行数字产品研发、数字产品转型升级奠定了产业链的基础。

（二）改进产品设计

改进产品设计，是数字出版物市场调研的另一项重要目标。数字出版物，亦即数字出版产品和数字出版服务，是数字出版产业链的核心环节，是上游资源建设的逻辑延伸，是下游技术应用和市场销售的主要对象。

数字出版物市场调研的产品改进目标主要体现在以下两个方面。

第一，新产品研发设计。在对数字出版物市场供需整体状况进行调查的基础上，在对竞争对手核心数字出版产品进行研究的基础上，数字出版企业根据调研报告，提出适销对路、适合自身实际情况的数字出版产品研发方案，可以凭借全新的或者差异化非常大的数字出版产品打开一片全新的数字出版市场，贯彻和落实数字出版的蓝海战略。

第二，原有产品升级换代。对主要竞争对手的核心数字产品全面调研的基础上，结合消费者购买数字出版物的趋势分析，数字出版企业便可对自身已有的数字出版产品进行改进。这些改进或者体现在增强数字出版物的功能，如把电子书升级成包含音视频、动漫、三维插图的增强型电子书。这些升级版的电子书或者体现在降低产品定价，以优惠的促销策略来打动消费者，或者对数字产品的内容进行丰富和扩充，提高消费者的购买性价比。

（三）推动技术创新

市场调研的重要目标，还包括把最新的计算机技术、通信技术应用于数字出版业，按照创新驱动发展的战略，把技术创新作为第一生产力，不断提高企业的生产效率，不断降低企业的经营成本。

国家新闻出版广电总局在"十三五"科技规划课题中，设置了大数据、云计算、语义分析和物联网四项技术在新闻出版业的应用研究。这四项技术一方面可以作用于出版业的编辑、校对、印制、发行等传统出版历程；另一方面更能够通过出版业，创新性地将四项技术与国民经济行业知识服务相结合，推出这些技术应用的数字出版产品和服务。

（四）促进市场营销，提高经济效益

数字出版物市场调研的终极目标是促进数字产品营销和推广，增加数字产品的市场收入，提高数字出版物的社会效益。无论是前述的资源建设目标、产品改进目标，还是技术创新目标，都是服务于提高市场销售的目标，因为实现了市场销售，数字出版物的价值才真正得到了实现。

市场调研本身就是一种前置性营销活动，它把数字出版企业所研发的最新的产品，通过样本抽取的方式，向目标用户进行宣传和推广，或者是通过吸收和借鉴目标用户的建议和意见，用于改进产品和创新技术，最终又在用户那里实现最终的产品价值，或者是通过对竞争对手产品、技术、销售方面的调研，形成企业自身的经营策略，不断强化自身产品、降低产品价格，增强自身的市场竞争力，提高企业产品的市场占有率。

三 设计调研方案

数字出版物调研方案的设计，是整个数字出版物市场调研活动的核心和关键，直接关系到调研目标能否实现，调研活动能否如期开展，调研报告是否科学有效，是否能兼具务实性和前瞻性。

数字出版物调研方案包大致包括以下几个方面内容。

第一，市场调研目标。在市场调研课题启动之初，就必须根据营销人员与企业管理者的要求，发现问题、确定方向，从而在调研设计阶段明确调研的目的。

第二，调研数据来源。市场调研所依据的信息、资料、数据，无论是来自互联网、移动互联网的各种数字出版运营平台，还是来自最终的数字

出版物用户，都是第一手资料而依据其他报告所总结出来的第二手资料，这些问题都需要确定下来。

第三，调研方法。无论是采取电话调研、问卷调查，还是进行实地考察，举行专题研讨会，抑或借助互联网、移动互联网，还是通过第三方的大数据平台进行调研，这些调研方法如何统筹使用，是调研方案必须要解决的问题。

第四，调研人员。调研人员需要具备丰富的数字出版营销经验或者销售经历，能够熟悉电子书、数据库、手机阅读等多种数字出版物的特征和规律，同时需要具备与时俱进的学习态度，能够对大数据、语义分析、物联网等最新技术有所了解和判断。最后，实地调研的人员要求能够熟悉用户情况，熟悉市场竞争状况，能够及时响应用户提出的问题，并将这些建议和意见反馈在调研报告中。

第五，调查样本。调研方案必须明确调查的范围，样本的数量和特征以及抽样方法。是采取全样本，还是样本抽查？是选择个人读者，还是选择政府用户、企业客户？这些问题都需要在调研方案中明确下来。

第六，经费预算和时间进程。市场调研工作总是需要花费一定的时间和资金，因此，必须作出预算，进行成本效益分析，好的调研方案力争以最节约的时间成本和资金花费来完成最优秀的市场调研。

㈣ 制定调研工作计划

数字出版物市场调研工作计划的制定要遵循以下几个原则。

第一，时间性。调研工作计划一定要有明确的时间阶段，要按照事先规定的时间表进行，除了不可抗力以外，不能随意变动调研进程，以影响整个调研工作的正常进展。

第二，务实性。调研工作计划要具备务实性特点，需要紧紧围绕事先制定好的各项目标展开，不能游离于调研目标之外。

第三，参照性。调研工作计划要以竞争对手为参照，充分对竞争对手的数字产品、数字技术、资源建设和市场营销进行调研和研究，以确保所得出的调研结论具有较强的执行性。

第四，前瞻性。调研工作计划要具备前瞻性特点，要立足国内、国际两个数字出版市场，充分调查研究国有出版社、民营企业和境外传媒集团的各项指标，要结合政府宏观调控政策进行，确保所得出的调研报告能够立足时代前沿，能够在较长时间内指导数字出版企业的发展和壮大。

五 组织市场调研

在制定好调研计划之后，数字出版企业应该着手安排专业人员展开市场调研工作。市场调研的组织实施，可以由数字出版企业自身进行，也可以委托第三方调研机构实施。

市场调研的过程中，首先，要对调研目标进行分项拆解，拆分为多个子目标，每个子目标由专门的工作组负责，实行责任制原则；其次，调研过程需要综合运用多种调研方法，主要是线上和线下两种途径，前者依托于互联网的信息资讯，后者需要实地调查，需要深入到市场、深入到目标用户所在地；最后，调研工作组之间要定期沟通和交流，以确保分项子目标的调研相互协调，避免重复劳动，避免做无用功。

六 分析和整理调研资料

调研过程结束之后，各个工作组需要汇总本组的调研资料数据，同时需要对不同工作组的调研数据进行整理和分析研究。数据整理过程中要优先考虑选择价值较高的第一手资料和数据，按照"去粗取精、去伪存真"的原则对资料数据进行细致甄别和梳理。

七 撰写调研报告

经过对数字出版物市场实际情况的调查了解，将搜集到的全部情况和材料进行分析研究，揭示出共性，寻找出规律，总结出经验，最后以书面形式陈述出来，这就形成了数字出版物市场调研报告。

数字出版物市场调研报告撰写过程中需要注意以下几个方面的问题：

第一，报告需要建立在丰富的调研数据基础上。没有内容丰富、角度全面的资料和数据，便难以形成科学权威的调研报告。除了第一手资料以外，新闻出版广电总局、财政部文资办、新闻出版研究院等政府主管部门和行业科研机构所发布的宏观政策、年度报告等，也具有极高的信息价值和指导价值。

第二，报告要遵循逻辑严谨、条理清晰的原则。围绕数字出版物的产品、技术、渠道等产业链的特定问题展开，运用网络统计、实地考察、专题研讨、大数据分析等多种方法，做出的报告要符合实际调研的过程，能够以最简洁的表现形式表达出真全面的内容。

第三，调研报告要统筹运用文字、图片、表格等多种表现形式。单纯的文字表述尽管逻辑严谨，但是不够形象和生动，配以相应的表格、图片则显得更加立体和丰富。例如，关于电子书收入增长的年度报告，除了文字表述外，年度增长表、年度增长柱状图会更具有表现力，而且产生一目了然的效果。

第四节 数字出版物市场调研的方法与技术

数字出版物市场调研的方法，既包括传统的问卷调查、电话调研、召开专题研讨会,也包括新型的互联网、移动互联调研方式,新型的调研方式往往是数字出版物调研的主要方法。数字出版物市场调研可能会运用许多技术,这里简单介绍一下大数据技术在数字出版物市场调研中的应用设想。

一 问卷调查

问卷调查法,是指通过设计调查问卷,让被调查者填写调查表以获得被调查对象的信息。在调查中将调查的资料设计成问卷后,让被调查对象将自己的意见或答案,按照调查问卷的要求,填写到相应的地方。

数字出版物市场调研的调查问卷只有符合以下几个方面的要求,才能取得较好的调研效果。

第一,简洁明晰。调查问卷的题干要明确、清晰、直奔主题,不能出现似是而非的问题,让被调查者不明所以;调查问卷的题肢要有明显的层次区分,各题肢之间相对独立,尽量避免出现题肢与题肢之间相互重叠、互相包含的逻辑语病。

第二,针对性强。调查问卷要针对被调查对象的消费能力、消费行为、身份属性、群体特征等个性化的特点,设置出被调查者主动感兴趣、参与积极性强的问题,否则问卷调查的目的就难以实现。

第三,预设情景多于自创情景。现代社会的快节奏、高压力导致人们的阅读行为呈现出浅阅读大于深阅读的趋势,许多"填鸭式"的"垃圾信息"到处充斥在人们的日常生活中。在这种情况下,如果调查问卷设置的客观性问题少而主观性答案多、预设情景少而自创情景多,那么被调查者往往会对问卷表现出敷衍、厌倦的态度,甚至会将问卷当做垃圾文件一样弃之一边。

第四,既要坚持全面的原则,又要坚持重点的原则。调查问卷的内容需要仅仅围绕市场调研的目标,比如选取数字出版产业链的资源建设、产品研发、技术应用或者渠道销售的某一个方面重点进行调研，但同时又要兼顾产业链的上下游关系，对调研目标相关的问题适当涉及，体现出立足全面、突出重点的调研风格。

二 电话调研

电话调研，是指针对数字出版物的某些具体问题，采用电话询问的方式向特定的人群进行调查。电话调研的主要特征如下。

第一，针对具体问题。电话调研的问题不能是范围很广的，那样会引起被调查人的反感甚至是厌恶，调研的问题往往是关键性的、具体的问题。比如，就数字图书馆的定价体系向目标用户进行征询意见，或者是就数据库产品的规模向目标用户提出询问等。

第二，面向特定人群。电话调研的目标群体必须是特定领域的或者是特定群体，如果泛泛的向公民大众进行电话调研，往往会被当作垃圾信息一样过滤掉，调研效果会使得其反。比如，采用电话调研的方法来确定政府机关用户对数字图书馆的价格心理承受能力，所选择的目标群体必须是政府机关内部数字化产品的采购负责人。

第三，调研时间不宜过长。电话调研的大忌是没完没了就同样的问题向被调查者发问，或者是向同一调查者多次进行询问，这样导致的后果是再进行电话调研时的目标群体减少。

第四，需要及时归纳总结。需要及时将被调查者的建议或者意见进行总结和梳理，尤其需要对多个被调查者的建议进行系统归纳，得出其中共性的规律，作为调查报告的组成部分。

三 实地调研与专题研讨会

实地调研法，是指数字出版企业委派专业人员到目标用户所在地进行市场调研研究。调研员在实地考察时,常用的调研形式是召开专题研讨会。

实地调研的主要特征如下。

第一,成本相对较高。实地调研相对于电话调研、问卷调查最明显的区别便是调研成本较高,涉及交通成本、会议成本、专家咨询费等。

第二,互动性强,参与度高。尽管成本相对较高,但是实地调研的互动性较强,便于现场提出问题和现场解决问题,不像问卷调查那样互动性相对较差。另外,实地调研的参与度较高,实地调研的前提是事先确定好调研参加者,由于实地调研往往是就特定地域或者特定职业群体的数字出版需求问题展开,所以出席调研会的往往都是专业人士,发表的观点具有较高的参考价值和借鉴意义。

第三,便于集中解决调研问题,调研效率相对较高。采取头脑风暴式的实地调研发,能够在短时间内调动所有参与者的积极性,吸收和汇聚专业人士的观点,所以解决问题的效率非常高。

四 互联网调研：邮件调研、微博

计算机技术作用于出版业,催生了数字图书馆、数据库产品、网络出版等典型的数字出版物,同时还在数字出版业务流程中也起到了促进和推动作用,产生了一系列新型的市场调研方法。

电子邮件调研已经被证明是互联网调研的最常见的方法之一,许多数字出版企业通过电子邮件就年度、季度、月度的最近数字产品向广大消费者征询意见,征求建议。电子邮件调研的优势在于：第一,信息传递快,缩短了调研过程;第二,信息承载量大,比较适合综合性的调研内容。不足之处在于：随着越来越多垃圾邮件的出现,许多问卷调查也被专业软件加以过滤或者被用户当做垃圾邮件语义删除,调研参与度较低,互动性不够。

微博是近几年流行的一种新型网络平台,是一种通过关注机制分享简短实时信息的广播式的社交网络平台。随着微博的用户量呈现出几何式增长的趋势，越来越多的企业采用微博进行市场调研和市场营销。微博调研的优势在于即时性强，关注度高，尤其是粉丝数量多的微博，往往具有较高的调研参与度。

五 移动互联网调研：短信、微信

移动互联网领域的市场调研，相对于互联网调研而言，有其特殊性：第一，移动互联网领域的调研内容相对集中、信息量相对浓缩，无论是微信调研，还是短信调研，都不可能采用长篇大论的方式向用户征求建议和意见；第二，移动互联网领域的市场调研具备最高的即时强，相应速度快。随着微信用户数量的大规模扩张，各种类型的数字出版企业都注重用微信平台来推广自己的产品，宣传自己的服务，同时也就用户最关注的问题进行市场调研和研究。

六 大数据技术应用于市场调研

国家新闻出版广电总局已经将大数据技术作为"十三五"期间科技发展规划的重要课题之一进行了预研究。国内目前并没有专业的服务于新闻出版业的大数据平台，在可以想见的未来，大数据平台以其海量资源聚集效应、事件预测功能、规模数据分析统计功能必将带来数字出版物市场调研的革命性变革。

首先，大数据平台的海量资源会成为数字出版市场调研的数据来源，大批量、高价值的用户数据、内容数据和交互数据都可以在大数据平台中准确定位和获取，这便为数字产品的市场调研奠定了扎实的数据资料基础。

其次，大数据平台通过对海量的读者消费行为统计分析、消费价格统计分析、畅销内容选题分析之后所形成的统计报告，能够相对准确地指引数字出版的产品研发、市场营销和市场销售。

最后，大数据平台对海量用户数据的分析统计，能够挖掘出数字产品消费者的身份特征、消费能力、消费周期、阅读偏好等个性化的数据信息，这为数字出版物的精准调研、精准营销提供了最准确的目标用户资料。

第十一章
数字出版产品市场预测

导语

数字出版物的市场预测,是指统筹运用科学的方法,对影响数字出版物市场供需的各种因素进行调查研究,分析和预见市场发展趋势,探索和掌握市场供求变化的规律,为企业经营决策提供可靠的依据和参考。

数字出版物市场预测的主要特征表现在以下几方面。

第一,科学性。数字出版物市场预测的科学性体现在其方法的科学性和结论的科学性两个方面:首先,市场预测过程需要运用定性预测法、定量预测法、时间序列预测法等多种科学的预测方法;其次,数字出版物市场预测结论是建立在对市场供需规律的科学把握的基础之上得出的,因此,具有较高的可信度和参考价值。

第二,近似性。数字出版物市场预测的近似性特征是指经过预测得出的市场预测报告与市场最终的实际结果之间具有很高的相似性,但同时又有一定的差距,并非是百分之百完全吻合。这种近似性特征适用于所有类型的数字出版物市场预测,也适用于同一类型数字出版物市场预测的不同方面,无论是价格预测、产品预测、用户预测,还是销售预测。

第三,服务性。数字出版物市场预测的服务性特征是指市场预测本身并不构成目的,而是服务于企业经营决策的一个过程、一个阶段和依据。"凡事预则立,不预则废",可见预测对于各行各业、各种企业都起着非常重要的规划参考、决策借鉴的重要作用。

第四,持续性。数字出版物市场预测的持续性特征,是指市场预测是一个持续的过程,不是一蹴而就的,也不是一劳永逸的,需要在企业生存和发展的过程中持之以恒地进行下去。只有数字出版企业在正常经营运转,市场预测就不可或缺。而每当面临"十二五""十三五"等重大时间段的发展规划时,市场预测的重要性就体现得更加淋漓尽致。

第一节　数字出版物市场预测的意义

在数字出版企业的建立、建设和发展过程中，市场预测都起着至关重要的指引作用和参考价值。数字出版物的市场预测，有利于企业制定科学合理的经营战略规划，有利于企业形成前瞻务实的产品策略，有利于企业进行准确的市场定位，有利于实行正确的渠道策略和销售策略，开展有效的市场营销和市场销售活动。

一　制定经营规划

企业发展的经营规划，无论是建立之初的盈亏平衡的规划，还是企业发展过程中盈利增长规划，都需要建立在市场预测的基础之上。

数字出版企业在设立过程中，要考虑到整个数字出版市场的产品供给总量、市场需求总量、消费者用户总量、市场收入总量等多种宏观的市场因素，通过对供需总量、用户总量的预测，对市场收入总量增减趋势的判断，来确定企业的人员规模、产品方向、产品规模等各项经营要素，只有这样，才能够在公司建立之初以最合理的成本投入在最短的时间内实现公司经营的盈亏平衡。

成熟的数字出版企业，在其季度、年度盈利目标的设定过程中同样需要借助消费者购买行为预测、市场总量预测、行业销售预测、市场占有率预测等市场预测报告。建立在科学合理的市场预测基础上的经营目标才是务实性的、前瞻性的，才能够推动企业在持续、健康、快速发展的道路上不断进步。

二 确定产品策略

数字出版企业的产品策略包括数字出版物的产品形态、产品定价、产品规模、安装部署方式、产品营销与销售等。这些具体的问题都需要在市场调研的基础上，运用市场预测的方法，来探索和找寻最适合企业自身的解决方案。

数字出版产品相对于传统出版物而言，最大的特点是更新换代的速度快，一个产品可能盛极一时，但是一两年之后，由于技术的落后、观念的滞后，该产品可能就从市场上销声匿迹了。比如，汉王电纸书在2010年左右几乎占据了数字出版业的头条位置，无论是市场占有率、产品影响力还是经济效益都是首屈一指；但是随着以ipad为代表的彩色平板电脑进军国内市场，这种集阅读、娱乐、音视频、游戏等多种功能于一身的新产品，在很短的时间内征服了国内用户。

所以，具备战略眼光的数字出版企业，应该根据自身数字出版物的生命周期，运用科学的市场预测方法，分别在产品推介期、成长期、成熟期和衰退期实行不同的产品策略，以保持产品的核心竞争力和市场占有率。

三 把握市场规律

数字出版物市场预测工作有利于提高企业理解和运用市场规律的能力，降低企业经营管理风险，提高企业的市场竞争力和市场占有率。市场预测的核心和关键便是对市场供求规律的把握。

同其他所有产品一样，数字出版物市场也遵循着当产品供过于求时，价格下降，产品供不应求时，价格上涨的基本市场供需规律。但是，我国数字出版物的市场价格有其特殊性：互联网网民习惯于免费阅读、数字产品盗版猖獗等因素导致我国数字出版物的价格整体偏低。

值得注意的是，近年来，我国数字出版企业如雨后春笋一样，越来越多，无论是从事内容编辑制作，还是从事技术研发，抑或是从事数字出版物代理销售。而新成立的数字出版企业中，有相当多的企业在运营一两年后便倒闭或者注销，最重要的原因便是没有很好把握数字出版市场的规律，市场预测工作不到位或者是根本就没有进行相关的市场预测。

四 提高经济效益与社会效益

数字出版物市场预测的最终意义是有利于企业制定正确的营销和渠道策略，提高数字出版产品的市场竞争力，不断提升企业的经济效益和社会效益。

在实践中，市场预测工作一般由数字出版企业的市场营销部负责，无论是新产品的上线预测，还是成熟产品的增减趋势预测。在市场预测的最后阶段，会形成专门的市场预测报告，作为企业制定和实行经营管理规划的决策参考和决策依据。

第二节 数字出版物市场预测的内容与类型

数字出版物市场预测的内容涵盖数字出版产业链的各个环节，主要包括对市场供需、市场价格、产品生命周期、市场营销和经济效益等方面的预测。

数字出版物市场预测的类型，按照不同的划分标准可以划分出不同的类型，例如按照市场主体划分，可以分为宏观市场预测和微观市场预测；按照市场范围划分，可以分为国际市场预测和国内市场预测，按照预测方法不同，可以分为定性预测和定量预测等。

一 数字出版物市场预测的类型

数字出版物市场预测的类型，按照不同的维度标准，可以划分为不同的类型，这里结合主要的数字出版产品形态，对各种市场预测类型划分如下。

（一）按照预测主体划分

按照市场预测主体的不同，市场预测分为宏观市场预测和微观市场预测。宏观市场预测，是指由政府主管部门、行业协会或者科研结构发起的，针对整个数字出版物市场所做的预先判断和推测。微观市场预测，是指由数字出版企业发起的针对特定类型的数字出版物的生产和营销活动的预测。

在我国，数字出版物宏观市场预测一般是由新闻出版广电总局、数字出版协会或者是中国新闻出版研究眼负责发起，发起的目的是为了下一年度或者下一个五年发展规划期更好地指导我国的数字出版产业沿着健康、稳定、快速的方向发展。

而数字出版物微观市场预测的发起主体是各种类型的数字出版企业，包括传统出版社、报社、杂志社等国有新闻出版单位，也包括北大方正、中国知网、盛大文学等网络技术公司，还包括亚马逊、励德·爱思唯尔、汤森路透等境外出版传媒集团。这些数字出版企业发起市场预测的主要目的是更好地改进自身的产品、提高市场销售额和市场占有率，为了企业更好地经营和长久发展。

（二）按照时间长短分类

数字出版物市场预测按照时间长短划分可以分为短期市场预测、中期市场预测和长期市场预测三种类型。

短期市场预测，是指时间长度按照日、周、月度和季度所做的预测，目的是为企业月度或者季度生产营销规划提供参考和依据。短期市场预测往往针对产品的营销、产品价格、产品销售等具体问题展开，能够同时适用于综合性数字产品和单一性的数字产品。

中期市场预测是指面向未来一年以上五年以内的数字出版物市场进行预测，目的是为企业年度经营计划或者未来几年的经营发展规划提供参考和依据。中期市场预测往往适用于企业的市场潜力、价格变化、数字出版物的供需变动趋势以及影响中期预测的各种变动因素等范围。

长期市场预测往往是指面向五年或者五年以上的数字出版物市场进行预测，目的是为企业长期发展提供决策参考和依据。传统出版社经常进行的五年发展规划、新闻出版广电总局数字出版司制定的"十二五"数字出版发展规划等长期的发展战略都依赖于对数字出版物市场的长期预测。

（三）按照产品类别分类

按照数字出版物的类别，可以将市场预测分为数字图书馆的市场预测、数据库产品的市场预测、手机出版的市场预测、网络出版物的市场预测、终端阅读出版物的市场预测、网络音视频的市场预测、游戏动漫的市场预测、数字报纸期刊的市场预测等。

按照数字出版物的产品表现形式不同，可以分为对综合性数字出版物的市场预测，如数字图书馆、数据库的市场预测；对单一性数字出版物的市场预测，如某本电子书、某个畅销网络文学作品的市场预测。

（四）按照市场范围分类

随着全球化的趋势对出版业的日益渗透，国内的数字出版企业积极谋求文化产业"走出去"，境外的出版传媒集团也纷纷高调宣布进军中国数字出版市场。在这种大的时代背景下，我们的数字出版物市场预测又分为国际数字出版物市场预测和国内数字出版物市场预测。

一般来讲，国际数字出版物市场预测的主要发起者和承担者是政府主管部门、行业协会和科研机构，各种类型的数字出版企业往往会根据前者所指定的国际市场预测报告，指定和实施自身的国际市场开拓战略和规划。从国际数字出版市场的竞争态势来看，我国数字出版企业处于弱势地位，不具备与国际同行相抗衡的实力。国外的大型出版传媒机关凭借雄厚的资金实力、灵活的运营机制，通过兼并、重组等手段，在数字出版领域成为了名副其实的领跑者。

国内数字出版物市场预测报告一般也是由政府主管部门、行业协会和科研机构发起和公布。目前，国内的数字出版物市场趋势大致有以下几种：首先，传统出版社纷纷进军数字出版领域，国家财政资金支持优先向国有出版社倾斜；其次，新兴技术公司、媒体公司凭借灵活的资本运作、市场机制，呈现出快速发展的趋势；最后，中国移动、中国电信等大型通信运营服务商高调开展移动互联阅读业务，且呈现出高速增长的趋势。

综上所述，境外出版企业已经将竞争的主要阵地转移到另外我国的内地市场，纷纷为法律、医药、金融、税务等多个领域研发了针对中国市场的数据库产品，且营销业绩显著；而我国的数字出版企业单体竞争力不强，有的出版社的数字出版一直呈现亏损状态，根本经不起市场的检验，而在数字出版"走出去"方面取得骄人业绩的企业则更是凤毛麟角了。

二 数字出版物市场预测的内容

数字出版物市场预测的内容，是指对那些市场相关的要素进行预测，主要包括市场需求、市场供应、市场价格、产品周期、市场营销、经济效益预测等。

（一）市场需求预测

数字出版物市场需求预测，是指对未来市场的数字出版产品容量及其构成因素的发展变化趋势做出预测，主要包括市场需求量预测和消费者购买力预测。

1. 数字出版物市场需求量预测

数字出版物的市场需求量,是指在一定时间段内,整个市场对于数字出版产品和服务的需求总量。市场需求总量受到消费者收入水平、消费者购买能力水平、数字产品定价、相关竞争者价格策略、用户消费行为偏好、国家宏观政策调控等多方面因素的制约。

这里仅以国家宏观调控政策为例加以说明:2015 年 1 月,财政部、民政部、国家工商总局三部门出台了《政府购买服务管理办法(暂行)》,通过对《办法》的认真解读,就可以发现数字出版的 B2G 盈利模式在这里找到了合适的落脚点。随着政府机关各部门信息化、数字化的步伐越来越快,政府购买知识服务的需求也将不断提高,因此,该《办法》的出台一方面是在推动转变政府职能,推广和规范政府购买服务,更好发挥市场在资源配置中的决定性作用,另一方面也为广大的数字出版企业提供政府所需的知识服务创造了广阔的市场。

2. 数字出版物消费者购买力预测

消费者购买力预测,包括消费者的收入水平预测、消费者的支出水平预测、消费者对于数字出版物的需求变化趋势预测等。

令人欣慰的是,近几年来,我国的数字出版物的个人用户呈现出逐年增加的态势:数据显示 2012 年我国 18~70 周岁国民包括书报刊和数字出版物在内的各种媒介的综合阅读率为 76.3%,数字化阅读方式(网络在线阅读、手机阅读、电子阅读器阅读、光盘阅读、PDA/MP4/MP5 阅读)的接触率为 40.3%,比 2011 年的 38.6 上升了 1.7 个百分点。从对电子书报刊的数字化阅读情况分析来看,2012 年我国 18~70 周岁国民电子书阅读率为 17.0%,电子报和电子签的阅读率分别为 7.4% 和 5.6%。总体来讲,数字化阅读整体人数呈不断增长趋势,极大地推动了全民阅读的发展。[1]

---

[1] 郝振省. 2012-2013 中国数字出版产业年度报告 [M]. 北京:中国书籍出版社, 2013:8-9.

而数字出版物的机构客户，包括政府机关、企业用户和事业单位用户用于采购数字化、信息化知识服务的资金总量也呈现出整体上涨的喜人趋势，其中大部分高等院校图书馆的采购经费中，数字化产品的比例已经超过了纸质产品的比例。

（二）市场供应预测

数字出版物市场供应预测，是指对在一定的时间段内，数字出版物市场所供应的数字出版产品总量及构成以及各种具体产品供应量的变化发展趋势的预测。

科学的市场供应预测，要全面收集本企业的历史数据，对相关产品的以往品种、数量、产值、成本和收入进行系统研究和整理；要深入了解同类产品的现有生产企业的产品供应量、产品销售量、产品销售额、新技术应用情况等因素，对这些因素进行分析和统计。

近几年来，我国的数字出版物整体市场供应呈现出爆炸式增长的势头，例如，电子书产品规模由2009年的60万种增长至2012年的100万种，增长率达到66.7%；网络原创作品的产品规模由2009年的118万种，增长至2012年的214万种，增长率达到80.7%。在这种情况下，数字出版企业对于自己所投入的数字出版物的预测显得至关重要，投入多少、投入到哪个领域、投入哪些产品能够迎合消费者的消费偏好，这些都需要在市场供应预测报告中得到解答。

（三）市场价格预测

数字出版物市场价格预测，是指对包括电子书、数据库、手机图书等在内的数字产品的未来价格水平、变化趋势以及影响因素等进行预测。

前面已经多次提过，我国数字出版物的价格水平整体偏低，例如电子书的定价是纸质图书的三分之一，甚至是五分之一，而美国电子书定价是纸质图书的50%~70%，甚至会超过纸质图书的定价。这种价格整体偏低的趋势估计仍将持续一段时间，不过也有的数字出版企业在提高数字出版物的价格方面已经付出了自己的努力。例如，2015年年初，由人民出版社牵头，数十家出版社成立了中国数字出版联盟，联盟的主要宗旨包括遏制数字出版物价格偏低的趋势、加强数字出版产品内容与营销的合作等。

（四）产品周期预测

数字出版物产品周期预测，是指预测产品市场发展水平处在何种周期，并针对产品处在推介期、成长期、成熟期、衰退期不同的生命阶段，制定不同的应对方法，保证产品充分完成公司的使命，达到各项经济效益和社会效益目标。

产品周期预测的核心是根据产品所处阶段不同，制定相应的应对策略，或者以新技术提供产品功能，或者以内容扩充提高产品可读性，或者采取促销、降价等策略保持产品的市场占有率。

电子书产品以其功能强大、阅读便捷、能够复制粘贴等多项优势而为广大读者所青睐，但是电子书对于读者视力尤其是青少年读者的视力会造成一定的损伤，为此许多家长、老人对于电子书仍然是望而却步。而最新的技术发展表明，国内外出版界投入和研发了增强型电子书，将图片、文字、声音、音视频等多种介质融入到电子书之中，以增强与读者的互动性，应该说这种增强型的电子书在纯文本电子书的基础上又前进了一步，使得电子书的生命周期得到了延长。

（五）市场销售预测

数字出版物市场销售预测，是指对企业营销能力和营销发展趋势的预测。企业营销能力预测，是指对数字出版物整体市场中企业自身产品销售量的预测以及对单项产品的品种、定价、销售额等方面的预测。企业营销能力预测，有助于企业制定和修订企业的营销策略，有助于企业研发新产品、开拓新市场，有助于企业开展有针对性的营销活动。营销发展趋势预测，是指对数字出版产品营销各方面因素的预测，包括营销机构设置、营销人员组成、营销渠道建设、销售方式变更多方面的发展趋势。

目前，我国的数字出版市场，三种类型的市场主体中，传统的报社、杂志社和出版社的营销预测能力较弱，需要在专业的营销人员配置、营销部门设立、营销方案制定、数字营销渠道建设等方面进行创新和建设。而新兴的网络企业和境外传媒出版集团在市场营销预测方面走在了数字出版市场的前列，这与他们严格的考核机制、年度盈利压力机制等规章制度是配套的，也表明他们把握市场规律和市场实践能力较强。

（六）经济效益预测

数字出版物经济效益预测，是指预测反映经济效益各项指标的变化趋势，包括数字产品销售额、利润额、利润率等方面的指标。

关于数字出版物的经济效益，目前国内市场的基本格局如下。

第一，单一性数字产品盈利能力较弱，B2C 盈利模式很难为数字出版企业带来可观的经济效益。B2C 盈利模式有效的最关键因素是拥有庞大的用户基础，在这一点上，国内即使是亚马逊、当当网这样的大型网络书店，也并没有在 B2C 模式方面取得盈利突破。真正在 B2C 盈利模式方面取得突破的是手机出版物，以中国移动手机阅读基地为代表的电信运营商所开展的手机阅读模式取得了巨大的成功。我国手机出版的收入从 2006 年的 80 亿增长到了 2012 年的 486.5 亿，先后经历了高速增长和稳定增长的发展阶段。

第二，综合性数字产品盈利能力稳定，B2B、B2G 的盈利模式能够在短时间内为数字出版企业打开销售市场，取得市场盈利。目前国内的网络公司、技术企业、传统新闻出版单位在数字出版机构市场方面取得了不错的成绩，如北大法宝、北大法意、中国知网、人民军医出版社、人民卫生出版社、社科文献出版社、法律出版社等数字出版企业。B2B、B2G 模式之所以能够较快地实现数字出版的盈亏持平乃至市场盈利，主要是由以下几个方面的原因决定的：首先，国内的政府机关、国民经济各个行业均高度重视数字化、信息化的发展趋势，包括高等院校图书馆、政府机关、科研所等在内的机构消费者的数字化、信息化采购经费呈现逐年增长的态势，换言之，机构消费者的购买力不断增长；其次，在特定的专业领域、职业领域系统化、综合型的数字产品服务相对欠缺，所以一旦有相对成熟的产品，便会在机构服务市场上取得较好的销售局面，例如中国知网法律数字图书馆、社科文献皮书数据库、中国法官电子图书馆等；最后，机构服务市场的市场营销模式相对简单，单笔数字产品交易金额较大，市场营销成功率较高。举例说明，面向一个省份的上百家法院客户销售一套数字图书馆，其收入可达到上百万，而按照单本电子书的销售收入来看，很难取得这样的成效。

第三节 数字出版物市场预测的主要程序

数字出版物市场预测的主要程序，是指数字出版物市场预测所要经历的步骤和阶段，大致有五个步骤：确定目标、搜集资料、选择方法、进行评估和撰写预测报告。

一 确定预测目标

确定数字出版物市场预测的目标，就是确定市场预测的需要解决的问题，确定市场预测的主题。确定预测目标，主要围绕以下几个问题展开：为什么要进行市场预测？为谁进行市场预测？市场预测要解决哪些问题？怎样进行市场预测？

（一）市场预测的必要性

为什么要进行市场预测，换言之就是市场预测的必要性在哪里？就数字出版物市场而言有以下几个方面的因素。

1. 数字出版业态的创新性

日本的安士敏先生认为："业态是定义为营业的形态"它是形态和效能的统一，通俗理解就是卖给谁、卖什么和如何卖的具体经营形式。自2010年电子书元年开始，数字出版业便呈现了快速发展的趋势，成为席卷新闻出版业的一场新的技术变革和传播革命。这种高速发展的趋势，促使着国内外的出版传媒集团思考消费群体有何创新之处？要用什么样的产品、什么样的销售方式来迎接数字出版市场？

（1）产品创新

出版业态实现由传统出版向数字出版的转型，首先意味着向读者提供的产品种类和产品形式实现重大创新。在互联网技术和移动通信技术渗透出版业以后，出版社向读者所提供的产品除了有形的纸质图书、音像光盘制品外，还应包括无形的手机书、电子书、网络书和法律服务。

具体地讲，出版业态的创新，要求出版社所提供的产品外延扩展至以下方面：

第一，产品形式：由有形图书延展至无形的图书，包括手机书、电子书和网络图书等。其中，手机书是以手机为阅读载体，以移动通信技术为支撑的产品形态，以中国移动、中国电信、中国联通三大电信运营商的手机阅读平台为销售场所的图书。特点是价格低廉、与手机绑定、以信息费为付款方式等。电子书，是纸质图书的数字化产物，具有可复制性、价格优惠、严格DRM保护、检索查阅便捷等特点。网络书，是互联网出版的结果，不需拥有书号，具体主体合法性、交易电子化、出版个性化等特点。

第二，产品内容：选题策划要创新。数字出版要求编辑树立宏观的出版观，综合考虑选题的传统出版与数字出版绩效，除考虑图书的纸书效益外，在选题策划之初，还要连带考虑该纸书的数字产品效益大小；申报项目时，其经济效益一项，应该是纸质书和数字图书的整体经济效益。由此，编辑选题策划灵感就不能单单局限于专业领域，而应该发散至文学、小说等大众畅销书领域。

（2）销售方式创新

出版社进军数字出版业，除产品需进行创新外，紧接着带来的便是仓储和销售方式的创新。在仓储方面，传统出版面临着高库存、高租金的问题，仓储成本占据出版成本的比例较高；在运输方面，传统出版需借助邮政、快递公司、铁路运输甚至航空运输等形式，将图书产品送达至读者手中，其物流成本所占比例也将不低；在销售方面，纸质书需借助新华书店、民营书店或者出版社自有书店进行销售，其人力、物力、财力成本都将不低。

从数字出版的角度来看销售的话，上述高成本的因素均不存在。在仓储方面，无论是手机书还是电子书，其存储载体是互联网或者移动通信网络，均不需要出版社支付相应的费用；在运输方面，数字化图书的送达通过互联网或者移动光缆的形式，相应成本无需出版社支付；在销售方面，电子书需要通过出版社的数字出版部门员工进行营销，而手机书的营销、推广和销售均系移动、电信或是联通的阅读基地进行，出版社只需提供文本，而后"坐享其成"，无须直接介入销售环节。

正是由于数字出版业态的创新性，在大环境上要求数字出版企业要加强市场预测能力的培养：预测企业推出什么形态的数字产品？是否要突破以往固守多年的出版领域？通过对整体市场和竞争对手的数据资料搜集，预测自身采取何种销售方式，是直销还是委托销售？建立在预测基础上的经营管理规划是科学的、合理的，能够避免经营管理的盲目性和信息不对称性。

2. 数字出版业态的不稳定性

数字出版业高速发展还带来了另一个特点：业态的不稳定性。业态不稳定性体现在：

第一，市场主体的不稳定性。数字出版企业大量设立，同时也大量倒闭，在数字出版技术领域体现的尤为鲜明。前两年，随着平板电脑市场的火爆，终端阅读业务也如火如荼的发展，进而出现了众多的以开发APP为主要业务的技术公司，其中很多的技术公司在成立一两年后便告破产倒闭。

第二，市场收入的不稳定性。在电子书、数据库等产品领域，及时通过B2B、B2G等盈利模式，数字出版企业能够在短期内取得发展和盈利。但是，渠道建设的不完善、营销人员的不匹配、市场供需信息的不对称等因素导致了很多企业出现年度收入不稳定，今年收入高、明年收入低的局面。

第三，人力资源的不稳定性。随着技术创新步伐的加快，新技术层出不穷地应用于新闻出版业，而数字出版技术公司的体制机制不能及时跟上市场的变化，便会出现技术人员的频繁流动。同样的道理，作为传统业态代表的报社、期刊社和出版社，由于原有的体制机制僵化、思想观念的落后，也出现了核心骨干员工的经常跳槽。

正是由于数字出版业态的不稳定性，才凸显了市场预测的重要作用，通过预测，可以科学地判断是否进入某项技术、某项产品领域，可以提前想出市场收入下滑的替代解决方案，可以及时调整薪资待遇以保持数字出版队伍的稳定性。

（二）市场预测的目的

数字出版物市场预测的目的，是为了解决数字出版市场营销过程中的具体问题，为改进市场营销、提高销售收入提供决策依据和参考。

具体来讲，数字出版物市场预测的目的如下。

1. 精准投送产品

数字出版物市场预测，对市场需求的预测、消费者购买力的预测、市场供应总量和局部市场供应量的预测，其目的都是为了更加精准的投送产品：

第一，投送类型合适的产品。目前，我国的数字出版市场，产品呈现多元化的格局，有电子书、数据库、终端阅读出版物、网络原创作品、手机图书、网络游戏动漫等。在多元化的产品格局下，如何确定最适合消费者阅读习惯的产品，便成为企业经营成败的关键，而投送的依据便是市场预测报告。比如，在对我国手机图书市场预测的过程中会发现，青少年、农民工读者居多，那么进入手机出版领域，就应该考虑多投入情感文学、科幻文学、穿越文学、玄幻文学、科学普及、法律普及等类似的手机图书，这样才能有效抓住读者的消费心理；相反，如果在手机图书领域投送严谨、厚重的学术著作、经典著作，其销售数量和市场收入将难以达到预期的目标。

第二，根据区域精准投送产品。如同我国经济发展的区域不平衡性一样，我国文化产业发展也存在着区域发展不平衡的特点，产业需求和产业供应也在不同的区域呈现出特殊的规律，往往信息化、数字化建设落后的区域恰恰有着非常强的市场需求，而信息化、数字化起步较早的区域往往会对产品功能、资源规模、产品形态等方面提出较高的要求。例如，前两年，我国西北地区的法院、检察院等政法机关在数字化、信息化方面比较落后，对于数字化的产品和知识服务需求旺盛，用于信息化和数字化方面的资金也更加充裕。在这种情况下，西北地区就成为数字出版产品的蓝海市场，法律出版社便抓住这种区域发展的不平衡性特点，成功将甘肃省法院做成全国第一个实现全省配备中国法官电子图书馆的重点客户。

第三，根据时间精准投送产品。作为朝阳产业，数字出版受到了政府主管部门的政策扶持和鼓励，同时也成为各种社会资本投资的重点领域。数字出版企业需要正确认清政府与市场的关系，牢牢抓住政府鼓励发展、促进发展的大好时机，充分运用文化产业发展资金、国有资本经营预算等财政资金支持，根据不同时期的宏观调控政策，制定不同的市场经营规划和市场营销策略。例如，2015年年初的《政府购买服务管理办法》的出台，就释放了一个强烈的信号：鼓励政府机关向符合条件资质的服务供应商购买所需的服务。在这种情况下，数字出版物市场预测报告就应该提出企业下一步的产品、服务投送重点，就应该提出在特定的时间段内推出特定知识服务。

第四，根据消费能力精准投送产品。用户消费能力是产品投放的一个重要考虑因素。个人用户对于数字产品的心理价位预期是多少，同类产品竞争对手的价格策略如何，数字出版物整体市场价格水平的高低，这些都是在做市场预测时所应该搜集的资料和数据。对于机构客户，年度采购经费增减情况如何，采购经费购置比例分配如何，客户历史采购经费情况如何，这些也应该作为市场预测的内容，同样也是针对机构客户产品投送的重要考虑指标。

2. 确定合理价格

数字出版物市场价格的预测，有助于形成合理的定价策略，促使数字出版企业制定出自身和用户都能接受最佳产品价格，协助企业顺利打开市场销路，完成既定的经济效益目标。

我国数字出版物市场有一些特殊的规律，需要认真调查和研究之后，才能够提出科学的价格预测报告。比如，在面对综合性数字出版产品的政府机关客户时，有效的价格方案是建立在内容定价的基础上，综合考虑各级政府机关的采购审批权；内容定价是考虑企业自身的版权成本和人力成本，而考虑采购审批权是为了降低市场交流成本，提高市场销售的效率。

3. 改进产品质量

数字出版物产品周期预测，有助于准确的定位数字产品所处的生命阶段，进而为企业延长产品寿命、延长产品经济效益链提高依据和参考。对处于产品推介期的数字出版物，一方面要及时做好产品的内容增量工作，另一方面要迅速把产品推向市场；对处于产品成长期的数字出版物，在全力做好市场营销和销售的同时，要注意吸收和积累用户反馈的产品改进建议；对处于产品成熟期的数字出版物，要及时分析和统计产品的市场占有率和市场饱和度；对处于产品衰退期的数字出版物，要在资源建设、内容更新、功能创新等方面及时对产品进行更新换代，以满足用户不断提高的阅读需求。

4. 提高市场收入

对于数字出版物市场销售的预测、经济效益预测，有助于企业制定合理的经营管理规划，不断提高社会效益和经济效益。对数字出版物市场盈利模式的把握和准确应用，是市场销售预测的核心和关键。拥有行之有效的盈利模式，是数字出版企业市场化的标志，也是数字出版产业化的基础。

我国数字出版物市场的盈利模式有线上、线下两种：线上盈利模式包括 B2C、B2B 模式；线下盈利模式主要是 B2G 模式。线上模式和线下模式最大的差别就是产品的安装和部署方式不同，线上模式的数字出版物，用户可以通过公开的互联网访问的方式来阅读；而线下模式的数字出版物，是用户基于信息安全的考虑，要求企业将数字出版产品安装到用户所在地，用户成员通过其内部发达的局域网来享受知识服务。经过多年的信息化建设，我国各种类型的政府机关，已经基本形成了省、市、县三级联网的格局，换言之，一种数字出版物安装到省级机关客户那里，所辖的市、县机关用户均可以通过内部局域网的方式来阅读和使用。

（三）市场预测的对象

数字出版物市场预测的对象，是指对哪些市场问题进行预测，如前所述，主要包括市场供需情况、市场价格、产品周期、市场销售和经济效益方面的预测。

需要注意的是，在具体的生产经营实践中，不会系统地对上述各方面市场要素进行预测，而往往是针对其中的某一项要素进行重点市场预测，形成预测报告，辅助企业经营决策。当然，由政府主管部门、数字出版协会、中国新闻出版研究院等机构所作出的市场预测，往往是针对行业的、反映数字出版产业全貌的，所形成的预测报告对具体的数字出版企业具有较高的指导价值。

（四）市场预测的要求

要想完成市场预测的目标，撰写出较高水平的市场预测报告，数字出版物市场预测必须要遵循以下几个方面的要求。

1. 客观性

市场预测的客观性，要求所进行数字出版物市场预测必须建立在真实的数据和资料的基础上，不能凭借主观臆想而做出推测；所依据的数据和资料必须是有效的，不能是陈旧的数据、资料；所依据数据和资料必须是全面的，能够立足整个数字出版物市场，全面对比同类产品的竞争对手的市场情况。

2. 科学性

市场预测的科学性体现在：首先，预测程序要科学，必须遵循必要性论证、目标确定、资料搜集、方法运用、预测评估和撰写报告的完整的预测流程；其次，预测方法要科学，要综合运用各种预测方法，从定性和定量的角度对搜集的数据进行分析和统计。

3. 及时性

市场预测的及时性，是指数字出版物的市场预测活动要遵循严格的时间期限，能够指导下一月度、季度、年度甚至是未来五年的发展规划。如果市场预测还没出来，新的生产经营周期已经到来，这样的预测便是滞后性的，就失去了预测的意义。数字出版业态日新月异的变化，对数字出版物的市场预测工作提出了更高的时间性要求，除了对常规的市场因素进行预测以外，对技术创新、技术应用的预测显得格外重要。

4. 持续性

市场预测的持续性，是指数字出版物的市场预测要持久、延续性的进行下去，对企业而言，在生产经营过程中不能有中断的情形，只要企业在生存和发展，市场预测工作就要持之以恒的开展；对政府主管部门、行业协会和科研机构而言，整个数字出版物市场的预测报告需要年年进行下去，以指导整个行业发展，促进数字出版的规模化和产业化。

二 搜集预测资料

搜集市场预测资料，是指搜集数字出版物市场预测所需的各种市场信息资料，包括搜集历史资料和搜集现实资料。

历史资料是指当期预测以前各观察期所搜集的各种市场信息资料，这些信息资料对即将开展的市场预测具有较高的价值。搜集和分析历史资料，是保证市场预测能够客观对未来市场状况及发展变化趋势做出预测的基本条件。

现实资料是指预测当期或者预测期内市场或者影响市场的重要因素的信息资料，现实资料是数字出版物市场的最新表现，所以对于预测结果具有直接、最具体的影响力。

这里的资料搜集工作，除了完全市场上因素以外，还要特别注意搜集预测当期或者预期内的最新宏观政策，这些政策性因素往往会对整体数字出版物市场起到关键性的推动或者引领作用。举例说明如下。

2013年8月，国务院出台了〔2013〕32号文——《关于促进信息消费扩大内需的若干意见》。《意见》规定了增强信息产品供给能力、丰富信息消费内容、培育信息消费需求等内容，其中明确指出："大力发展数字出版、互动新媒体、移动多媒体等新兴文化产业，促进动漫游戏、数字音乐、网络艺术品等数字文化内容的消费。"这条政策对于数字出版企业开展移动互联业务，申报相关的移动互联类型的政府项目，开发移动办公学习类的产品，提高数字出版的市场收入指出了一个新的发展方向。

2014年3月，国务院印发了〔2014〕10号文——《关于推进文化创意和设计服务与相关产业融合发展的若干意见》。《意见》指出："加快数字内容产业发展。推动文化产品和服务的生产、传播、消费的数字化、网络化进程，强化文化对信息产业的内容支撑、创意和设计提升，加快培育双向深度融合的新型业态。"这个文件构成了传统出版单位提升内容品质、引进数字出版创新技术、加快传统出版流程的数字化转型升级的政策依据和来源。

三 选择预测方法

在搜集完预测资料之后，关键性的步骤便是根据预测的目标以及各种预测方法的适用条件和情况，确定合理的预测方法。预测方法的选用是否恰当，将直接影响到预测的精确性和可靠性，直接关系着市场预测目标是否能实现。同时，预测方法有很多种类，现实的市场预测过程往往会统筹运用多种预测方法以达到原先设定的预测目标。运用预测方法的核心是建立描述、概括对象特征和变化规律的模型，根据模型进行计算或者处理，最后得到设定的预测目标。至于具体的市场预测方法，将在下一节进行介绍。

四 分析判断数据

在对历史的、现实的预测资料进行搜集的基础上，通过对资料数据进行清洁和整理，综合运用多种预测方法，会形成关于数字出版物市场的理性的、深刻的趋势变化的判断结论。

对数据分析判断的前提是对资料数据进行清洁和整理，整理数据的过程要遵循"去粗取精、去伪存真"的原则，运用预测方法进行分析判断的时候，要遵循"由此及彼、由表及里"的原则，这样所作出的分析判断结论才是理性的，能够抓住本质，揭示数字出版物市场的运行规律。

五 撰写预测报告

在经历过上述确定目标、搜集数据、选择方法、分析判断的环节之后，便进入到撰写市场预测报告的阶段。数字出版物市场预测报告是指在经过对数字出版物市场信息、资料全面搜集之后，通过综合运用多种市场预测方法加以分析判断，进而形成的一种对数字出版物市场的变化发展趋势具有预见性的调查报告。

市场营销人员所撰写的项目报告要符合以下几个方面的要求。

第一，科学性。数字出版物市场预测报告的科学性体现在：首先，预测报告必须以丰富的、客观的、有效的市场数据作为支撑，不能是主观臆想的结果；其次，预测报告是在综合运用定性、定量等多种科学的预测方法的基础上，遵循严谨的逻辑推理准则或者经过可靠的经验类推所得出的；最后，预测报告是在对数字出版物市场运行规律的理解、把握的基础上所得出的，这样才能够有效地指导数字产品的研发、数字渠道建设和数字产品盈利。

第二，针对性。数字出版物市场预测报告必须是针对产业链发展的具体环节，甚至是某一环节上的具体问题而做出，这样才能够切实地解决企业经营问题，有效地指导经营实践。

例如，某传统出版社要求做一份关于2013年该社在中国移动阅读基地的手机阅读收入的市场预测报告，在经过对预测前一年度、预测当期的本社的收入数据资料、其他出版社的收入数据资料、网络文学公司的收入数据资料进行全面搜集、综合分析的基础上，结合对中国移动手机阅读基地的阅读收入分配政策的分析和研究，便可以得出一份该社2013年手机阅读收入的较为可靠的市场预测报告。这里的市场预测，涉及年份、数字出版物类型、收入来源渠道、预测主体和预测对象等，相对而言比较具体和细致，因此所作出的预测更加能够贴近未来的市场收入实际状况。

第三，预见性。数字出版物市场预测报告所得出的结论必须带有预见性，能够对即将发生市场变化的发展趋势做出预见性判断，这样的预测报告才能最大限度地缩小市场经营的不确定性，降低数字出版物市场的商业风险。

近几年来，财政部文资办先后启动了文化产业发展专项资金项目、国有资本金项目等政策来扶持传统出版单位的数字化转型升级，以发挥财政资金的杠杆作用。出版社在撰写项目可行性报告时，其中就涉及该项目的产品生命周期、预期经济效益和社会效益、项目风险及应对策略，这其实就需要运用市场预测的方法，需要对项目产品的生命周期、销售利润、市场风险等方面进行科学、合理的项目预测。

第四节　数字出版物市场预测的主要方法

市场预测方法对数字出版物市场预测至关重要，没有科学合理的预测方法，市场预测报告所得出的结论便缺乏可信度，甚至会产生误导作用。市场预测方法非常多，据西方权威机构统计大约有200多种，但是常用方法大致有二三十种，共计分为三大类：经验判断预测法、时间序列预测法和因果分析法。

一　经验判断预测法

经验判断预测法，也叫定性预测法，是指预测者根据历史资料和现实资料，依靠个人的知识和经验进行分析，对数字出版物市场的未来发展变化趋势做出判断。

经验判断预测法对预测者的知识、经验和分析判断综合能力要求较高，由此带来的一个问题是定性预测法的主观性较强，有时会影响到预测结果的准确性，因此，实践中常常结合定量预测的方法以保证预测报告的科学性和准确性。

经验判断预测法种类较多，这里仅选取对比类推法、消费者意向判断法、销售人员意见综合法和德尔菲法四种加以重点介绍。

（一）对比类推法

对比类推法，是指根据数字出版物在产品、地区、行业属性等方面的相似性，由一种数字出版物的市场情况类推另一种数字出版物的市场情况。对比类推法主要分为产品类推法、地区类推法和行业类推法三种。

1. 产品类推法

产品类推法，是指内容、形式相似的数字出版物在市场运营规律方面也会具有一定相似性，因此，可以利用这种市场运营规律的相似性由一种已知的数字出版物市场销量来类推另一种数字出版物的市场销量。

例如，在中国移动手机阅读基地上都市情感类的小说非常畅销，民营文化公司的网络原创情感作品出现了大卖的热潮。在这种情况下，作为传统出版单位的出版社也有部分图书是情感类小说，经过市场营销人员的预测，这种情感小说图书经过数字化转化做成电子书，在移动阅读手机基地上的市场销量也会较好，这里就用到了产品类推法。

2. 地区类推法

地区类推法，是指在市场开拓的过程中，对于经济、文化、社会发展程度相似的地区，推断其数字出版物的需求程度也具有一定的类似性。

地区类推法主要适用于数字出版物的前期推广阶段，并且在相似地区的政府机构客户市场中会得到较成功的运用。例如，同作为西北地区的省份，甘肃省检察院购置了检察官数字图书馆，便可以类推陕西省检察院购买数字图书馆的可能性也很大。

3. 行业类推法

行业类推法主要适用于新产品开发阶段，以相近行业的相近产品的市场变化趋势，来推断新产品的发展方向和发展趋势。例如，某数字出版企业自主研发的法官电子图书馆具有较高的市场占有率，其针对政法系统的司法局所研发的司法行政电子图书馆，推断也将出现相似的市场竞争力和市场占有率。

（二）消费者意向判断法

消费者意向判断法，是指对数字出版物的目标用户进行直接或者间接的购买意向调研或购买意见调研，以预测期购买倾向和需求变化趋势。这种预测法主要适用于数字出版物市场长期发展趋势的预测。

（三）销售人员意见综合法

销售人员意见综合法，是指对数字出版物销售部员工的意见进行综合汇总，在汇总的基础上计算出平均预测值作为市场预测的主要结婚。

例如，某出版社预测 2015 年度医学数字图书馆的整体收入情况，第一步，先由各个销售人员提出自己的预测结果，包括最高可能收入、最低可能收入、最可能的收入；第二步，对预测收入结果进行计算，求出每个销售人员的期望值；第三步，对各个期望值进行计算，求出预测平均值；最后，以此预测平均值作为 2015 年度医学数字图书馆大概的收入目标。

（四）德尔菲法

德尔菲法，又称为"专家意见法"，是通过对专家意见的反复征集，直到各位专家对预测目标取得相对一致的意见为止。德尔菲法是美国兰德公司于 20 世纪 40 年代首创，是定性预测方法中最重要、最有效的一种，应用范围非常广泛，可适用于产品的供求变化、市场需求、成本价格、产品销售、产品生命周期和市场占有率等各个方面。

德尔菲法的主要步骤是：第一，根据预测的目标要求，列举各种需要调查了解的问题，拟定预测征询表；第二，选定若干名征询专家，让专家针对预测目标独立的提出预测判断；第三，将专家的意见汇总整理，分别反馈给各位专家，让专家根据汇总意见再次独立修改原先的预测，提出新的预测判断。如此反复多次，知道各位专家意见比较一致。

德尔菲法主要适用于数字出版整体战略规划或者是数字出版物的整体市场销售战略等长期的、重大的经营规划方面。专家的匿名性、彼此之间独立作出预测判断是德尔菲法在市场预测方面奏效的关键和核心。

二　时间序列预测法

时间序列预测法，是指利用数字出版物市场或者数字出版企业一定时间段内的实际市场数据，按照时间顺序排成一序列，运用一定的数学方法，使之向外延伸，进而预测未来的发展趋势。时间序列预测法的假设前提是数字出版市场变化按照以往的时间规律运转。

时间序列预测法分为简单平均法、移动平均法、指数平滑法、趋势外推法等多种，这里仅介绍一下移动平均法。移动平均法是指利用最近几个时间段数据的简单平均值来预测下一期的市场情况。

例如，某数字报纸2014年4月、5月、6月的订阅数分别是17万份、21万份、22万份，请预测一下其7月份的市场销量。

移动平均法的计算公式是预期销售数量＝各期实际销售量之和/观察期数量，套用此公式，7月份的销量＝（17+21+22）/3=20万份。

三　因果分析法

因果分析法是研究变量之间相互关系的一种定量预测的方法。常用的因果分析方法有多种，这里只介绍回归分析法。回归分析预测法，是通过对预测对象和影响因素的统计整理和分析，找出它们之间的变化规律，将变化规律用数学模型表示出来，并利用数学模型进行预测的一种分析方法。

因此，建立变量之间有效的回归方程，是回归分析预测法的重要工作，预测结果的准确性主要取决于回归方程的科学性和有效性。例如，建立一个终端阅读电子书的销售数量与硬件价格、数字图书价格、营销渠道、广告推广、内载数字图书数量等相关性的回归方程，就可以预测硬件价格、数字图书价格、渠道、广告、内载数字图书数量对销售数量的影响程度。

回归分析预测法有多种类型，根据自变量的个数可以分为一元回归预测法、二元回归预测法和多元回归预测法。

第十二章
数字出版物的市场运营

导语

长期以来,数字出版的市场运营,一直是数字出版从业者避而不谈的话题,因为没有多少出版社真正在市场上取得数字产品收入,更鲜有出版社能够取得数字产品盈利的。

长久处于保护体制之下的出版人,已经失去了到市场上去打拼、去开拓的能力,加上近几年政府扶持数字出版的财政项目很多,许多数字出版人更是沉浸于项目的策划、申报和实施之中,陷入其中而不能自拔。需知一旦政府给数字出版"断奶",不再给予政策扶持和引导,我们的数字出版业是否具备了自我造血、自我养活的能力?

数字市场运营的开展与见效,应该以丰富的产品集群为内容依托,以多维度的营销手段为助力,以清晰而有效的盈利模式为突破口,运用机构营销、大客户营销、买赠结合等多种商业化手段,最终才可取得数字出版的市场化、规模化和产业化的良好效果。

那些仍以数字出版处于打基础、拼命做资源建设、拼命闭门造车,而不向市场进发的人该清醒了:想想民营企业,没有任何政府项目资助,照样可以做得风生水起,甚至到境外去上市;想想国内出版集团,同样没有政府项目资助,正在一步一步圈占我国的信息服务市场。而我们有的数字出版人,仍然高居于安逸的出版体制内,不知有汉,无论魏晋……

第一节　数字产品盈利模式详解

数字出版物的市场运营，需要综合采用各种盈利模式，以实现数字产品社会效益和经济效益最大化为目标，逐步实现盈亏持平的经营发展目标。

数字产品的盈利模式，具体而言包括 B2C、B2B、B2G、B2F、O2O 等多种盈利模式。实践证明，这些盈利模式分别被不同的数字产品运营商所充分运用，并在相应的数字出版业务内取得了丰厚的市场收入，甚至在一定程度上引领了整个数字出版行业的发展。

一　B2C 模式

B2C（Business to Customer）模式，是指数字内容产品企业直接面向消费者销售数字内容产品和服务而进行市场经营的模式。B2C 模式主要适用于大众出版的数字产品销售。

B2C 模式要想发挥其创利创收的效果，需要具备几个条件。

首先，要有足够大的用户量作为支撑。B2C 盈利模式发挥作用的基础是有数量庞大的个人用户群，并且，这些个人用户群的忠诚度较高，愿意长期购买特定出版机构的数字产品。国内经营电子书的电商，如亚马逊、当当网，都很难在 B2C 盈利模式方面取得突破，原因是其用户基础不足够庞大，而中国移动手机阅读基地则坐拥 4.2 亿的手机用户，故其能够取得 B2C 领域一年数十亿元的市场收入。

其次，产品内容适合大众阅读。B2C 模式发挥作用的另外一个条件是产品内容要适合大众阅读，专业性数字内容、教育类数字内容很难再 B2C 领域取得良好的市场收入。法律出版社 2012 年全年手机阅读收入可达到两三百万元，其主要的盈利产品就是十种左右的普法数字图书和几种文学小说，这就足以说明，适合大众阅读的内容才能够发挥 B2C 应有的商业功能。

再次，在移动互联网领域见效明显。总体而言，在互联网开展数字图书销售的厂商都没有取得较好的收入，而在移动互联网领域，中国移动手机阅读基地、中国电信手机阅读基地、中文在线、掌阅科技等运营商都取得了非常丰厚的手机书利润，当然其主要原因还在于手机用户的海量基数。

二 B2B 模式

B2B（Business to Business）模式，是指数字内容产品拥有单位面向企业销售数字内容产品和服务而进行市场经营的模式。

目前具有代表性的网站例如：CNKI 中国知网营销平台、超星数字图书馆营销平台、知识产权出版社——中外专利信息服务平台、汉王电子书城营销平台、北大法宝、北大法意、LEXIS NEXIS、West LAW 等数字内容提供商，他们主要的销售群体是以组织体形式存在的各种企业、公司、学校、图书馆等企事业单位。

B2B 模式的盈利前景非常广阔，不过，就出版机构而言，要想借用 B2B 模式开拓市场，目前，面临着红海竞争的严峻态势。上述民营的、境外的数字内容提供商在我国的企业用户、高校用户市场已经取得了相当高的市场占有率。出版单位作为内容提供商再想重新划分市场格局，除非有着能够填补市场空白的数字产品，如之前法律出版社的法学院电子图书馆先后自全国数十高校安装使用，就是依靠其蓝海产品，借助无人竞争的优势。

三 B2G 模式

B2G（Business to Government）模式，是指数字内容产品企业面向政府机关用户销售数字内容产品和服务而进行市场经营的模式。

时值我国各个政府部门从上到下都在加强信息化、数字化建设的大好形势，加之前段时间四部委联合出台了《政府购买服务管理办法（暂行）》，出版机构向政府部门推广和销售数字产品、服务的可能性非常大，短期内打开销售局面，取得市场盈利的前景良好。法律出版社之前的中国法官电子图书馆，就用了两到三年的时间，实现了全国17省四百多家法院的安装和布局，每年的更新费用基本维持在百万元左右。

B2G模式要发挥其作用，同样需要满足几个条件：首先，提供服务的方式必须是内网本地安装，这是由我国政府机构的信息安全和网络安全锁决定的。这一条也意味着国内的出版传媒集团的产品很难打开我国政府用户市场，一则其不愿意将内容资源放置于终端用户；二则即便其采取开放式心态，我们的政府用户基于安全考虑也不敢贸然购买其数字产品服务。其次，所提供的产品要具有行业应用价值。B2G类型的产品一定要与特定行业、特定领域的政府用户的工作环节和业务流程相衔接，切实能够为政府机构及其成员提供业务工作便利和业务研究价值。最后，要建立一支能吃苦、肯奉献的销售队伍，独立开拓政府用户市场，同时，也发挥传统出版的渠道优势，尽量将传统图书销售渠道转化为数字产品销售渠道。

四 B2F 模式

B2F（Business to Family）是电子商务按交易对象分类中的一种，是结合网络现有的电子商务模式B2B、B2C、C2C的诸多优点，并根据地方特色，综合考虑的一种电子商务升级模式。B2F是商务机构按交易对象分类，把各百姓分类于家庭这个单位之中，并以21世纪最为便捷的购物方式来引导消费，一站式服务和高效免费的配送、安全可靠的现金交易来赢取市场位置。

B2F模式在数字产品领域的应用主要是与家庭电视网络相结合，主要适用的产品类型是数字视听产品。例如，地质出版社之前所申报的中国地质大数据知识服务平台项目，其中涉及科普影视教育平台的盈利模式，就用到了 B2F 模式："B2F，（Business to Family）通过科普影视传媒平台，面向广大青少年，与爱奇艺、乐视网、小米电视、大麦盒子等平台合作，将地质出版社的科普电影、我社幼儿创新教育网的音视频产品资源，直接推向各个家庭，直达用户终端，起到"直联直供直销"的效果。（如图 12-1 所示）

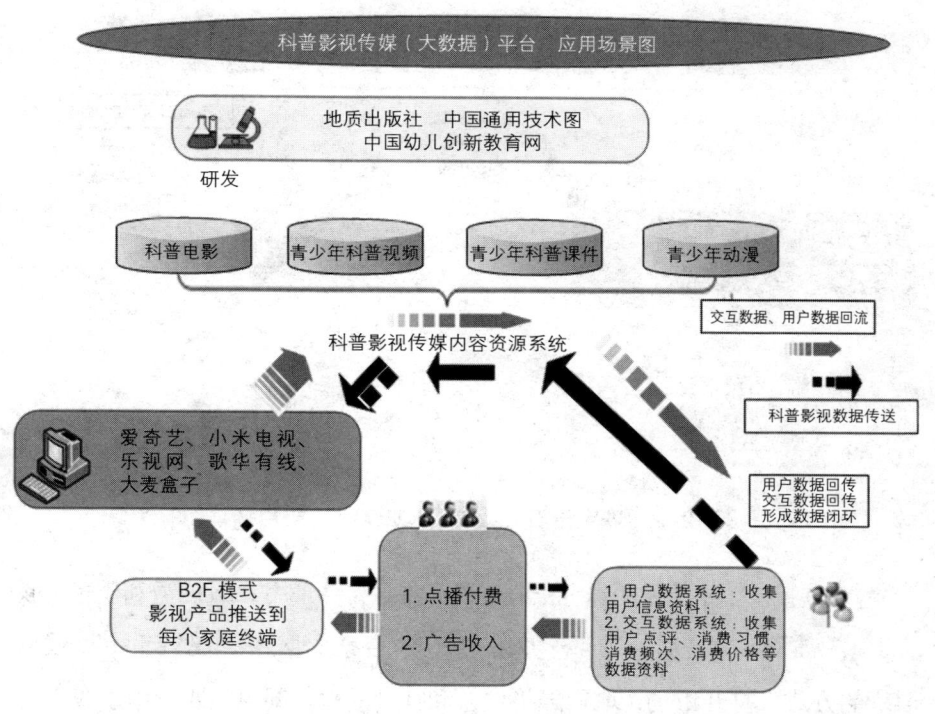

图 12-1　科普影视传媒平台 B2F 应用场景图

五　O2O 模式

O2O 即（Online to Offline）模式，是指数字内容产品企业将线下的商务机会与互联网结合，采取线上付费线下享受服务或者线下付费线上享受服务的盈利模式。

O2O 模式离新闻出版业相对较远，目前还没有比较成功的案例加以解析。之前地质社所申报大数据平台中涉及珠宝玉石的 O2O 交易，可作为示例供读者参考（如图 12-2 所示）：

珠宝玉石在线交易（大数据）平台　应用场景图

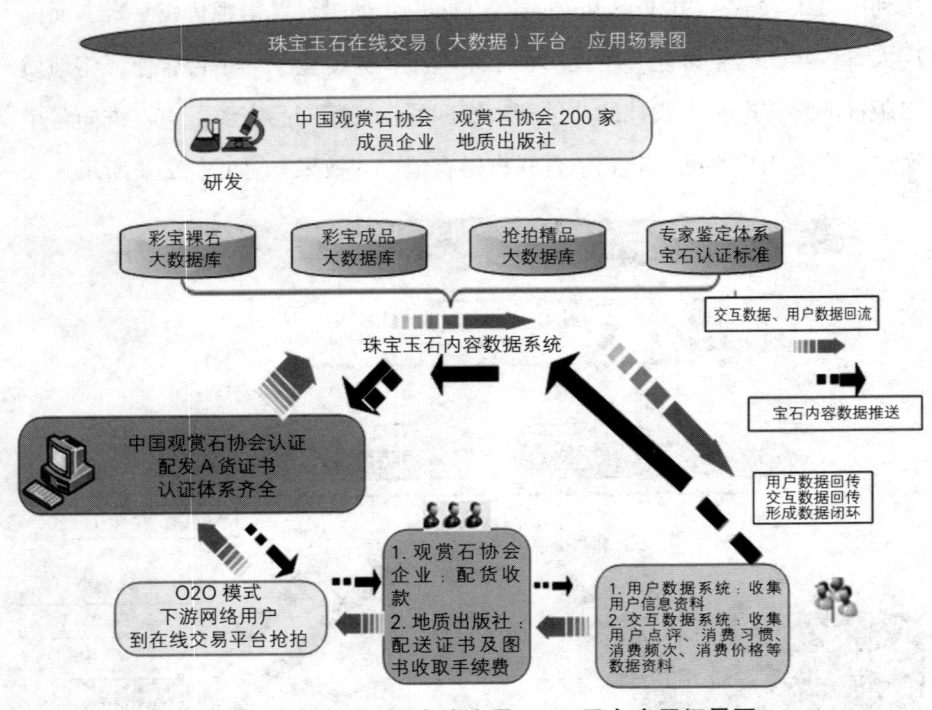

图 12-2　珠宝玉石在线交易 O2O 平台应用场景图

"O2O 模式：主要适用珠宝玉石在线交易平台，采用 O2O 的盈利模式，联合中国观赏石协会，面向观赏石协会下属的数百家企业，采取线上付费、线下取货的方式来打开市场，取得经济效益和社会效益。同时，要适用于线下的地质模型、地图模型方面的知识服务，例如，我社所研发的"裸眼 3D"地图，便可通过地质大数据平台，采用线上付费，线下运送的方式进行推广和销售。"

六　B2B2C 与 B2G2C 模式

B2B2C（Business to Business to Customer）、B2G2C（Business to Government to Customer）是指数字内容产品企业先将数字内容产品、服务提供给企业用户或者政府用户，再由企业用户或政府用户提供给其成员所使用的市场经营模式。目前，具代表性的是盛大旗下的云中书城，盛大文学在 2011 年 4 月，宣布云中书城店中店平台正式上线，平台面向出版机构和文学网站开放。入驻云中书城的店铺可以根据云中书城提供过的上传工具自主进行内容管理上传，同时可以自主定价、自主营销。

其实，面向机构用户所销售的数字产品，无论是面向企事业单位还是面向政府用户，大多都采取了 B2B2C、B2G2C 的盈利模式，因为其模式是指机构埋单、机构成员享受服务。

第二节 数字出版运营策略精析

数字出版的运营销售，一方面需要提高销售人员的积极性和主动性，提升其专业化和职业化水平；另一方面需要运用大客户营销、机构客户营销等多元化营销同手。同时，还需要对销售人员采取较高规格的激励政策，以促使其完成预定的销售指标。

一 营销和销售能力建设

一般而言，数字出版部门必须要设置专门的市场营销门，市场营销和销售人员也必须是最精干的人员，因为这 20% 的人员需要完成整个部门的全部市场销售指标。

在数字出版语境下，市场销售人员需要具备如下营销和销售能力。

第一，认真理解和掌握本社数字产品类型，针对不同类别的数字产品进行有针对性地营销，这是市场营销和销售的基础和前提。例如，地质社的国土资源数字图书馆，销售人员首先需要了解其数字图书总量、数字图书功能、数字图书类别、精品图书分布、数字图书馆功能技术等相关基本信息，这些基本信息对于向客户营销、向机构推广起着至关重要的作用。

第二，分析和研究竞争对手的数字产品分布状况，采取"差异化竞争"策略，做到人无我有、人有我优。"人无我有"，是针对蓝海市场，当销售人员从用户、市场处捕捉到哪些产品类型是市场所急需而没有产品供应商的时候，就需要将相关信息反馈给出版社，出版社在最短的时间内完成产品研发，进而投放市场；"人有我优"，是针对红海市场，当时市场上并不缺乏相关数字产品时，销售人员需要了解同质性产品的优劣高下，将信息反馈给出版社，出版社需要就同质性产品提出改进建议和方案，并尽快推出技术、功能、内容等方面超越其他竞争对手的新型数字产品。

第三，市场部要善于制订重点产品营销计划，明确产品的主要读者、用户以及产品发货的主要渠道、适销区域、适销读者和客户对象，及时有效地保障适量适宜的产品供给；

第四，市场部要以出版社品牌认同为核心，提高协调力和资源整合力，充分运用互联网、3G网、微博、终端平板新传播媒介，把握海量信息时代的读者受众的认知规律，以事件、人物、话题为引导，提高读者受众的接受度、认同度，形成出版社本身数字产品的品牌影响力。

二 采用有效营销方法，切实提高营销效果

规范营销工作要贯彻"市场分析数据化，服务流程标准化，产品投放精准化，风险控制日常化"的总要求。要细化客户管理，规范业务行为，完善渠道结构，坚持服务增值，要处理好数字产品与纸质图书的关系，不断提高渠道竞争力，保持销售持续增长。

第一，推进专业化能力。市场部销售人员在准入机制、入职培训、营销实战、销售跟单、售后服务等全流程均要以专业化贯穿其中，做到人才

引进具备专业背景、入职培训衔接传统与数字出版、营销实战掌握多种方法和途径、销售跟进持续敬业不气馁、售后服务范围广且效率高等。

第二，强化渠道开拓力和维系力。销售人员首先需要将工作重心放在开拓独立的数字产品销售渠道上，在三到五年的时间内能够基本建成一支覆盖全国大部分省份，包含政府机关、科研机构、企业用户、高校用户等在内的，独立、畅通、可持续运营的销售渠道。

第三，采取多元化营销手段，运用立体化的销售方法。在营销手段的选取上，要综合利用文章营销、资料营销、微博营销、网站营销、图书附页营销、会议营销、论坛营销、广告营销等多元化营销手段，使得广大用户能够在尽量短的时间内获取本社数字产品的供应类型和价格内容等基本信息。在销售方法方面，综合采用电话销售、终端跟进、定期拜访等方式，不断提高销售的成功率。

第四，重点营销手段的应用。就 B2G 模式而言，销售人员应该结合有关部委信息化、数字化工作的总体部署，采用机构营销、大客户营销等重点手段，在较短的时间内实现预期的市场销售目标。

这里重点介绍一下几种营销手段。

1. 第一个客户营销

无论何种数字产品，只要完成了第一个客户销售，就卖出成功营销的第一步。第一个客户销售有利于提升数字出版部门的销售信心，在崭新的数字产品领域，成功实现了相关数字产品的销售，这对于整个数字出版销售队伍的主动性、积极性的保障至关重要。

2. 大客户营销

大客户营销，就是针对大客户的一系列营销组合。大客户是相对于一般消费者而言的，一般指的是企业客户或者渠道商，其价值相对比较大，需要一对一地进行客户管理与营销战略实施。大客户有两层含义：要么是客户范围大、数量多；要么是客户的价值大、贡献大。就数字出版的销售而言，B2B、B2G 两种模式最容易在短期内取得突破，也是实现部门年度销售指标的最好用的盈利模式,而 B2B、B2G 两种模式充分发挥其价值、贡献其销售能量的关键性步骤便是实现了第一个大客户营销。

  法律社的法官电子图书馆遍布全国 17 省,其销售过程最关键的有两个步骤:第一,实现了甘肃省法院系统 113 家法院的全省性安装和使用,这是第一个大客户;第二,实现了福建省法院系统全省 95 家法院全省性安装和使用,这是第二个大客户。正是这两个大客户的成功营销,带动了法官电子图书馆在全国范围内如火如荼的销售和推广,也提升了法律社数字出版的品牌,为其迈向第一批全国数字出版示范单位奠定了里程碑。

实现数字产品大客户成功营销有几个技巧。
第一,选择典型性客户。大客户的选择要具有典型性和代表性,这种典型性和代表性要在全面调研大客户基本情况的基础上而得出,典型性体现典型区域、典型实际和典型代表等方面。

  举例言之,笔者当时负责法官电子图书馆的销售,在各种因素的综合作用下,实现了第一个全省性安装在甘肃落地的指标。按照常规逻辑,第一个全省性的客户应该落户于东部发达城市,因为东部城市的法院系统数字化理念先进、信息化经费充足、数字产品需求旺盛。然而,恰恰相反,我们的第一个大客户落户于西部,且是经济并不发达、信息化建设并不先进的甘肃省。

  在客观上,第一个全省性客户在甘肃省法院系统实现的原因是:首先,甘肃省法院系统信息化建设的相对落后恰恰为其购置相应的数字产品提供了足够的动力,当时甘肃省法院系统还大量购置了其他类似的数字产品、法律数据库;其次,相较于东部发达省份,到甘肃省推广数字产品的数字内容提供商并不多,向客户介绍和推广的被接受度很高，同时在这种竞争不太激烈的情况下，法官电子图书馆的成功推广率得到了提高；最后，当时甘肃省法院系统高度重视数字化法院、学习型法院建设。我们的图书馆安装两年后，全国法院的信息化建设会议在甘肃省法院举行，标志着其信息化水平得到了大幅提高。

第二，持之以恒，坚持不懈。对大客户来讲，一个订单涉及上百万元甚至是几百万元的合同金额，因此，实现这种大客户营销需要持续的推进，不是一蹴而就的。在推进的过程中，往往与大客户的相关联系处成了朋友，直到数字产品的成功销售。就法官电子图书馆而言，甘肃省法院系统的销售工作用了大约一年时间，而福建省法院系统的产品销售用了两年的时间。

第三，确定消费决策影响人。无论是一般客户营销，还是大客户营销，最重要的步骤在于确定消费决策影响人或联系人。无论是数字产品推荐、数字产品讲解、数字产品试用，还是产品价格谈判、产品方案提供都主要围绕消费决策影响人而开展。就B2G模式而言，数字图书馆、专业数据库的消费决策影响人一般是政府机关的研究室部门主任或者信息化部门主任。

第四，说服消费决策决定人。大客户营销最关键的步骤在于说服消费决策决定人，可以采取直接说服和间接说服两种办法。一般来讲，通过持续性的向消费决策影响人推介和宣传，通过消费决策影响人向决定人汇报和交流，最终实现说服消费决策决定人；同时，也可以通过更加直接的渠道向消费决策决定人推介和宣传产品，但是这种方法的成功率并不高，还是要回到消费决策影响人层面进行论证和研究。

第五，推行买赠结合、衍生服务等相关手段。在进行大客户营销的过程中，因为涉及大额订单，除了常规的产品推介、产品演示以外，还需要采取赠送相关产品、增加免费服务器、随时免费上门解决技术问题、免费升级数字产品系统等方法，来增加大客户营销的成功率；当然，就出版社而言，还可以把传统图书出版优惠、传统图书销售优惠等政策结合起来，做到联动营销、立体化销售。无论何种方法，其最终目的只有一个：成功实现大客户销售。

三　广泛采用销售模式，增加数字业务收入

在销售的基本模式方面，根据出版社数字产品现状和市场实际情况，大致可分为B2C、B2B、B2G三种，三者均是实现数字出版盈利的重要抓手，不可偏废其一。

在电子图书馆、专业数据库的销售方面，前期可着力采用B2B、B2G的模式，以较低的成本和较短的时间，获取较大的社会效益和经济效益。而对于大众阅读类产品，则需要通过B2C的模式，在互联网上进行广泛宣传和销售。

四　销售渠道的布局与完善

数字产品销售渠道的建设，主要通过如下途径实现和完成。

第一，提升、改造传统纸质出版的经销商，使得纸质产品销售渠道焕发生机。对既有纸质图书的经销商进行宣介、培训，在帮助他们业务转型的同时，也为出版社扩充了部分销售渠道。

第二，独立开拓、建立一支崭新的销售渠道，以政府机关、企业客户、事业单位客户、科研机构为销售重点，按照数字化知识服务的解决方案进行渠道布局和渠道运营。

第三，引进产品代理机制，选取国内知名数字出版商作为合作伙伴，授权其代理销售，作为出版社数字产品销售渠道的有益补充。在经过慎重分析和仔细考察的基础上，选取国内成熟优质的数字供应商，或者新兴的具备较大发展后劲的数字供应商作为合作对象，通过合作伙伴的销售能力

把出版社数字产品不断向社会各个阶层宣传和推送。

五 确定有效的销售激励机制

为挖掘数字产品的市场潜力，打开数字产品的销售渠道，尽快实现数字出版的盈亏持平，推动数字出版由市场化向产业化阶段迈进，本着按劳分配、多劳多得的原则，对数字产品销售人员实行比例式奖励。实践证明这种奖励机制起到了预期的增加销售数额、提升销售效率、改善员工待遇的效果。

展望篇

第十三章
数字出版产业化前瞻

导语

　　数字出版发展到今天，在教育出版、专业出版和大众出版领域已经呈现出百花齐放、百家争鸣的格局。在各个领域数字出版已经步入到市场化运营阶段之际，我们有必要对数字出版产业化推进进行思考和展望。

　　国家新闻出版广电总局成立后，将数字出版司下设产业推进处，也彰显了在政府主管部门层面对于产业化的重视程度；2013、2015年两批数字出版转型示范单位的评选与公布，无不是在数字出版市场化和规模化发展方面取得了阶段性进展的传统出版社。

　　通过对各出版社数字出版市场化历程的回顾，我们对数字出版产业化有以下几点认识：数字出版的产业化必须以数字化转型为支撑，以清晰的业务和盈利模式为基础，以规章制度和人才建设为关键，以资金政策支持和企业扩大再生产为保障，在不断提高市场化的基础上，实现较高的市场占有率和出版业态贡献率。

第一节　产业化支撑：数字化转型升级

数字出版外部产业化的内部支撑是对内数字化，要求全社范围内的数字化转型升级，包括实现流程、产品和渠道的数字化转型，只有这样才有可能实现产业化发展和推进。

一　数字化转型升级的内容

对内数字化转型升级主要包含以下几方面。

第一，流程数字化转型，即在传统出版与数字出版一体化技术、协同化发展方面实现转型和突破。在流程数字化方面，2013年央企数字化转型升级项目试图解决这个问题，先后为出版社配置了协同编辑系统、数字化加工系统等软件系统；而英国出版科技集团的Advance复合出版管理系统也体现了传统出版与数字出版流程一体化的思维，只不过其在中国的落地和适用还需要一个过程。

第二，产品数字化转型，即由提供单一产品形态的纸质图书向提供包含纸质图书、数字图书、音视频产品、专业数据库在内的全媒体产品转变。产品数字化转型是三个转型当中最容易实现的，目前社科文献出版社的皮书数据库、作家出版社的手机阅读、人民卫生出版社的MOOC课程都是产品数字化的典型体现。

第三，渠道数字化转型，即注重独立的数字化运营销售渠道的建立和扩张。渠道数字化是市场运营在渠道方面的体现，可以采取传统渠道转化的方式，也可以采取独立建构的方式。数字化转型升级的最终路径是回归渠道的数字化转型上，而这也是考量数字出版从业者能否适应市场竞争的最重要的标志。

二 数字化转型升级的路径

这三种转型，要想获得最终的成功，必须建立在全员参与、全流程改造、全社一盘棋的思想认识之上，必须要正确处理ERP与数字出版的关系。

（一）全员参与

全员参与，参与要求出版企业的领导层、中层和一线编辑都要参与到转型工作中来，分别在其中扮演不同的角色：社领导层主要负责出版转型的战略规划，必须做好数字出版的顶层设计；各个编辑室主任主要在所属重点领域展开相应的数字出版业务，配合数字出版部做好产品研发和渠道销售等工作；一线策划编辑应将着力点放在如何提高出版物的单品种数字出版效益上来。

（二）全流程改造与一体化出版

全流程参与是指出版企业的编辑、校对、印制和发行等各个环节都要参与到出版转型的工作中来，实现数字化的编辑、校对、印刷和数字化销售。

一体化出版是指传统出版与数字出版在产品来源、出版流程、绩效考核等方面同步展开，同步进行，而非数字出版流程依托于、滞后于传统出版流程。

（三）行业知识体系研发与企业标准建设

出版社内部数字化转型升级的重中之重，是形成自身的标引规则、知识体系和企业标准，进而发展完善成适合行业使用的知识体系，上升到行业标准的高度。

数字化知识体系之所以是重中之重，是因为知识体系贯穿整个数字化转型过程，是真正实现产品、流程、渠道各方面数字化转型的枢纽和核心，是实现知识碎片化和行业知识服务的依据和准绳，也是界分出版社的转型彻底与否的分水岭和里程碑。

三 ERP 与数字出版的关系

ERP 系统是指建立在信息技术基础上，以系统化的管理思想，为企业决策层及员工提供决策运行手段的管理平台。出版社的 ERP 系统可以集信息技术与先进管理思想于一身，集传统出版与数字出版流程管理于一身，能够反映互联网时代对企业合理配置信息资源的要求，能够为出版社展开互联网知识服务和移动互联知识服务提供最重要的资源支撑和管理支撑。

国内的 ERP 系统主要功能定位在于：为传统出版的编辑、印务、发行、财务和人力资源管理提供技术平台。在互联网技术和信息技术双重作用于出版业的当今时代，传统的 ERP 系统已经不能够满足数字出版的海量资源汇聚、图书碎片化、条目数据重组、知识体系导入、知识服务开展等发展需求。为此，寻求和确定一个能够融合传统出版和数字出版共同发展的 ERP 系统显得至关重要。具体而言，ERP 系统与数字出版的关系定位如下。

（一）一体化的 ERP 是数字出版发展的重要抓手

西方国家先进的出版业态，其主要特征之一在于：把 ERP 系统作为出版业态发展和更新的重要抓手和主要推动力，ERP 系统能够涵盖传统出版和数字出版所有业务管理流程，能够融合传统出版和数字出版协调发展。先进的 ERP 系统能够做到数字产品的策划、编辑、加工、制作、销售流程一体化，做到数字化的出版流程和传统纸质图书的出版流程并行不悖，齐头并进。先进的 ERP 系统能够做到数据流、人力流、业务流"三流合一"，在数据准确和唯一的前提下，推动整个出版业务的有序发展和转型升级。具备延展性的 ERP 能够提供数字产品销售流程，能够提供数字化知识服务网络平台，能够支持 B2C、B2B 等多种数字出版盈利模式。

（二）一体化的 ERP 是全员数字化转型升级的主要载体

数字化转型升级包括产品数字化、渠道数字化和流程数字化转型升级，其中最艰难、最彻底的转型莫过于流程数字化转型升级。要实现全流程、全出版社、全体员工的转型升级，其最重要的途径和方法，便是运用好 ERP 系统，通过流程管理平台的定向选择和充分运用，激发和挖掘每个员工的潜力，让每个员工都成为数字化的出版社员工，让每个员工都实现编辑素质的数字化转型升级。

员工对于一体化 ERP 系统的充分应用，能够实现全体编辑具备数字产品策划、出版的能力，实现策划编辑具备对数字资源的拆分、整合、体系化聚类加以出版的能力，进而不断提高普法类产品的生产效率和自主知识产权水平。实现印制部门具备快速印刷、绿色印刷、MPR 出版物的编码印制能力。实现销售部门具备纸质产品与数字产品分别销售、打包销售、混合销售的综合素质。达到财务部门具备纸质产品和数字产品的数据流统一、权威、准确的效果。能够使得人力资源部门实现按人、按书的纸质产品和数字产品的一体化考核效果。

（三）一体化的 ERP 是展开知识服务的牢固基础

一体化的 ERP 系统，能够汇聚海量的数字资源，通过数据上传和导入，将出版社从建社以来的所有数据进行汇集和管理。能够同时兼容多套知识体系，就法律而言，可以从法学研究、法律应用和法律普及等多个角度，对数字资源进行多角度、全方位、立体化的划分和重整。通过知识体系的内核，将整本图书予以碎片化。以知识体系为依据，以用户需求为导向，将碎片化的资源进行重新组合和聚类，以提供纸质的、数字的法律知识服务。

一体化的 ERP 系统，还能够对增量资源进行容纳和归类，通过网络抓取等手段，将公共法律信息资源进行数字化的编辑加工后，上传至 ERP 系统，可实现出版社的数字资产实现几何倍数的增长，进而为全方面的知识服务奠定扎实的数据基础。

（四）一体化的 ERP 是复合出版开展的主要路径

一体化的 ERP 系统，能够直接将复合出版从理念变成现实，因其具备传统纸质产品和数字产品的生产管理流程，进而可同时支持传统图书的生产和数字产品的生产，并可实现传统图书生产过程和数字图书生产过程的一体化进行。

一体化的 ERP 系统，可以支持 MPR 多媒体复合印刷读物的生产，能够通过海量资源的知识体系分类聚合，将符合知识点的内容通过 MPR 编码的方式内置于纸质印刷读物中，进而生产出会说话、能讲故事、包含巨大信息量的数字化产品。

全流程改造、一体化出版的实现路径在于依托先进、高效、畅通的出版生产管理系统（ERP）。以管理促进生产，以管理带动生产，通过先进ERP 系统的应用，实现传统图书与数字图书生产过程一体化、在制图书的数字化与碎片化同步进行、数字图书的生产与销售过程一体化。

第二节　产业化基础：核心业务和盈利模式

数字出版产业化的基础是出版社拥有自身的核心业务体系，拥有行之有效的盈利模式。核心业务体系是实现数字出版市场化的前提条件，盈利模式是市场竞争中脱颖而出的关键，只有大部分出版企业在市场竞争中取得数字出版的规模化盈利，才能有效地推动产业化进程。

一 数字出版业务体系

当下的数字出版界，业务体系大致由数字图书馆、专业数据库、手机出版物、网络出版、终端阅读等所构成，法律出版社也分别在上述领域有所建树和突破。

数字出版业务体系需具备产品丰富、体系健全、兼容性强、品种差异性大等特点，这样的业务体系能够适应收入不稳定、年度收入比例畸形等行业状况。

在较为基础的数字图书馆、专业数据库的产品基础上，近几年又衍生出 MOOC、SPOC、以知识体系为逻辑内核的知识库、移动办公学习平台等创新性的知识服务产品。

二 数字出版盈利模式选择

数字出版的盈利模式是市场化操作的前提，是产业化发展的纽带。在商业模式的选取上，各个出版社大致有线上和线下两种模式。在具体的盈利模式开拓上，则更加丰富，有 B2C、B2B、B2G、B2B2C、O2O 等多种模式。无论何种模式，只要有利于提高数字产品的市场占有率，有利于提升数字出版的收入水平，就是合理的盈利模式。

为数众多的商业模式，就目前而言，其功能和定位大致为知识提供和知识服务。知识提供是出版社根据自身的行业资源优势，按照行业知识分类法，为用户读者提供优质的数字化内容。知识服务是出版社根据用户的需求，按照个性化和定制化的目标，为目标用户提供订制的知识产品和服务。

第三节 产业化关键：队伍建设

数字出版产业化的支撑、基础、保障，都离不开人才，人才是数字出版产业化的关键，数字出版的人才队伍建设是决定产品研发、技术提供、渠道开拓的根本性问题。

在国家层面，主管部门需要建立和健全数字出版人才的培训、调训、职称等规章制度和政策。

在企业层面，出版单位需要充分重视人才，以待遇保障体系、薪酬激励体系、专业性人才培养体系为核心，选拔培养人才，引进优秀人才，鼓励人才成长，创造出有利于人才发展的良好环境。

具体而言，数字出版的产业化发展，需要有专业性、开拓性的人才队伍，拥有一支善于挖掘用户需求、长于研发数字产品的内容人才队伍，拥有一支精于技术应用、熟悉出版流程的技术队伍，拥有一支勇于开拓市场、肯于吃苦奉献的销售队伍，拥有一支理念新颖、执行力强、与时俱进的管理人才队伍。

第四节 产业化保障：财政支持和扩大再生产

数字出版产业化发展的前提是成功的市场化运营，出版企业能够在市场竞争中站稳脚跟，能够在自负盈亏的基础上取得年度盈利。出版单位在这个基本前提下，具备长远发展战略眼光，充分用好国家的各项政策资金支持，将财政支持和营业收入用于扩大再生产，不断提高数字出版收入的水平和比例,这样就离步入数字出版产业化时代不远了。

一 用好各项财政资金政策支持

作为新兴业态,数字出版业是政府扶持发展的文化产业的重要组成部分,代表着先进的文化传播趋势和方向,是出版业转型与升级的方向。在西方出版业数字化、信息化浪潮的冲击下,我国出版业的转型与升级面临着严峻的竞争态势。在这种大的时代背景和国际背景下,相关主管部门出台了文化产业发展资金、国有资本金、改革发展项目库、数字化转型升级项目等一系列政策,在资金、政策等方面给予传统出版单位强有力的支持,扶持传统出版单位应对好国内、国际竞争环境,从而促进我国数字出版业尽快实现规模化和产业化。

二 企业自营收入用作扩大再生产

对于已经步入市场化运营阶段的出版单位,每年的营业收入用途是考量一个企业格局大小的重要因素。有的单位秉承"短期经济效益"的狭窄眼光,将营业收入不断续存,没有考虑引进优秀人才和用于扩大再生产;有的单位则以长远发展战略眼光看待数字出版运营,将所获收入用于扩大数字人才队伍,用于购置相应技术装备、研发内容生产平台,用于鼓励开拓数字产品渠道。上述两者,格局大小,立马凸显。

只有将自营收入用于扩充数字队伍、购置设备与办公系统、开拓销售渠道的企业,才有可能步入到产业化大发展的阶段,才有可能凝聚起数量足够多、品质足够优秀、开拓性足够强的数字化人才,才有可能推动数字出版向着大发展、大繁荣的阶段前进。

第五节　产业化标志：贡献率和产品覆盖率

数字出版产业化的两个标志是：数字产品的市场占有率和数字出版收入对出版业的贡献率。前者是从产品的角度，衡量一个企业的发展规模和发展阶段；后者是从利润的角度，考量一个企业的发展速度和发展结构。

一　数字产品市场占有率

专业性出版社，基本上都是背靠主管单位，覆盖一个行业提供知识产品和服务，所提供的产品以其专业性、针对性而在市场竞争中占有一席之地。在数字出版领域，同样的行业，可能存在着若干家有竞争关系的出版企业，数字出版最终花落谁家？就看哪家出版社的数字产品更符合用户需求，哪家出版社的数字化服务更能切合该行业的实际应用。

行业市场占有率是专业出版社数字出版产业化的外部标志之一，当各个行业都出现了市场占有率居于较高程度的数字产品提供商的时候，这意味着专业出版领域的数字出版已经步入了产业化阶段。

二　对出版业态的贡献率

就整个出版业态而言，数字化产品和服务的收入占据可观比例的时候，意味着产业化的数字出版业态已经出现了。具体到每一个出版企业，内部收入构成中数字化收入属于重要组成部分的时候，同样意味着该企业的数字出版接近产业化发展阶段了。就目前而言，国内有的出版社其数字化收入已经占据到整体收入的 25% 以上，这就离产业化发展为时不远了。

案例5：社科文献出版社皮书数据库与列国志数据库

一、皮书数据库

1. 平台定位

以皮书系列研究报告为基础，全面整合中国发展与中国经验、世界经济与国际关系领域的研究文献、实证报告、调研数据和媒体资讯，基于学术研究脉络构建子库产品，追踪社会热点推出学术专题，依托皮书研创力量着力建设学术共同体，提供以满足用户需求为目标的当代中国与世界发展高端智库平台、国内最具影响力的关于中国与世界现实问题研究的成果库和资讯库。

2. 目标人群

（1）核心人群：社会科学领域专家学者和研究人员、政府智库机构高校、高端知识人群。

（2）边缘人群：人文历史爱好者、世界知识爱好者、某社科领域的爱好者。

3. 资源情况

（1）权威的研究报告。拥有社科院学术研究团队，各类学术研究成果近六万篇七亿字，并以每年1.5亿字的速度进行内容更新，内容覆盖9个国家、4个地区、两个国际组织及中国的22个省、自治区、直辖市和香港、澳门地区，19个区域经济体、190多个地级及以上城市，覆盖一百多个行业、41个一级学科及179个二级学科；拥有六大系列73个子库产品。

（2）独特的调研数据。拥有来自社科调研领域最权威可信、最新的第一手调研资源，并以图标库方式展示各类指数。

（3）前沿的热点资讯。拥有最新的学术研究动态和最新的社会热点研究成果。

4. 产品及服务情况

（1）设置中国社会发展数据库、中国经济发展数据库、中国行业发展数据库、中国区域发展数据库、中国文化传媒数据库、世界经济与国际关系数据库共六大系列73个子库产品，同时，可以根据用户需求提供按需定制服务。

（2）设立专业的客户服务中心，专人接听咨询及反馈意见，及时解答并协助解决客户使用过程中遇到的问题。

5. 运营情况

第三期皮书数据库在总结前两期运营经验基础上，进行了技术升级，优化数据标引和文章结构拆分，提高检索快捷性与准确性，提升用户使用体验，并将专题子库建设放到突出位置，努力开拓学术研究资源整合新领域。目前，皮书数据库运营平稳，各项工作有序推进，用户体验及订阅效果良好。

皮书数据库每年均保持数百万元的经营收入且呈现出稳定增长的趋势，是出版社研发成功和运营成功的专业性数据库产品的典范和代表性案例。

二、列国志数据库

1. 平台定位

列国志数据库定位于权威的国别国际问题研究资讯平台，向着国别国际问题研究领域的学习研究资料库和前沿原创学术成果推广平台及国际国别知识服务商发展。从性质上讲，列国志数据库是国别国际问题领域的集学术性、专业性、权威性于一体的有特色、门类全且起点高的专业数据库。

2. 目标受众

列国志数据库的目标受众群是国别国际问题研究领域的专家学者和相关学习者、各级政府部门国际事务决策者、外交外事工作者、有对外业务需求的企事业单位及广大出国公民和旅游者。列国志数据库应用范围广泛，既是学习研究的基础资料库，又是专家学者成果发布的平台。列国志数据库搭建学术交流圈，方便学者学术交流，促进学术繁荣。数据库为各级政府部门国际事务决策提供理论基础、研究报告和资讯参考。数据库还是我国外交外事工作者、国际经贸企业及日渐增多的广大出国公民和旅游者接轨国际必备的桥梁和工具。

3. 资源情况

列国志数据库包括国家库、国际组织库、世界专题库和特色专题库四大系列，共175个子库，资源总量超过6.6亿字。除图书篇章资源外，列国志数据库还包括知识点、文献资料、图片、图表、音视频和新闻资讯等多种资源类型，并收录美国国家安全战略解密文献选编、满铁档案资料汇编、苏联历史档案选编等珍稀档案资料，为学者了解历史、开创新领域研究，提供一手资料。大事纪年栏目以时间轴的方式呈现国家发展的历史脉络，聚焦该国特定时间特定领域的大事，方便用户按照时间、空间、领域三个维度纵观世界。列国志数据库对内容进行碎片化拆分、多维度知识化标引，实现强大的检索功能，探索多样的阅读方式，提供个性化服务和定制服务。

4. 产品及服务情况

列国志数据库在产品建设思路和模式上，已经开始摆脱纸质图书数字化的模式，开始向资源整合、跨行业合作的方向发展；在产品服务上，已经开始面向学者服务的用户思维，为学术研究用户提供专有的服务支持；在产品营销上，提供灵活的营销手段和完善的客户服务；在技术应用上，能形成有自主知识产权的软件。

5. 运营情况

列国志数据库自2014年6月正式上线以来，赢得了国别、国际问题相关研究机构及研究者的诸多使用好评，取得了良好的经济效益和社会效益。2015年2月，列国志数据库将正式启动二期建设，二期建设将在一期取得良好成绩的基础上，进一步对相关功能和技术进行优化升级，大力提升用户使用体验，努力开拓国别、国际问题学术研究资源整合新领域。

第十四章
知识服务的兴起与发展

导语

出版社所开展的知识服务,是指出版社围绕目标用户的知识需求,在各种显性和隐性知识资源中有针对性地提炼知识,通过提供信息、知识产品和解决方案,来解决用户需求的信息服务过程。

出版社开展知识服务需要遵循战略策划、模式策划、资源采集、资源组织和资源应用等流程。相对于图书馆知识服务而言,出版社开展的知识服务,无论是扩展性的知识服务还是定制化的知识服务,其性质、特点和内容都有着明显的不同之处,这也意味着出版社开展知识服务具有良好的社会效益和经济效益。

在"互联网+"的时代背景下,在媒体融合、出版融合的形势驱动下,未来的出版业转型升级的最终方向必然是知识服务,为目标用户提供全方位、立体化、多层次、多介质的知识服务。

信息服务、知识产品和知识解决方案分属不同层次的知识服务,各传统出版机构在信息资讯服务、数字化知识产品的提供方面并不陌生,但是对于如何针对特别群体、特定个人提供个性化、定制化的知识解决方案,却仍然还有很长的道路要走。

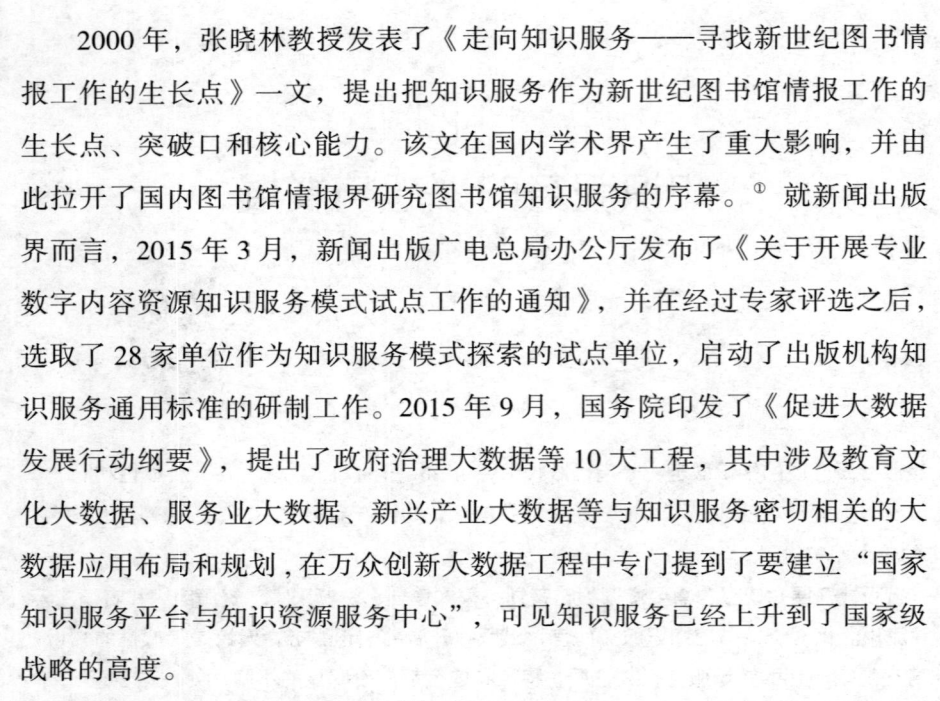

2000年，张晓林教授发表了《走向知识服务——寻找新世纪图书情报工作的生长点》一文，提出把知识服务作为新世纪图书馆情报工作的生长点、突破口和核心能力。该文在国内学术界产生了重大影响，并由此拉开了国内图书馆情报界研究图书馆知识服务的序幕。[①] 就新闻出版界而言，2015年3月，新闻出版广电总局办公厅发布了《关于开展专业数字内容资源知识服务模式试点工作的通知》，并在经过专家评选之后，选取了28家单位作为知识服务模式探索的试点单位，启动了出版机构知识服务通用标准的研制工作。2015年9月，国务院印发了《促进大数据发展行动纲要》，提出了政府治理大数据等10大工程，其中涉及教育文化大数据、服务业大数据、新兴产业大数据等与知识服务密切相关的大数据应用布局和规划，在万众创新大数据工程中专门提到了要建立"国家知识服务平台与知识资源服务中心"，可见知识服务已经上升到了国家级战略的高度。

相对于图书馆机构的知识服务模式而言，我国的出版机构所要开展的知识服务具有很大的不同，首先，因为图书馆是非盈利的机构，而出版社要考虑到社会效益和经济效益；其次，因为图书馆本身并不生产知识，而出版社承担着知识资源的编辑、加工和生产的职责；最后，图情界的知识服务最早是由学术界发起的，而出版机构的知识服务是由政府主管机构自上而下推动开展的，体现了政府推动文化产业发展的前瞻性和指导性。

而在关于出版机构自身定位的调研中，笔者查阅了数十家出版单位的企业介绍，发现无论是专业类、大众类、教育类还是综合性出版社，其定位大多是"出版机构、图书出版商、信息服务提供商、图书提供商、出版公司"等，旗帜鲜明地指出向服务方面转型的只有外语教学与研究出版社，在其企业简介中指出："为教育机构以及学习者提供全面的教育解决

---

① 参见张晓林.走向知识服务——寻找新世纪图书情报工作的生长点[J].中国图书馆学报，2000（5）.

方案，发展为国际化的、领先的教育服务提供商。"而国外的出版机构，其大多定位于信息服务、知识解决方案，例如，励德爱思唯尔的企业介绍定位于"励德·爱思唯尔已全面转向信息服务，离传统的出版越行越远"；汤森路透的定位是"商务和专业智能信息提供商，提供智能信息及解决方案"。相比较而言，境外的出版传媒集团很早就意识到知识服务是转型升级的方向和目标，而国内大部分出版单位仍局限于纸质产品的经营和销售范围内。实践证明，知识服务是新闻出版业高水准满足信息消费需求的必然发展方向，率先思考知识服务转型、率先开展知识服务工作的外研社、知产社等国内社都取得了较好的转型效果。①

第一节 出版社知识服务解析

出版社所开展的知识服务，是指出版社围绕目标用户的知识需求，在各种显性和隐性知识资源中有针对性地提炼知识，通过提供信息、知识产品和解决方案，来解决用户问题的高级阶段的信息服务过程。

出版社所开展的知识服务分为三层：第一层为信息服务，是指出版社为目标用户提供书讯、图书基本信息、数字产品信息等服务；第二层为知识产品，是指出版社根据目标用户的需求所提供的数字图书馆、条目数据库和以知识体系为核心的知识库等产品；第三层为知识解决方案，是指出版社根据用户个性化、定制化的知识需求，为目标用户提供点对点、直供直连直销的知识化的问题解决方案。

出版社的知识服务，其主要特征主要表现在以下几方面。

第一，知识服务注重社会效益，同时也注重经济效益。该点与图书馆

---

① 冯宏声．出版的未来：从"互联网+"到"内容+"［J］．出版人，2015:5.

所提供的图书情报信息服务有着显著差别,图书馆的图情信息服务公益性色彩较重,基本不涉及依靠图情信息服务来提高经济效益的目标,所提供的图情服务以无偿服务为主;而就出版社而言,长远地看,出版社未来的业务发展,出版社将来生产和发展的主体业务,应该是提供知识服务,并且多数情况下提供的是有偿的知识服务。

第二,能够提供多层次、跨媒体、全方位的知识服务。相对于图书馆知识服务而言,出版社所提供的知识服务更加全面、立体和丰富。首先,出版社所提供的知识服务可以包括信息资讯服务、数字产品和知识解决方案,信息服务、数字产品、解决方案的层次性差别明显,既能够满足一般用户的大众化的、扩展知识的需求,也能够满足特定用户个性化的、解决特定知识问题的需求。其次,出版社能够提供包括纸质介质、网络介质、终端介质等在内的多介质、跨媒体的知识服务。最后,出版社所提供的知识服务既能满足特定专业、特定领域的用户需求,也能满足普通社会大众的知识需求,服务范围囊括整个社会,属于全方位的知识服务,而图书馆知识服务往往只能面向特定专业群体或者特定社区,具有服务范围特定性的特点。

第三,知识服务是出版社转型升级的最终目标。我国的数字出版转型升级工作推行数年,部分出版社已经实现了一定程度的业态转型,但是国内出版单位目前主要的经营主业仍然是提供纸质的图书产品。从转型升级的最终目标来看,包括但不限于纸质图书的知识服务应当是出版社经营发展的最终走向。国家新闻出版广电总局关于转型升级的部署,无论是数字化软件、硬件的配置,还是数字资源库项目的启动,抑或是行业级数字内容运营平台的搭建,其初衷和归宿都在于让出版社具备提供数字化、信息化的数字产品与服务的能力,推动出版社具备开展互联网、移动互联网知识服务的能力,最终实现出版社由单一的提供纸质图书产品向提供全方位、多媒体的知识服务的角色转型。

第二节　出版社开展知识服务的流程

出版社开展知识服务，需要在统一的知识服务战略的指引下，在充分调研市场的基础上，以目标用户公共性、特定性的知识需求为导向，围绕着知识资源的获取、知识资源的组织、知识资源的管理进行，最终实现知识资源的应用，对外为目标用户提供各种层次的知识服务。

一　知识服务战略规划

在开展知识服务以前，出版单位应该组建知识服务领导小组，由社领导层担任领导小组组长，定期制定、修改知识服务总体战略规划、阶段性发展规划，检查、督促知识服务工作整体进度，建立、健全知识服务评估体系，确保知识服务长期、稳定的开展和进行。

出版单位应该制定并落实前瞻、务实的知识服务战略规划，在充分调研目标用户市场的基础上，形成自身的知识服务产品研发策略、技术应用策略和市场运营策略。战略规划需要立足行业发展现状和出版社实际情况，要有配套的体制机制，要有知识服务团队加以实施，要推行绩效考核，责任到人，只有这样，才能够切实有效地将战略规划落实到日常的经营管理实践中去。

二　知识服务模式的策划

出版社知识服务模式的策划，是指根据目标用户的知识需求的不同，而确定采取信息服务、知识产品抑或知识解决方案，以及采取具体哪一种信息服务、知识产品和解决方案。知识服务模式策划是策划人员根据用户需求及调研结果明确其市场定位、确定知识资源，并据此确定服务模式。知识服务模式策划由用户需求分析、资源可行性分析、技术可行性分析、市场可行性分析、撰写产品计划书等基本步骤构成。

在上述可行性分析之中，目标用户类型分析、同类竞争性产品分析和目标用户购买力分析显得尤为重要。用户目标是个人用户还是机构用户，决定了知识出版社是采取在线提供还是镜像安装，决定着出版社是提供单一性数字产品还是提供综合性数字产品。同类竞争性产品是否存在、数量多少，引导着出版社是采取蓝海战略还是红海战略，是填补市场空白还是提供更优质、更便捷的知识产品。值得一提的是，目前，我国知识产品市场的竞争不充分，存在着许多市场空白，尤其是在专业性数字产品和解决方案领域，这便为出版社开展知识服务提供了有力的市场先机。目标用户的购买力分析，直接决定着出版单位的知识服务价格策略体系，仅以政府机关用户为例，出版社所提供的数字图书馆、数据库产品的价格要符合目标用户的年度预算和决策机制，否则将会严重干扰价格策略的稳定性和有效性，出现要么销售打不开局面、要么销售周期认为延长的不利后果。

三 知识资源获取

在经过充分的市场调研、制定知识服务模式之后，出版社应该尽最大可能去采集和获取相应的知识资源。知识资源获取的过程就是把用于问题求解的专门知识从某些知识源中提炼出来的过程。[1] 关于知识资源的获取，经过这几年的转型升级项目实施，出版社并不陌生。知识资源获取的方法主要有三种：存量资源的转化、在制资源的建设和增量资源的发掘。

---

[1] 董金祥. 基于语义面向服务的知识管理与处理[M]. 杭州：浙江大学出版社，2009:08

第一，存量资源获取。存量资源的获取，主要采取纸质产品形态转化的手段，对出版社既存的知识资源进行数字化、碎片化，进而获得所需的各种类型的知识资源。各出版社的历史有长短，所积累的存量图书少则千余种，多则数万种，这些存量资源的数字化、碎片化是很重要的知识资源积累。

第二，在制资源获取。在制资源的获取，是指针对出版社日常编辑出版过程中的知识，通过流程同步化的手段，进行数据的标引、加工，以获得所需的知识资源。通过2013年第一批数字化转型升级项目的有效实施，出版社基本具备了在制资源的获取能力。

第三，增量资源获取。增量资源的获取，是指在出版社主营业务之外，通过资源置换、资源购置、网络抓取等方式和手段，获得所需的知识资源。增量资源获取能力的高低，是出版社开展知识服务，与民营企业、海外出版机构竞争的关键所在，也是目前各出版社正在着力解决的难题。

四 知识资源组织

在实现知识资源获取之后，出版社需要根据目标用户的知识需求或者知识服务的类型开展知识资源的组织工作。知识资源组织的路径主要有三种：基于知识体系、基于行业应用和基于用户定制。

1. 基于知识体系的资源组织

基于知识体系的资源组织，是指根据各学科领域的细分不同，在抽取和建立知识元的基础上，形成各个学科领域的知识体系，根据知识体系的逻辑层次对文字、图片、声音、视频、影像等各种类型的知识资源进行聚类和重组。[1] 基于知识体系组织资源，主要可面向高校、科研机构和科研工作者，提供满足扩展知识面、查阅参考相关资源的知识服务类型。

---

[1] 张新新. 数字出版产业化道路前瞻——以专业出版为视角［J］. 出版广角, 2014（9）.

基于知识体系组织资源，出版社需要做好知识元的建构和知识体系研发两项准备工作。关于知识元的建构，根据用途不同，出版单位可分别建构概念型、事实型和解决方案型的知识元，为知识服务的有效展开奠定基础。关于知识体系的研发，在知识元建构的基础上，理清知识元相互之间的知识逻辑层次，分别就学科、领域而制定知识体系，将知识体系作为知识标引的依据和参照。

2. 基于行业应用的资源组织

基于行业应用的资源组织，是指根据目标用户的行业应用需求不同，围绕特定行业、特定领域用户的业务流程、工作环节组织文字、图片、声音、视频、影像等各种类型的知识资源。随着知识服务向专业化、行业纵深角度开展，越来越多的出版社根据所服务的国民经济行业的业务流程、工作环节来组织相应的资源，提供相关的知识服务，例如社科文献出版社的皮书数据库、法律出版社的中国法官数字图书馆等产品，均取得了较好的社会效益和经济效益。

3. 基于用户定制的资源组织

基于用户定制的资源组织，是指根据特定用户的具体知识需求不同，围绕特定知识问题，对相关知识资源进行重组、聚类和关联，向特定用户进行推送或者交付。基于用户定制的资源组织往往适用于较高端的知识服务，为了满足特定用户的个性化需求，而提供定制化的知识解决方案，例如，励德·爱思唯尔的数字决策工具产品。

五 知识资源应用

在采集、组织好相应的知识资源以后，便步入到知识资源应用的环节。知识资源的应用，分为内部应用和外部应用，内部应用包括知识的共享和交流，外部应用就是出版社用之以开展知识服务了。

知识共享是指员工彼此之间相互交流的知识，使知识由个人的经验扩散到组织的层面。[①] 这样在组织内部，员工可以通过查询组织知识获得解决问题的方法和工具。反过来，员工好的方法和工具通过反馈系统可以扩散到组织知识里，让更多的员工来使用，从而提高组织的效率。出版社进行知识资源的共享管理，一方面可以通过人与人之间的交流，将技能、经验等隐形知识进行传递和共享，另一方面可以通过文档、邮件、数据库录入等方式对开展知识服务的显性知识进行上传和分享。

第三节 出版社开展知识服务的基本形态

出版社开展知识服务，大致包括两种形态：扩展性知识服务和定制化知识服务。

一 扩展性知识服务

扩展性知识服务，针对无具体问题，以学习知识、拓展知识面为目的的用户，针对用于意欲拓展的知识领域提供较为科学的研究方向和相关数据资料。扩展性知识服务的主要形态有以下几方面。

1. 数字图书馆

数字图书馆是指出版社按照学科体系或者行业应用为分类标准，提供综合型、全面性或者特定行业、特定领域的数字图书、期刊、报纸，及其检索、复制、粘贴、关联等多项服务。如中国法学院数字图书馆、中国少年儿童数字图书馆等。

[①] 岳高峰. 知识管理良好实践指南——GB/T 23703 知识管理国家标准解读[M]. 北京：电子工业出版社，2014:5.

2. 专业数据库

专业数据库是指出版社按照特定行业或者特定专业，以海量条目数据作为基本知识素材，以提供检索、查询、复制、粘贴、推荐、关联等各种服务。如北大法宝数据库、皮书数据库等。

3. 知识库产品

知识库产品是指以知识体系为内核，综合采用文字、图片、音视频等多种知识素材，围绕特定领域、特定行业甚至是特定问题，提供一站式知识服务。知识库产品是新兴、先进的知识服务类型，融入了知识体系的内核，能够满足特定领域的知识需求，目前正处于探索和建设阶段。

4. 大型开放式网络课程 MOOC（massive open online courses）

MOOC 是指出版社按照学科领域的不同，集中拍摄、制作各个领域权威教授的网络课程，通过互联网传播的手段，面向规模巨大的学生受众群体进行开放和提供服务。例如，人民卫生出版社的人卫 MOOC 联盟产品。

二 定制化知识服务

定制化知识服务是根据用户需求，以用于欲解决的问题为目标，不仅为用户检索并提供数据，更要根据相关知识对提供的数据进行筛选、拆分、重组，提供解决问题的产品或者方案。定制化知识服务的主要形态表现在以下几方面。

1. 个性化知识解决方案

通过用户特定类别、特定领域的个性化知识问题需求，提供点对点的直联、直供、直销的知识解决方案，以满足用户的个性化知识需求。例如，励德·爱思唯尔的数字化决策工具。

2. 移动型知识服务平台

遵循移动互联网传播规律，以知识元数据为资源基础，以通信技术为支撑，针对用户个性化、定制化的知识需求，采取模糊匹配、语音回复等方式，提供个性化的知识解决方案。法律出版社正在研发的手机律师产品便属这种类型。

3. 小规模限制性在线课程(Small Private Online Course, SPOC)

SPOC，是指根据企业需求，创建小规模限制性在线课程，为特定用户提供服务。[①]SPOC将课堂人数控制在一定数量，并对课程活动做出明确规定，如在线时间、作业完成情况和考试及格线等。需要指出的是，SPOC课程产品是对MOOC产品的改进和扬弃，它能够有效提高出版机构和目标用户的互动性，并且能够提高课程的完成率和通过率。

结语

结合目前国内出版业的现状来看，部分出版社已经在扩展性知识服务方面研发了相应的知识产品，并且取得了一定的社会效益和经济效益，尽管这种效益比例占出版社整体收入还相对较低。但是，仍然有大部分出版社在知识服务方面还没有形成清晰的知识服务战略规划，没有完成相应的知识积累、知识资源的转化与应用，还缺乏一支了解知识服务原理、通晓知识产品研发、洞察知识服务规律的复合型出版人才队伍。

同时，还应该看到，尽管我们的出版单位已经在知识服务方面进行了探索和试点，但是我们目前所取得的成果仍然局限于扩展性知识服务范畴，对于如何针对特定群体、特定个人的目标用户提供定制化的知识服务，出版单位还没有产生示范性、引领性的服务模式和服务案例。一言以蔽之，知识服务转型之路，还有很长的道路要走。

---

① 维克托·迈尔-舍恩伯格、肯尼思·库克耶著，赵中建、张燕南译.与大数据同行——大数据与未来教育[M].上海：华东师范大学出版社，2015：1.

第十五章
融合发展的路径设计与展望

导语

从媒体融合发展到出版融合发展，短短的一年时间，在政府信息层面，先后经历了三个阶段：2014年4月，《人民日报》上刊登了《加快推动传统媒体和新兴媒体融合发展》的文章；2014年8月，中央全面深化改革领导小组第四次会议审议通过了《关于推动传统媒体和新兴媒体融合发展的指导意见》；2015年4月，国家新闻出版广电总局、财政部联合印发了《关于推动传统出版和新兴出版融合发展的指导意见》，《指导意见》共计16条，包含四个部分：总体要求、重点任务、政策措施和组织实施。

《指导意见》在组织实施的部分明确要求各出版行政主管部门和各出版单位将融合发展列入行业和单位的"十三五"规划，并且要求制定时间表、路线图和任务书，通过指标细化和责任考核，将融合发展层层落实，落到实处。

在西方出版集团强势进军我国数字出版界和民营企业信息服务发展迅速的双重背景下，我国的传统出版社要想推动传统出版和新兴出版融合发展、协同发展，必须以改革发展创新作为内在动力，以政策项目扶持为外部驱动力，在内容、技术、运营、管理和资本人才方面进行创新培养和使用，夯实出版转型与融合发展的人才基础。同时，以复合型人才和领军人才为主要抓手，综合运用大数据、云计算、移动互联网等先进技术，打通新兴出版产业链，并逐步实现出版产业与教育、旅游、影视等其他产业的融合。

要真正将出版融合发展贯彻落实，促进新常态下数字出版的平稳发展，笔者以为，传统出版单位应该对内以改革创新作为源动力，对外用好政府调控的各项政策，以先进技术的应用作为支撑，以融合出版人才的培养作为主要抓手，在特色资源优势和优质内容保证的基础上，做足出版产业链，并将出版产业链延伸至国民经济各行业的知识服务之中。

第一节 融合发展的必要性和紧迫性

作为新兴业态，数字出版业是政府扶持发展的文化产业的重要组成部分，代表着先进的文化传播趋势和方向，代表着出版业转型与升级的方向和未来。在西方出版业数字化、信息化浪潮的冲击下，我国出版业的转型与升级面临着严峻的竞争态势。[1] 励德·爱思唯尔2014年年报数据显示，励德2014年的数字收入约占总收入的82%，其中在科技医疗信息市场的数字化比例为74%，在法律信息领域则为77%。励德的数字化收入在全球位居第四，我国只有中国移动能超越，新闻出版集团鲜有能与之抗衡者。

具体而言，传统出版与新兴出版融合发展的时代背景如下。

一 西方出版传媒集团强势进入

前几年，对亚马逊、励德·爱思唯尔等西方出版传媒集团宣布将进入中国发展，国内出版界普遍的感觉是"狼来了"。近几年，经过精心的布局和规划，这些出版集团不但已经完成了基本的人才布局、产品布局、渠道布局；而且还通过"预付费"等方式，在我国出版资源获取方面实现了第一步原始资源储备，而在合作过程中，我们的出版单位很少有获取西方国家同类知识资源的案例。一旦我们丢失了内容资源——出版单位得以生产和发展的根基，我们就丢掉了与境外出版传媒集团在互联网、移动互联网领域竞争的根本武器。

---

[1] 张新新. 数字出版产业化道路前瞻——以专业出版为视角 [J]. 出版广角，2014（9）：35.

平心而论，我国出版传媒集团的区域式设立、"小、散、弱"的资源分布现状，注定了在网络空间传播的争夺战中，无论是在人力资源竞争、集团实力竞争还是对互联网传播运营模式的竞争方面，都很难与上述西方出版集团站在同一起跑线上。我们目前所拥有的主要竞争筹码是西方出版传媒集团还没有获取我国的图书出版、互联网出版方面的许可资质，即便如此，他们仍然通过"借船出海"的方式，在从事着图书出版、互联网传播方面的业务，不断提升着在我国法律、医疗、金融等知识服务领域的企业品牌度和社会影响力。

二 民营传媒企业集团发力迅猛

传统出版单位在网络空间生存和发展所面临的第二个竞争对手便是体制灵活、机制创新、谙熟互联网运营规律的民营传媒企业。相比较传统出版单位而言，民营传媒企业没有国家资金政策的支持，或者说很少获得国家资金政策的支持，但是，他们依然能够在法律、医疗、建筑等各个领域做得风生水起，甚至成为上市企业，他们所创造的产值往往是传统出版单位所难以企及的。

在法律数据库服务领域，北大法宝、北大法意、中国知网等企业的法律信息服务、法律数据库产品的竞争力非常强，市场占有率也非常高；在医疗卫生、建设工程在线教育领域，正保远程教育集团已经在美国纽约证券交易所上市，旗下的建设工程教育网、医学教育网无论是经济效益还是社会影响力都处于业内领先地位。

三 传统出版单位转型成效有待进一步提高

在政府调控方面，财政部自 2008 年到 2014 年，先后累计拿出 6.27 亿元的文化产业发展专项资金和 5.02 亿元的国有资本经营预算资金用于支持新闻出版业转型升级,其力度之大、比例之高是前所未有的。这些资金的投入,对新闻出版业转型升级,产生了较大的助推作用,促使第一批数字化转型升级企业完成了数字出版软硬件的配置,基本实现了传统出版与数字出版流程再造,完成了部分优质资源的数字化和碎片化任务。同时,全国首批国家级数字出版示范单位的公布,也分别在产品研发、盈利模式、人才建设等角度为仍处于探索中的新闻出版单位提供了有益借鉴和示范考虑。[1]

同时,我们需要注意,除了中央文化企业数字化转型升级项目基本完成项目结项和成果验收以外,还有大量的文化产业资金项目和国有资本经营预算项目并没有按照预期进行实施和验收,财政项目的成果转化还没有得以量化,项目成果与生产力的衔接还没有及时到位,传统出版单位数字化转型升级的步伐和成效还需要进一步提升和加快。

第二节 融合发展的动力源泉:出版改革创新

传统出版社开展新兴出版业务,推动融合发展战略的最根本动力在于企业内部的改革创新。这种改革创新必须是全面的,必须是深入的,必须是有魄力和敢于担当的。

改革创新的全面性体现在:首先,需要对出版企业的薪酬体系和绩效考核进行改革,进而摆脱传统体制依靠职级、年限加以确定薪资待遇的行政式薪资体系,转向依据预定任务完成率、对出版企业的贡献率加以确定员工薪资待遇的薪资体系。2014年地质出版社、人民法院出版社不谋而合地聘请国内同一家企业管理咨询公司在薪酬体系、绩效考核方面进行改革

---

[1] 张力.2013-2014中国数字出版产业年度报告[M].北京:中国书籍出版社,2014:29-30.

的初步探索。其次，需要在多层次、多维度、多形态的产品提供和服务供给方面进行创新，不能仅仅拘泥于传统的纸质图书。最后，需要改革单纯依靠增设部门、增加人数以提升年度利润的粗放式经营策略，转由采用提升编辑盈利能力、提升单品种图书效益的精细化增长策略。

改革创新的深入性体现在：首先，出版企业领导层需要树立改革创新的思维，将改革创新触及灵魂深处。遍览全国五百八十多家出版社，在新兴出版领域起步早、发展快、拥有较成熟的发展模式的企业，其领导层大多是年轻化的，是富有改革创新精神的，是勇于改革、勤于创新和善于抓住重要发展机遇期的。其次，出版社的每位员工都要具备改革创新的思维，以改革创新的精神研发产品、包装产品和营销产品。对于许多观念陈旧的编辑而言，"闭门家中坐、书从天上来"的出版观亟须改变，而是应该走出去，与作者交流、与读者沟通、与市场相衔接。最后，传统出版与新兴出版一体化的考核体系需要建立和健全。全员数字化转型升级、传统出版与新兴出版融合发展真正落到实处的关键在于确立一体化的考核体系，使得数字出版的收益与贡献能够与每个相应的编辑挂钩，编辑绩效指标除了包括传统图书业绩，还要包括图书的数字化收益。只有这样，才能够推动全社上下、编辑全员的转型升级，而不再是数字出版的相关部门和分社。

改革创新的魄力和担当体现在：融合发展是"一把手"工程，需要由出版社社长亲自加以贯彻和落实，时间表的制定、路线图的规划、任务书的签订，均需要由社长和社领导层统筹安排和协同开展。就融合发展模式而言，成立单独的数字出版部门，创新性地以高薪吸引人才、以良好的成长环境留住人才、以科学的方式方法培养人才，需要魄力，需要具备担当能力；在合适的时机，适当引入社会资本，成立数字出版公司，进行独立市场化的运作，尝试股权激励的设置与创新，更需要魄力和担当。就融合发展的集团化而言，成立跨区域、跨行业、跨媒体、跨所有制的新型出版传媒集团，更考验出版社领导层的魄力和担当能力。

第三节 融合发展的外部推动：项目驱动发展

在《关于推动传统出版和新兴出版融合发展的指导意见》出台后，财政部文资办负责人表示还将以传统出版和新兴出版融合发展为契机，继续推动出版企业数字化转型升级，进一步支持重点平台建设，加大财政投入力度，充分发挥市场配置资源作用，全面推动媒体融合发展。

我国新闻出版业的改革发展多由政府主导，政府的宏观调控职能在新闻出版数字化转型升级领域得到了充分体现。自 2010 年以来，政府对于新闻出版业的调控主要体现在引导、扶持和有效干预方面，以出版方向的确立、出版规则的建立加以引导，以财政项目评审、示范工作评比加以扶持，以数字出版市场秩序维护、国有资产保值增值加以有效干预。

值融合发展《指导意见》公布之际，传统出版社应该充分用好融合发展的战略机遇期，在融合型产品研发、高新技术运用、复合型人才培养、一体化渠道建设等方面统筹规划、积极探索，及时有效的申报、组织和实施数字出版项目，借助财政项目的强大推动力，促使企业由传统出版向新兴出版转型，实现传统出版和新兴出版在内容、渠道、平台、运营方面的深度融合和协同发展。

第四节 融合发展的关键举措：创新技术应用

传统出版与新兴出版融合发展的关键举措是创新技术的应用，如何把大数据、云计算、移动互联网、物联网、语义标引等先进技术有机地融合到新闻出版产业链,有机地应用到国民经济各行业知识服务领域,是传统出版单位必须面临和必须着力解决的难题。

数字出版在经历了原版原式电子书为代表性产品的数字化阶段后,步入到以数据库产品为代表的碎片化阶段,现在又发展到以知识体系、知识标引为逻辑内核的体系化融合发展阶段。以知识服务为业态创新表现的融合发展,要求各项技术之间以知识体系为内核,按照大数据时代的数据采集、标引、计算、服务的产业链环节先后顺序,进行有机融合和相互支撑。

具体而言,在数据采集阶段,传统出版社的存量资源、在制资源和增量资源是知识服务的数据基础;通过大数据的数据采集、数据挖掘、数据清洗技术,使得信息数据进入语义标引库。[①] 在知识标引阶段,对特定出版领域的规模数据进行知识体系性的语义标引之后,通过相同或者相似维度的数据提取和汇总,步入到数据计算环节。在云计算环节,通过 HBase、Hive、Tez、Storm、Kafka 等计算组建,高效地将离线计算、流式计算、内存计算等框架融合在一起,实现统一的数据调度和管控。最后,在大数据服务阶段,通过特定领域的大数据建模,综合采用数据共享、数据租赁、数据定制等多种商业模式,形成用户所需的大数据知识服务。

第五节 融合发展的主要抓手:复合人才培养

推动融合发展,实现新常态下的数字出版平稳发展,最重要的莫过于对复合型人才的引进、培养和使用。复合型人才在单个出版单位、在整个数字出版行业都十分短缺,传统出版社需要在新兴出版的内容人才、技术人才、销售人才、经营管理人才和资本运作人才方面进行引进,通过良好

---

① 涂子沛. 大数据[M]. 桂林:广西师范大学出版社,2013:86-98.

的薪资体系留住人才,通过有挑战性的成长平台锻炼人才,通过足够的成长空间来留住和提拔人才。①

2014年,国内数十家出版社出现了数字出版的人才流动潮流,数字出版人才跳槽和交流的原因大致有薪资待遇低、成长空间有限、顶层设计有障碍、体制机制陈旧落后等几种因素。客观地讲,人才的流动有利于数字出版整个行业的发展,尤其是领军式的人才,在不同出版领域之间交流,一方面能够促进新加盟单位的跨越式发展,另一方面,也是对自身的调整和提高,进而提升整个出版业数字人才的知识水平和业务能力。当然,有人欢喜有人忧,对于原来的单位来讲,数字出版人才的流动势必会造成一定的发展滞缓或者停顿。不过,单纯以市场竞争的规则和市场机制规律来看,未来出版企业的竞争说到底还是人才的竞争,哪个单位拥有良好的薪资体系、合理的成长环境、足够的成长空间,哪个单位便占据了人才竞争的战略高地。

值得一提的是,在融合发展《指导意见》公布之前,地质出版社便由职工代表大会表决通过了《人才培养基金管理办法》,每年拿出一定资金用于创新性人才的培训、培养和激励,鼓励全社员工不断增强自身素质,不断提高对新技术、新业态的驾驭能力,进而全面促进优秀人才脱颖而出,为融合发展奠定扎实的人力资源基础。

第六节 融合发展的题中之义:产业链贯通与延伸

推动传统出版与新兴出版的融合发展,一方面要求传统出版单位打通数字出版产业链内容、技术、营销和衍生服务的各个环节,另一方面鼓励

---

① 刘锦洪. 数字出版案例研究[M]. 北京:电子工业出版社,2013:79.

传统出版社尝试出版产业链延伸，实现出版与旅游、教育、影视等其他产业的融合。[①]

在数字出版产业链的贯通方面，传统出版单位需要立足自身特色出版资源，研发数字化、个性化、定制化的数字产品和服务，熟练运用大数据、云计算、语义分析、物联网等先进基础，建立健全数字产品服务的销售渠道，不断提高数字产品服务的社会效益和经济效益，最终实现数字出版的规模化发展和产业化发展。

在出版产业链延伸方面，传统出版单位需要遵循"一个内容多种创意、一个创意多次开发、一次开发多种产品"的原则，尝试将出版产业链与国民经济其他行业的产业链相衔接，为国民经济各行业提供知识服务。

仅以出版与影视产业的跨界融合而言，国家新闻出版广电总局的成立，实现了出版与影视在管理体制方面的融合；与此同时，各地的传统出版单位也跃跃欲试，通过不同方式实现出版与影视的业务融合。

综上所述，推动传统出版与新兴出版融合发展，既是出版单位自身生产和发展的必经之路，也是应对激烈的国内外市场竞争的不二法门；既是传统出版单位提高网络空间话语权的职责所需，也是出版业巩固壮大宣传思想文化阵地的迫切需要。传统出版单位只有以复合人才培养为主要抓手，以创新技术的应用为关键举措，对内全面深入推动改革创新，对外用好各项政府调控政策项目，才能够实现新兴出版的产业链畅通，也才能够实现出版与影视、与教育、与国民经济其他行业的跨界融合发展。

[①] 方卿、曾元祥、敖然.数字出版产业管理[M].北京：电子工业出版社，2013：100-107.

第十六章
大数据在新闻出版业的应用

导语

2013年,被誉为大数据的元年,自浙江人民出版社《大数据时代》一书出版以后,首先掀起了一股大数据领域的出版热潮;之后,大数据一直作为一个热门话题,在各行各业都引起了高度关注。

2014年5月,美国白宫发布了"2014年全球'大数据'白皮书",内容涉及大数据与个人、美国政府的数据开放与隐私保、公私部门的数据管理、大数据的政策框架等内容。

2014年年底,国家新闻出版广电总局开展了关于"十三五"时期"大数据在新闻出版业应用"的课题预研究工作;2015年9月,我国国务院对外公开了《促进大数据发展行动纲要》,提出未来五到十年我国大数据发展和应用的十大工程,包括四大"政府大数据"工程、五大"大数据产业"工程以及网络和大数据安全保障工程,其中特别提到了新闻出版业紧密相关的知识服务大数据,指出要"建立国家知识服务平台与知识资源服务中心"。

在其他行业已经纷纷开展大数据平台建设甚至有的行业已经成功研发出区域性大数据成果之际,我们有必要对新闻出版业大数据建构的若干问题加以梳理,以进一步明晰发展思路和找寻落脚点。新闻出版业的大数据应用,首先要厘清概念误区,明确区分大数据和"数据大""统计分析"的逻辑关系,然后需要梳理新闻出版业的数据价值体系,同时需结合新闻出版业条数据、块数据同时并存、各有千秋的数据特点和规律,[①] 围绕着数据作为生产要素,重塑新闻出版数据的采集、存储、标引、计算、建模和服务体系,进而在专业出版、数字教育或者政府管理等领域做出若干大数据应用示范案例,或者在政府大数据、行业大数据和企业数据层面开展若干试点工作,这样,方可尽快推动新闻出版业应用大数据技术的进程和步伐。与此同时,要充分考虑到隐私权威胁和数据过分依赖两个负面性问题,通过感性决策因素的积极发挥和数据安全防护策略,来最大限度地防止大数据黑暗面的出现。

---

① "条数据,在某个行业或领域成链条状串起来的数据;块数据,以一个物理空间或行政区域形成的设计人、事、物的各类数据的综合。"大数据战略重点实验室.块数据[M].北京:中信出版社,2015:8-15.

第一节 大数据概念误区

自大数据概念引入以来,有许多的概念误区,其中有两个方面最容易引起混淆:第一,将大数据等同于"数据大";第二,将大数据等同于"统计分析"。

毋庸置疑,大数据的基础是"数据大",是拥有海量的数据资源作为内容支撑,但是大数据又不仅仅止步于"数据大",因为大数据的核心在于挖掘出庞大的数据库独有的价值,在于海量数据背后的隐藏价值、潜在价值。[1] 只有挖掘出海量数据的隐藏价值、潜在价值,才能发挥大数据在自然科学领域的预测作用,才能实现大数据在社会科学领域的预警作用。

同样的道理,大数据预测功能的发挥需要通过统计分析来实现,但统计分析并不等同于大数据本身。就新闻出版业而言,大数据的建构是一个集数据采集、加工、标引、统计、分析、建模、服务于一体的数据生产体系,而统计分析仅仅是其中的一个技术性环节。通过离线计算、分布式计算等计算组件所统计分析出来的二次数据,才是大数据的精华和核心,这样的二次数据独立于统计分析本身,而是在原有海量数据基础上的价值提升和再发现。

第二节 大数据应用的内容前提——数据价值体系

就我国新闻出版业而言,以价值体系为视角,综合分析这些年新闻出版单位所经历和开展的转型升级业务来看,可以得出这样一个结论:新闻

---

[1] 维克托·迈尔-舍恩伯格、肯尼思·库克耶著,盛杨燕、周涛译.大数据时代[M].杭州:浙江人民出版社,2013:102、133.

出版企业的产品具备直接价值、数字化价值和数据化价值，该三个层次的价值体系构成了大数据应用于新闻出版业的内容基础。

一 直接价值

直接价值是指经过新闻出版单位策划、编辑、审校、印制过程而形成的纸质产品所产生的价值。其中，纸质产品包括传统的图书、报纸和期刊。数十年以来，我国的新闻出版单位的主要经济效益指标的完成、日常经营管理的主要收入来源，均来自于对纸质产品价值的实现过程。

二 数字化价值

数字化价值是指在新闻出版业转型升级过程中，通过对纸质产品数字化、碎片化的过程，而产生的数字图书（馆）、专业数据库所贡献的价值。数字化价值的实现依托于数字出版发展历程的数字化阶段和碎片化阶段。[①]国内已有多家出版社通过对数字化价值的挖掘来产生和创造出新的经济增长点，例如社科文献出版社的皮书数据库、人民法院出版社的审判支持应用系统等均取得了较好的社会效益和经济效益。数字化价值是对原有纸质产品的价值提升，也是纸质书报刊二次价值的挖掘和体现。但是，数字化不等同于数据化，纸质产品的数字化价值也永远无法取代其数据化价值。

三 数据化价值

数据化价值是指在数字化、碎片化的书报刊的基础上，对数字化、碎片化的资源进行多维度、立体化知识标引，充分运用云计算技术，通过大数据

---

① 廖文峰、张新新.数字出版发展三阶段论［J］.科技与出版，2015（7）.

模型构建和数据服务层研发，所产生和输出的二次数据所创造的价值。二次数据所创造的价值，也是纸质书报刊三次价值的挖掘和再提升。可以说，这些年整个新闻出版行业的转型升级工作，主要是促进和推动传统新闻出版单位尽快挖掘出纸质产品的数字化价值，而对于数据化价值的挖掘和提炼工作，还没有实质性的开展和部署。诚如维克托·迈尔-舍恩伯格所言："出版社多年来也一直致力于电子书领域的开发，但是他们都只是把书籍内容作为核心价值，而没有把书籍看作一种数据并纳入自己的商业模式中。因此，他们没有做到把书籍的数据价值挖掘出来，也不允许别人这样做。他们没有看到数据化的需求，也意识不到书籍的数据化潜力。"[①] 纸质书报刊的数据化价值的产生，是大数据技术应用于新闻出版业的初衷和归宿，也是新闻出版业由数字出版向数据出版转型和过渡的关键和标志。新闻出版业大数据建设流程如图 16-1 所示。

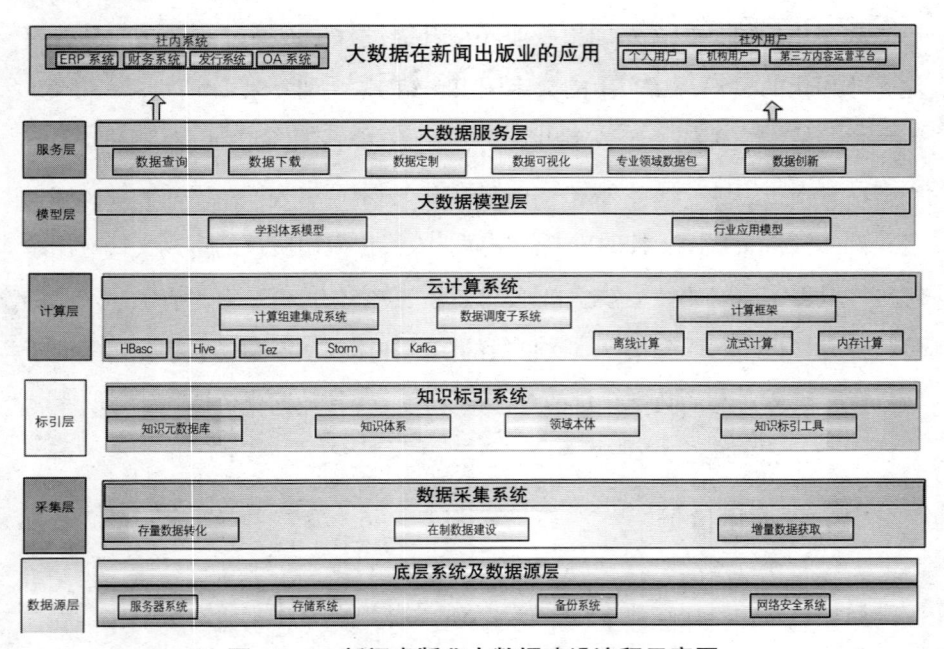

图 16-1　新闻出版业大数据建设流程示意图

---

① 维克托·迈尔-舍恩伯格、肯尼思·库克耶著，盛杨燕、周涛译. 大数据时代 [M]. 杭州：浙江人民出版社，2013:112.

第三节　大数据应用的资源起点——数据采集

大数据技术要求我们把所有的文字、图片、视听资料、游戏动漫都当作数据来对待，把数据作为生产要素加以看待，数据从生产流程一端输入，从另一端产生出我们想要的二次数据、创新数据，实现数据挖掘的潜在性。这个过程，与知识发现的过程有些类似。

就新闻出版业而言，大数据技术应用的资源起点在于数据采集，数据采集的类型，包括用户数据、交互数据和内容数据，其中内容数据是重中之重。数据采集的路径大致有三种，主要表现如下。

一　存量数据转化

存量数据的获取，主要采取纸质产品形态转化的手段，对出版社既存的知识资源进行数字化、碎片化，进而获得所需的各种类型的知识资源。各出版社的历史有长有短，所积累的存量图书少则千余种，多则数万种，这些存量资源的数字化、碎片化是很重要的知识数据积累。近些年，财政部、国家新闻出版广电总局所力推的特色资源库建设项目，是解决存量资源数据化的重要方法和途径。

二　在制数据建设

在制数据的获取，是指针对出版社日常编辑出版过程中的知识，通过流程同步化的手段，进行数据的标引、加工，以获得所需的知识资源。在制数据的获取，对新闻出版单位的传统纸质产品和数字化产品生产管理流程一体化提出了很高的要求，同时，也对责任编辑的专业能力、技术算计能力、出版社的一体化考核机制提出了较大的挑战。

三 增量数据采集

增量数据的采集，是指在出版社主营业务之外，通过资源置换、资源购置、网络抓取等方式和手段，获得所需的数据资源。增量资源获取能力的高低，是出版社开展大数据建设，与民营企业、海外出版机构竞争的关键所在，也是目前各出版社正在着力解决的难题。

我国新闻出版业的特殊体制，使得各新闻出版单位在数据拥有方面呈现出条块分明的特点，也为我国新闻出版业构建各种类型的出版大数据体系提供了前提和可能：专业性出版社往往服务于特定的行业，在长期的经营发展过程中，积累了数量庞大、权威专业的行业数据资源，进而为开展"条数据"的大数据应用奠定了数据基础。而地方性的出版社、出版集团，则占有特定地域的数据优势，能够调动地方资源，在"块数据"的大数据应用方面大展拳脚。

第四节 大数据应用的技术基础
——知识标引与应用标引

在采集完海量的数据资源以后，出版单位紧接着面临的是对这些数据进行清洗、挖掘和标引工作。数据标引是整个大数据应用的基础，也是大数据发挥预测、预警价值，实现知识发现和数据创新的成败所在。

新闻出版业的标引，侧重于知识标引和行业应用标引，一方面服务于学科研究，另一方面服务于国民经济各行业的应用，为开展知识服务奠定基础。

一 学科知识标引

出版社完成知识标引任务，需要做好两项准备性工作：知识元的建构和知识体系研发。长久以来，为了完成各个阶段的效益指标，出版社往往采取短期性、粗放式的经营方式，很少有出版社能够在知识元、知识体系方面开展相应工作，而到了大数据时代，对于知识元、知识体系的建设工作则显得刻不容缓。

知识元是指不可再分割的具有完备知识表达的知识单位。从类型上分，包括概念知识元、事实知识元和数值型知识元、解决方案型知识元等。知识元的建构是开展大数据知识标引的逻辑起点，同时也为移动互联网时代出版单位开展知识服务提供了资源基础。

知识体系研发，则是关乎所采集的大量数据能否贴上标签，为将来计算、统计、数据提取提供基础的重要任务，同时，知识体系也是数据加工企业据以标引内容数据的依据和标准，没有知识体系，知识标引则沦为一句空话。知识体系的研发需要在知识元建构的基础上，厘清各个知识点之间的逻辑层次，尊重现有学科分类，依特定学科、特定领域分别开展。

值得一提的是，之前大量的出版社所开展的资源数据加工业务，都是采取"甩手掌柜"式的做法，将出版社的既有数据交由数据加工企业做结构化标引，出版社在整个数据加工过程的角色和地位并没有凸显；这种做法，在结构化标引工作中勉强可行，而在知识性标引过程中，出版单位必须要充分发挥自身的主动性和能动性，运用自己的专业资源优势和学科优势，亲自主导研发知识元和知识体系，之后再将知识元、知识体系交由加工企业，让加工企业依据知识体系进行标引，同时，出版单位要对标引后的数据做最重要的质量检查。

二 应用知识标引

应用标引，是指对采集的海量数据按照特定行业的工作环节、职能定位进行标引。应用标引是指出版大数据服务于国民经济各个行业的关键性步骤，也是大数据前期市场调研的必然结果，同时关乎所生产的大数据知识产品能否切实满足目标用户的实际需求。

应用标引在数字出版发展的不同阶段都在被广泛应用和采纳，并且已经显示出了其在数字化、网络化时代的价值和前景。例如，之前法律出版社所研发的中国法官数字图书馆就是按照法院系统的部门设置、工作环节、流程任务等维度，对所收录的近万种数字图书进行子馆建设和研发，实践证明这种标引方法相对于中图分类法，更受到目标用户的欢迎和认可。

应用标引首先需要建立一套完整、权威、被用户接受的行业应用知识体系，知识体系侧重于服务行业具体公共环节和流程。体系研发工作需要由出版单位主要承担，需要充分发挥出版社的专业知识优势，同时建立在充分的市场调研的基础上加以完成。

第五节 大数据应用的技术关键——云计算

在对海量数据进行采集和标引之后，便需要运用云计算技术，对各种数据进行计算，计算的结果是产生二次数据，也就是我们想要的大数据的精华——纸质产品的数据化价值体现。

关于云计算，当前的传统出版技术提供商还仅仅停留在以云存储、虚拟化和设备租赁为核心的 IaaS（Infrastructure-as-a-Service）阶段，而对于设备租赁，往往是超大规模的数据拥有商才有可能运用，所以在新闻出版业的大数据方面并没有太大的应用空间。

出版业大数据所运用的云计算技术往往集中于 SaaS（Software-as-a-Service）层次，即直接运用相关的软件和技术，一般离不开各种计算组件的综合运用和离线计算、流式计算、内存计算等多种计算框架的设定。在福建省司法大数据分析平台案例中，可以看出该平台以 HDFS Federation 和 YARN 为核心，在 YARN 集成了各种计算组件，包括 HBase、Hive、Tez、Storm、Kafka 等。以 YARN 的资源动态调度为基础，高效地将离线计算、流式计算、内存计算等计算框架融合在一起，实现统一的调度和管控。

第六节 大数据应用的思维突破——模型建构

大数据产业链主要由大数据拥有者、大数据技术公司、大数据思维公司和个人、数据中间商四个角色所实现。在这四个角色中，核心和关键是具备大数据思维的公司和个人，因为他们能够指导采集什么样的数据，他们明确需要设定群体、行为、性别、特征等哪些分析统计维度，他们知道采用什么样的挖掘分析系统，他们清楚产生的二次数据的用户和市场。

作为出版企业本身是一定量的数据拥有者，具备了研发大数据平台的数据基础；最重要的是经过多年的专业培训和实践，出版社尤其是专业类出版社，拥有具备大数据思维的职业人才，同时出版企业还可以通过合作、融合等方式扮演数据中间商的角色。

大数据思维的最重要体现便是如何构建大数据模型，这对任何行业的大数据建设而言，都是头等重要的大事。新闻出版业基本涵盖了我国学科体系的13门学科的所有知识范围——理学、工学、农学、医学、哲学、经济学、法学、教育学、文学、历史学、军事学、管理学、艺术学。为此，大数据建模将会呈现出各种各样的差异性和特殊性，其复杂程度也将有所不同。对于法律学科，其严谨、规范的法言法语非常有利于大数据的标引和计算开展，这样的严谨性、规范性语言不仅存在于法律条文中，同样存在法律判决书之中；同样，法律学科"大前提、小前提、结论"的基本逻辑模型也为大数据建模提供了相对一致的模型基础。而对于其他学科，能否把握住其基本的逻辑模型和语言特点，将是考量大数据建设的重要能力。

然而，无论差异再大，大数据建模的两个方向将是恒定的——学科体系建模和行业应用建模。学科体系建模有着相对成熟的理论基础和知识体系，其操作难度相对不大，而行业应用建模，则需要深入到国民经济各行各业，深入把握各个行业和职业的工作环节、业务流程的特点规律，在此基础上，熟悉用户需求，围绕用户需求建构相应的大数据模型。

第七节　大数据应用的服务层次——数字教育、知识服务与移动阅读

在经历了数据采集、数据标引、数据计算、数据建模等环节后，便可为目标用户提供丰富多彩的大数据服务了，大数据服务既包括服务于新闻出版业本身的数据服务，也包括服务于国民经济各行业的数据服务。企业级的大数据平台，内部完全可以为选题策划、编辑审校、印制财务和发行运营提供数据支撑和决策参考，同时，企业级大数据平台所汇聚的海量数据资源，又可为目标用户提供外部的知识服务，进而实现纸质产品产生的二次数据的价值。

在对外提供大数据服务时，出版业的大数据所提供的服务既包括提供一般性数据服务，如数据查询、数据下载、数据可视化、数据交换和购置，也包括为出版转型升级的特定领域提供服务，例如数字教育、知识服务和移动阅读领域等。下面仅就大数据在教育出版、专业出版和大众出版领域的应用做简单分析。

一 大数据与数字教育

MOOCs（massive open online courses）曾一度被誉为继火的发现之后最重要的创新，然而，2013年美国斯坦福大学的教授塞巴斯蒂安·特龙却公开宣称MOOCs是一个失败的新生事物，其主要原因是只有5%左右的课程完成率。[1]MOOCs备受欢迎的原因在于汇聚了海量的权威课程资源，解决了教育的形式公平公正问题，弥补了课堂教学的资源有限性。

继MOOCs之后，美国又兴起了SPOCs（Small Private Online Courses）热，给予解决小规模学生群体的特定学习问题而开设的网络课程，应该说SPOCs属于知识服务的定制化服务范畴，它解决了小部分学生的学习难点和问题，同时将线上和线下的课程、答疑相结合。

无论是MOOCs还是SPOCs，要想取得较高的通过率，需要借助大数据技术，实现数据回传、捕获学生的个性化学习问题，进而才能采取有效的针对性措施，以实现预期的理想课程效果。

二 大数据与知识服务

如前所述，我国《促进大数据发展行动纲要》中明确提出知识服务大数据的建设，包括建立国家级知识服务平台和国家级知识资源服务中

---

[1] 维克托·迈尔-舍恩伯格、肯尼思·库克耶著，赵中建、张燕南译.与大数据同行：学习和教育的未来［M］.上海：华东师范大学出版社，2015:17,61.

心。大数据与知识服务的关系是：首先，大数据为扩展性知识服务的开展采集了海量的知识数据、用户数据和交互数据，为精准营销和定制化推送提供了前提和可能，能够有效发挥扩展性知识服务的 B2C 盈利模式的作用；其次，大数据为定制化知识服务提供了个性化知识解决方案，能够满足特定群体、特定个人的绝大部分知识需求；最后，大数据平台和知识服务平台都需要采用知识标引技术，包括学科性的知识标引和应用性的知识标引，这也是二者可以实现融合打通的底层资源可行性所在。

三 大数据与移动阅读

在大众出版领域，移动手机阅读收入近几年经历了百分之好几百的高速增长之后，目前处于平稳增长的新常态发展格局，而无论是中国移动还是中国联通都已经在部署或者筹划部署大数据平台的建设问题。移动阅读平台构建大数据，有其天然的优越性：第一，三大基地掌握了大量的用户数据，仅以中国移动手机阅读基地为例，就拥有着 4.2 亿的手机用户[1]，海量的用户数据对于大数据模型的建构和服务的提供具有至关重要的作用；第二，手机阅读基地掌握了海量的内容数据资源，仅中国移动手机阅读基地就拥有着超过 43 万种精品正版内容，涵盖图书、杂志、漫画、听书、图片等产品，这些内容数据恰恰是大数据平台建设的核心数据所在；第三，手机阅读基地还以其日均点击量数亿次的优势而收录了大量的点赞、评论等交互数据，这些数据对于实现内容精准投送、个性化定制推送具有相当高的参考价值。总之，移动大数据将来也必将成为数字出版界的一面旗帜，在大数据时代继续扮演领跑数字出版的重要角色。

---

[1] 咪咕数媒正式起航手机阅读基地华丽转身［EB/OL］.中国青年网，http://news.youth.cn/gn/201504/t20150420_6589843.htm，2015-9-15.

第八节　大数据应用的负面效应——隐私权威胁与数据过分依赖

与其他领域的大数据黑暗面一样，新闻出版业大数据的建构也面临着其负面性问题，主要在于隐私权的威胁和数据过分依赖。

新闻出版大数据所搜集的海量用户数据，必然包括上游的作者数据和下游的读者数据，通过对交互数据的计算和分析，可以形成关于读者、作者的基本数据资料。而一旦相关用户数据丢失，势必会对作者和读者的身份信息、职业信息、通讯信息等相关数据造成泄露，容易带来意想不到的麻烦，尤其是对VIP级的作者和读者。所以，数据安全防护是大数据建设的重要防火墙之一，出版大数据的承建者必须要有一套完整的数据安全方案和措施。

大数据的负面性还表现在对于数据的过分依赖容易限制出版人的灵感、直觉等感性因素对于正确决策的影响力。在我们拥有海量数据来支撑选题策划、营销推广的决策时，一旦过分相信既往数据的价值时，容易陷入被数据误导的陷阱。此时，需要将数据的参考性价值和我们对于出版市场形势的敏感度、预判力相结合，只有这样，才能理性而客观的认识市场状况，做出相对科学合理的经营管理决策。

跋：人在旅途

楼下夜归的人们，车辆缓缓的行驶，纷纷扬扬的雪花，柔和温婉的路灯，此情此景，驱使着我披起大衣，在静寂无人的小区中散起了步，思绪随着雪花而飞扬起来……

漂至北京已七年有余，前几天回故乡，大学同学闫杰戏谑地说："同在北京漂过，不同的是，你漂沉了，我漂走了。"相视一笑，其实他的生活过得很滋润，尽管案件压力比较大，但是作为市法院的法官，其社会地位和职业荣誉感还是很高的。尽管职业不同，对人生的感悟和思考却殊途同归。

"三十而立"。立的是什么？职业生涯刚刚起步，立的肯定不是事业；生存的压力有增无减，立的也不是生活。或许，立的是做人的基本态度和做事的基本方法。子曰："君子务本，本立而道生。"多年来，始终信奉"勤奋是立身之本"这句话；或许，这与成长环境有关，又或许这与家风家训有关，无论如何，一直信奉着，也一直实践着。在教育子女的问题上，父亲说的最多的一句话便是"树大自直"。这么多年来，我和弟弟、妹妹也始终以这句话为座右铭，将严格自律作为对自己持之以恒的要求。"君子终日乾乾，夕惕若厉，无咎。"无论如何，保持艰苦奋斗、居安思危的心态，在人生的哪一个阶段都不为过。

人活着，是一个修行的过程。一方面，通过学习，格物致知，认知和把握诸多自然规律和社会规律；另一方面，通过内省，知行合一，自觉地按照规律和规则来为人处世，以不断变得合理起来，成熟起来。但是，随着家庭和工作的日益繁重，能够坚持学习和内省的人，却越来越少。

人活着，是一个取舍的过程。随波逐流还是独善其身，是品格之取舍；安逸享乐还是艰苦奋斗，是态度之取舍；排除异己还是肚大能容，是胸襟之取舍；小富即安还是顾全大局，是格局之取舍；知难而退还是迎难而上，是远见之取舍。

人活着，是一个感恩的过程。一直以来，总是感觉别人给予我的帮助远远大于我所能给予别人的回馈，也正是这种负疚心理，促使我坚持奋斗，以期报答别人于万一。在数字出版从业实践中，感谢法律出版社的领导和同仁，他们让我步入了数字出版从业者的队伍，并由企业逐步过渡到与行业对接。感谢地质出版社的顾晓华社长，是他的诚恳重诺、高瞻远瞩打动了我，促使我由法律出版跨界到国土地质出版，致力于服务国土地质出版，同时这对我来讲也是一个挑战。感谢地质出版社的王章俊总编辑，他的宅心仁厚、与时俱进、敏而好学的工作作风和生活作风，让我备受鼓舞和感佩。尤其感激数字出版行业那些领导和同仁，刘建生局长的亲自作序不仅是对我的认可，更是对我的鼓励和鞭策；感谢新闻出版广电总局的王强、冯宏声、冀素琛等领导，感谢北京新闻出版局的李超处长，他们的关怀和指导一直伴随着我成长；感谢财政部文资办的林京、湛志伟、蒋伟宁、戚骥等领导，他们对整个行业的敬业奉献，也一直是我学习和前进的动力。感谢新闻出版业的那些专家，他们是孙卫老师、吴洁明老师、安秀敏老师、王勤老师、王飚所长、刘颖丽所长、秦新利主任等，他们专业的意见、高超的水准总会不断给我带来启发和思考。感谢数字出版界的那些"大拿"主任们，他们高度敬业、不吝赐教，带着我步入到数字出版的大家庭，与此同时，在对我的持续督促和耳提面命中，推动我不断地向着一个合格的数字出版人方向迈进。感谢曾经和我一起战斗、现在和我一起奋斗的数字出版团队，有了他们，生活才有意义，也才有动力。感谢在我求学过程中给予莫大帮助的田锦岭老师、贺小凡老师和卢代富老师，他们在我人生的不同阶段，都给予了相同或者相似的指导和关心。特别感谢知识产权出版社的唐学贵主任，他们的辛勤劳动为本书增色颇多，也确保了质量和效果。最后，感恩我的父母——张善坤先生和王永松女士，他们赐予了我生命，他们对我的严格要求和谆谆教诲够我受用终身；多年来，他们吃苦受累、背井离乡，供养着我们兄妹三人走出脚下的土地，分别奔向属于各自的城市，他们是平凡的，他们更是伟大的！女儿景程已两岁半，看着她日渐成长，想到了自己的童年，也时时提醒自己身上所肩负的责任。

人活着，是一种权利，区区几十年，都有追求生命自由和幸福生活的权利；人活着，也是一种责任，需要完成赡养、扶养和抚养的义务；人活着，还是一种传承，需要将上辈子的思想精华继承下来，需要将此生的感悟与经验传授下去，所谓薪火相传，生生不息。

最近在读《平凡的世界》，不禁想起了那句话："生活不能等待别人来安排，要自己去争取和奋斗；而不论其结果是喜是悲，但可以慰藉的是，你总不枉在这世界上活了一场。有了这样的认识，你就会珍重生活，而不会玩世不恭；同时，也会给人自身注入一种强大的内在力量。"

人活着，大多时候是作为过程而活着，而非求得特定的结果，给时间一点时间，让过去过去，让开始开始。

以此自勉，以此为后记。

张新新

2015 年 12 月 15 日凌晨 于北京大兴区 首座御苑